Les maisons hantées

CAMILLE FLAMMARION	*ŒUVRES*
ASTRONOMIE POPULAIRE	
LES MAISONS HANTÉES	*J'ai lu* 1985/3*
LA MORT ET SON MYSTÈRE	*J'ai lu* 2204/4*
APRÈS LA MORT	*J'ai lu* 2205/3*
L'INCONNU	
LES FORCES NATURELLES INCONNUES	
LA PLURALITÉ DES MONDES HABITÉS	
URANIE	
STELLA	
LA FIN DU MONDE	
LES ÉTOILES ET LES CURIOSITÉS DU CIEL	

CAMILLE FLAMMARION

Les maisons hantées

En marge de « La mort et son mystère »

Édition abrégée

ÉDITIONS J'AI LU

A précédemment paru sous le n° A 247

PROLOGUE

SPIRITUALISME ET MATÉRIALISME

RÉPONSE À CAMILLE SAINT-SAENS,
PAR CAMILLE FLAMMARION

(Article publié en tête de la *Nouvelle Revue* du 15 décembre 1900.)

Le désaccord entre les psychistes et les anti-psychistes se continuant, malgré le progrès des observations les plus significatives, il me semble que ces pages déjà anciennes peuvent être placées ici en prologue de ce livre, car elles mettent exactement en parallèle les arguments des deux camps opposés. Mon ami Camille Saint-Saëns venait de publier une étude en faveur des facultés cérébrales, contre la théorie de l'âme personnelle. Si l'on compare les termes de cet article avec les lettres publiées dans *la Mort et son mystère* on verra que nous ne nous tutoyions pas encore au XIXe siècle. Malgré nos différences d'appréciations, nous avons continué à nous lier de plus en plus jusqu'à sa mort, arrivée le 16 décembre 1921. Les hommes qui cherchent la Vérité en toute indépendance d'esprit peuvent, tout en différant d'opinions, s'estimer et s'aimer. Ils ne connaissent pas l'intolérance. Oui, cet article de la dernière année du siècle dernier a sa place ici comme prologue. Le voici :

Mon cher ami,

Votre savant et charmant article de la *Nouvelle Revue* vient de passer sous mes yeux — un peu tardivement, mais, comme vous le savez, j'habite plus souvent le ciel que la terre — et je l'ai lu comme on écoute une de ces puissantes symphonies dont vous avez le secret, dans lesquelles la science rivalise avec l'art pour produire sur nos esprits le maximum de l'effet. Vous semblez, dans cet article, effleurer le sujet. En réalité, vous nous en laissez entrevoir toutes les profondeurs.

Vous avez absolument raison de dire que les mots spiritualisme et matérialisme ne sont vraiment plus aujourd'hui que *des mots,* puisque l'essence des choses nous reste inconnue et que les récentes découvertes de la science font reposer le monde visible sur un monde invisible qui en est, en quelque sorte, le substratum. Je vous remercie d'avoir signalé ma modeste excursion dans ce domaine de « l'Inconnu », mais je viens vous demander la permission de répondre à votre interprétation. Vous paraissez craindre que l'étymologie du mot *psychique* ait exercé une influence sur ma pensée. Les faits exposés dans mon livre ne conduisent pas, selon vous, à admettre l'existence de l'âme. Ces faits, que d'ailleurs vous acceptez avec raison comme authentiques, établiraient seulement ceci: « La force inconnue qui produit la pensée aurait le pouvoir de se projeter en dehors des limites du corps, un cerveau pourrait agir à distance sur d'autres cerveaux; il ne s'ensuivrait pas que cette force soit de nature *spirituelle* indépendante du cerveau. »

Voilà l'argumentation que je voudrais examiner et disséquer.

Prenons un fait, si vous le voulez bien, et analysons-le. Une jeune femme m'a apporté, dans mon cabinet, à Paris, la relation suivante, dans laquelle je supprime les noms:

« Le jour de notre première entrevue, j'avais vingt ans, lui en avait trente-deux: nos relations durèrent pendant sept ans. Nous nous aimions tendrement.

« Un jour, mon ami m'annonça, non sans chagrin, que sa situation, sa pauvreté, etc., etc., le forçaient au mariage, et dans ses explications embarrassées je sentais un vague désir que nos relations n'en fussent pas trop interrompues.

« Je coupai court à ce pénible entretien et, malgré mon immense chagrin, je ne revis plus mon ami, ne voulant pas, dans mon amour unique et absolu, partager avec une autre et de bonne grâce cet homme que j'aimais tant.

« J'appris plus tard, indirectement, qu'il était marié et père d'un enfant.

« Quelques années après ce mariage, une nuit d'avril 1893, *je vis entrer dans ma chambre une forme humaine*: cette forme, de haute taille, était enveloppée d'un voile blanc qui lui cachait presque toute la figure. Je la vis avec terreur s'avancer, se pencher sur moi, puis je sentis des lèvres se coller aux miennes; mais quelles lèvres! je n'oublierai jamais l'impression qu'elles me produisirent; je ne sentis ni pression, ni mouvement, ni chaleur, rien que du froid, le froid d'une bouche morte!

« Cependant j'éprouvai une détente, un grand bien-être pendant ce long baiser, mais à aucun moment de ce rêve, ni le nom ni l'image de l'ami perdu ne se présentèrent à mon esprit. Au réveil, je ne pensai plus ou peu à ce rêve, jusqu'au moment où, vers midi, parcourant le journal de..., je lus ce qui suit:

« On nous écrit de X... qu'hier ont eu lieu les obsèques de M. Y... » (ici les qualités du défunt); puis l'article se terminait en attribuant cette mort à une fièvre typhoïde causée par le surmenage de fonctions remplies avec conscience. « Cher ami, pensai-je, débarrassé des conventions mondaines, tu es venu me dire que c'est moi que tu aimais et que tu aimes encore par-delà de la mort, je te remercie et je t'aime toujours. »

« Mlle Z. »

Voilà le fait tel qu'il s'est produit: l'ancienne et commode hypothèse d'une hallucination simple ne nous satisfait plus aujourd'hui. Ce qu'il s'agit d'expliquer, c'est la coïncidence de la mort avec cette apparition. Les manifestations de ce genre sont si nombreuses que les coïncidences ne peuvent plus être considérées comme fortuites, et qu'elles indiquent une relation de cause à effet. Vous et moi, libres de tous préjugés, nous admettons que Mlle Z... a vu et senti la présence de son ami à ce moment critique de son départ de ce monde. Des centaines d'exemples du même ordre sont là. Mais nous différons dans l'interprétation: vous ne voyez là qu'un acte cérébral du mourant. Moi, j'y vois un acte psychique.

(Je me suis demandé si, par hasard, la narratrice n'aurait pas parcouru le journal la veille du rêve, sans y prendre garde, et si l'association des idées n'aurait pas pris corps dans son rêve, mais elle m'a affirmé que c'est *le lendemain seulement* qu'elle a lu le journal. Cette hypothèse doit donc être écartée. Il y a bien eu là communication entre les deux êtres.)

Sans doute, il est toujours difficile de faire la

part de ce qui appartient à l'esprit, à l'âme, et de ce qui appartient au cerveau, et nous nous laissons naturellement guider dans nos appréciations et dans nos jugements par le sentiment intime qui résulte en nous de la discussion des phénomènes. Or, n'est-ce pas essentiellement ici une manifestation de l'esprit? Deux hypothèses se présentent. Ou bien, comme la description l'indique, l'ami était déjà mort lorsqu'il a agi, ou bien il était encore vivant, et, au moment de mourir, cet homme a pensé à cette femme, à cette amie des jours ensoleillés, a eu pour elle un regret, un remords peut-être, et, qui sait, peut-être aussi une espérance en l'au-delà, et cette communication télépathique n'a pas été ressentie immédiatement pendant les agitations diurnes et a été retardée jusqu'aux heures de sommeil et de tranquillité. Ce n'est pas, bien entendu, un fantôme quelconque qui s'est transporté d'une ville à une autre; c'est une transmission mentale dont les ondes de la télégraphie sans fil nous offrent une image physique. La distance était de 100 kilomètres; on sait que cette distance ne compte pas.

Cette communication de pensée a pris la forme décrite par la narratrice. Telle est l'impression que nous donne l'examen de tous ces faits, et elle est de plus en plus démonstrative, à mesure que nous avançons dans l'étude de ces phénomènes. Voyons, par exemple, un second cas.

« Etudiant à l'Université de Kiev, déjà marié, j'étais allé passer l'été à la campagne chez ma sœur, habitant une terre non loin de Pskow. En revenant par Moscou, ma femme adorée tomba subitement malade de l'influenza, et, malgré son extrême jeunesse, fut rapidement brisée. Une paralysie du cœur l'emporta subitement, comme un coup de foudre.

« Je n'essayerai pas de vous dépeindre ma douleur et mon désespoir. Mais voici ce que je crois devoir signaler à votre compétence, le problème dont je désire ardemment connaître la solution.

« Mon père habitait Pultava; il ignorait la maladie de sa charmante belle-fille, et la savait avec moi à Moscou. Quelle ne fut pas sa surprise de la voir *à côté de lui*, comme il sortait de sa maison, *l'accompagnant* pendant un instant! Elle disparut aussitôt. Saisi d'effroi et d'angoisse, il nous adressa à l'heure même un télégramme pour s'informer de la santé de ma chère compagne. C'était le jour de sa mort...

« Je vous serais reconnaissant pour toute ma vie de m'expliquer ce fait extraordinaire.

« Wenecian Bililowsky,
« studiosius medicinæ, Nikolskaja, 21, à Kiev. »

Ici, également, l'observation a eu lieu après la mort.

Dans cet exemple encore, n'avons-nous pas l'impression d'une origine non matérielle du phénomène, d'une cause morale, mentale, indiquant non seulement l'existence de facultés inconnues dans l'être humain, mais encore l'existence d'un être intellectuel agissant? Je ne puis pas voir l'œuvre de l'anatomie, de la physiologie animale ou de la chimie organique dans ce genre de faits.

Examinons encore un autre exemple, différent aussi des deux précédents, quoique appartenant comme eux à la télépathie. Ecoutons le récit de l'observateur:

« Dans les premiers jours de novembre 1869, je partis de Perpignan, ma ville natale, pour aller continuer mes études de pharmacie à Montpellier. Ma famille se composait de ma mère et de mes quatre sœurs. Je la laissai très heureuse et en parfaite santé.

« Le 22 du même mois, ma sœur Hélène, une superbe fille de dix-huit ans, la plus jeune et la préférée, réunissait à la maison maternelle quelques-unes de ses jeunes amies. Vers 3 heures de l'après-dîner elles se dirigèrent, en compagnie de ma mère, vers la promenade des Platanes. Le temps était très beau. Au bout d'une demi-heure, ma sœur fut prise d'un malaise subit: « Mère, dit-elle, je sens un frisson étrange courir par tout mon corps; j'ai froid, et ma gorge me fait grand mal. Rentrons. »

« La nuit suivante, à 5 heures du matin (1), ma bien-aimée sœur expirait dans les bras de ma mère, asphyxiée, terrassée par une angine couenneuse que deux docteurs furent impuissants à dompter.

« Ma famille — j'étais le seul homme pour la représenter aux obsèques — m'envoya télégramme sur télégramme à Montpellier. Par une terrible fatalité, que je déplore encore aujourd'hui, aucun ne me fut remis à temps.

« Or, dans la nuit du 23 au 24, je fus en proie à une épouvantable hallucination.

« J'étais rentré chez moi à 2 heures du matin, l'esprit libre et encore tout plein du bonheur que j'avais éprouvé dans les journées des 22 et 23, consacrées à une partie de plaisir. Je me mis au lit très gai. Cinq minutes après, j'étais endormi.

« Sur les 4 heures du matin, je vis apparaître devant moi la figure de ma sœur, *pâle, sanglante, inanimée,*

(1) Les heures de la première narration ont été modifiées après examen précis.

et un cri perçant, répété, plaintif, venait frapper mon oreille: *« Que fais-tu, mon Louis? Mais viens donc, mais viens donc! »*

« Dans mon sommeil nerveux et agité, je pris une voiture; mais, hélas! malgré des efforts surhumains, je ne pouvais pas la faire avancer.

« Et je voyais toujours ma sœur pâle, sanglante, inanimée, et le même cri perçant, répété, plaintif, venait frapper mon oreille: *« Que fais-tu, mon Louis? mais viens donc, mais viens donc! »*

« Je me réveillai brusquement, la face congestionnée, la tête en feu, la gorge sèche, la respiration courte et saccadée, tandis que mon corps ruisselait de sueur.

« Je bondis hors de mon lit, cherchant à me ressaisir... Une heure après, je me recouchai; mais je ne pus retrouver le repos.

« A 11 heures du matin j'arrivai à la pension, en proie à une insurmontable tristesse. Questionné par mes camarades, je leur racontai le fait brutal tel que je l'avais ressenti. Il me valut certaines railleries. A 2 heures je me rendis à la Faculté, espérant trouver dans l'étude quelque repos.

« En sortant du cours, à 4 heures, je vis une femme en grand deuil s'avancer vers moi. Elle souleva son voile. Je reconnus ma sœur aînée qui, inquiète sur moi, venait, malgré son extrême douleur, demander ce que j'étais devenu.

« Elle me fit part du fatal événement que rien ne pouvait me faire prévoir, puisque j'avais reçu des nouvelles excellentes de ma famille le 22 novembre au matin.

« Je vous livre, sur l'honneur, ce récit absolument vrai. Je n'exprime aucune opinion, je me borne à raconter.

« Vingt ans se sont écoulés depuis lors, l'impression est toujours aussi profonde — maintenant surtout — et si les traits de mon Hélène ne m'apparaissent pas avec la même netteté, j'entends toujours ce même appel plaintif, multiplié, désespéré: « Que fais-tu donc, mon Louis? Mais viens donc, mais viens donc! »

« Louis Noell,
« Pharmacien, à Cette. »

Telle est la narration du phénomène psychique. Si vous ne sentez pas, mon cher ami, que le corps de la morte, vingt-trois heures après le décès, n'est pas la cause de cette impression; qu'il y a là autre chose que l'organisme matériel; que, soit que l'esprit de M. Noell se soit transporté pendant le sommeil vers sa sœur morte, soit que l'action télépathique ait eu celle-ci comme point d'émanation, nous sommes en présence d'une action appartenant au domaine de l'âme et non à celui du corps et nous portant à penser que l'âme existe personnellement et n'est pas un effet, une fonction, une sécrétion du cerveau; non, si vous ne le sentez pas, vous, l'artiste et le penseur que je connais, c'est que vous ne vous êtes pas donné le temps de peser le problème.

Que voulez-vous que le cerveau de cette jeune fille ait fait après sa mort? Toute hypothèse « matérielle » est invraisemblable. On peut supposer qu'elle a appelé son frère avant de mourir, et que la réception de cet appel est restée latente dans l'esprit de son frère jusqu'à ce qu'une heure de tranquillité ait permis à son cerveau de la percevoir. On peut supposer aussi que l'appel a été fait après la mort. Tout est à étudier.

Le plus simple serait de nier, je veux dire de déclarer que le jeune étudiant a eu là tout simplement un cauchemar, et que par hasard ce cauchemar a coïncidé avec la mort de sa sœur. Oui, c'est là le plus simple. Mais cette solution vous satisfait-elle? Vous satisfait-elle surtout lorsque vous avez sous les yeux des centaines de relations du même ordre? Vous satisfait-elle aussi dans les cas où le narrateur a vu, ce qui s'appelle vu, à distance, tous les détails d'une mort, d'un suicide, d'un accident, d'un incendie? Non. Vous avez l'esprit trop scientifique et d'une exigence trop rationnelle pour pouvoir être satisfait de cette vieille hypothèse du hasard, et vous savez que le calcul des probabilités nous prouve qu'elle est inacceptable.

Alors quoi?

Alors autre chose: le problème psychique est ouvert, avouons-le sans réticence.

Je ne me charge pas de l'expliquer. La science n'en est pas encore là. Admettre et expliquer sont deux. Nous sommes forcés d'admettre les faits, lors même que nous ne les expliquons pas. Un homme passe au coin d'une rue et reçoit un pot de fleurs sur la tête: il est bien forcé de l'enregistrer sans pour cela deviner immédiatement d'où il vient et comment la verticale et l'horizontale se sont rencontrées juste à point sur sa tête.

Non, vraiment, ce que nous appelons la matière et ses propriétés ne suffit pas pour expliquer ces faits, et voilà pourquoi ils sont d'un autre ordre, d'un ordre qui a tous les droits à être qualifié de « psychique » et qui conduit à admettre l'existence d'âmes, d'esprits, d'êtres intellectuels, spirituels, qui ne sont pas de simples fonctions cérébrales. La transmission mentale, la vue à distance sans l'aide des yeux et la vue des choses à venir ne donnent-elles pas les mêmes témoignages?

La transmission *mentale* n'est pas douteuse, notamment entre un magnétiseur et son sujet. Je pourrais vous en rappeler mille exemples. En voici un, peu sentimental, assurément, mais bien caractéristique, cité par le Dr Bertrand, l'un des expérimentateurs les plus compétents dans la question.

« Un magnétiseur fort imbu d'idées mystiques avait un somnambule qui, pendant son sommeil, ne voyait que des anges et des esprits de toute espèce: ces visions servaient à confirmer de plus en plus le magnétiseur dans sa croyance religieuse. Comme il citait toujours les rêves de son somnambule à l'appui de son système, un autre magnétiseur de sa connaissance se chargea de le détromper en lui montrant que son somnambule n'avait les visions qu'il rapportait que parce que le type en existait dans sa propre tête. Il proposa, pour prouver ce qu'il avançait, de faire voir au même somnambule la réunion des *anges du paradis à table et mangeant un dindon.*

« Il endormit donc le somnambule, et au bout de quelque temps lui demanda s'il ne voyait rien d'extraordinaire. Celui-ci répondit qu'il apercevait une grande réunion d'anges. « — Et que font-ils? dit le magnétiseur. — Ils sont autour d'une table et ils mangent. » Il ne put indiquer cependant quel était le mets qu'ils avaient devant eux. »

C'est là un exemple de suggestion *mentale* comme vous en connaissez beaucoup vous-même. La volonté du magnétiseur agit, *sans la parole,* sur le sujet. Sans doute, nous pouvons dire ici que c'est l'action d'un cerveau sur un autre, mais ne semble-t-il pas que le cerveau n'est qu'un instrument de la volonté? Je ne féliciterais pas plus le cerveau de penser que je ne féliciterais une lunette de bien voir Saturne. Ne semble-t-il pas que le cerveau est l'organe de la pensée, comme l'œil est l'organe de la vision?

Et la vue à distance, en rêve? Ne nous met-elle pas en présence d'un être spirituel doué de facultés spéciales? Un marin, par exemple, m'écrit de Brest:

« De 1870 à 1874, j'avais un frère employé à l'arsenal de Fou-Tchéou en Chine, comme monteur mécanicien. Un de ses amis, mécanicien et compatriote de la même ville (Brest), également à l'arsenal de Fou-Tchéou, vint un matin voir mon frère à son logement et lui raconta ce qui suit: « Mon cher ami, je suis navré, j'ai rêvé cette nuit que mon jeune enfant était *mort du croup, sur un édredon rouge.* » Mon frère se moqua de sa crédulité, parla de cauchemar, et pour dissiper cette impression invita son ami à déjeuner. Mais rien ne put distraire celui-ci: pour lui, son enfant était mort.

« La première lettre qu'il reçut de France après ce récit, et qui était de sa femme, lui annonçait la mort de leur enfant, *mort du croup*, dans de grandes souffrances, et, coïncidence bizarre, *sur un édredon rouge*, la nuit même du rêve.

« A la réception de cette lettre, il vint tout en larmes la montrer à mon frère, duquel je tiens ce récit. »

Ces sortes de faits, très nombreux, également, n'indiquent-ils pas dans l'homme autre chose que le corps?

Que pensez-vous aussi de la vision suivante?

« Mon père avait un ami d'enfance, le général Charpentier de Cossigny, qui m'avait toujours témoigné beaucoup d'affection. Comme il était atteint d'une maladie nerveuse qui rendait son humeur assez bizarre, nous ne nous étonnions jamais qu'il nous fît, quelquefois, trois ou quatre visites coup sur coup, puis qu'il restât des mois sans se montrer. En novembre 1892 (il y avait près de trois mois que nous ne l'avions pas vu), comme je souffrais d'une forte migraine, j'étais allé me coucher de bonne heure. Je commençais à m'endormir, quand j'entendis mon nom, prononcé d'abord à voix basse, puis un peu plus haut. Je prêtai l'oreille, pensant que c'était mon père qui m'appelait, mais je l'entendis dormir dans la pièce voisine et son souffle était très égal, comme celui de quelqu'un endormi depuis longtemps. Je m'assoupis de nouveau et j'eus un rêve. Je vis l'escalier de la maison que le général habitait (7, cité Vaneau). Il m'apparut lui-même *accoudé à la rampe du palier* du premier étage; puis il descendit, vint à moi et m'embrassa au front. Ses lèvres étaient si froides que le contact me réveilla. Je vis alors distinctement, au milieu de ma chambre, éclairée par le reflet du gaz de la rue, la silhouette haute et fine du général qui s'éloignait. Je ne dormais pas, puisque j'entendis 11 heures sonner au lycée Henri IV et que je comptai les coups. Je ne pus me rendormir, et l'impression froide des lèvres de notre vieil ami me resta au front toute la nuit. Au matin, ma première parole à ma mère fut: « Nous aurons des nouvelles du général de Cossigny, je l'ai vu cette nuit. »

« Quelques instants après, mon père trouvait dans son journal la nouvelle de la mort de son vieux camarade, arrivée la veille au soir, *à la suite d'une chute dans l'escalier*. Aucun de nous n'avait vu ce journal.

« Jean Dreuilhe,
« 36, rue des Boulangers, Paris. »

Comme dans le cas précédent, et comme dans tous les autres analogues, il est difficile de ne pas admettre que *l'esprit voit à distance*. Ce n'est ni l'œil, ni la rétine, ni le nerf optique, ni le cerveau.

Vous avez dû remarquer aussi le cas du maréchal Serrano, cité par sa femme.

« Depuis douze longs mois, une maladie bien grave, hélas! puisqu'elle devait l'emporter, minait la vie de mon mari. Sentant que sa fin approchait, son neveu, le général Lopez Dominguez, se rendit auprès du président du conseil des ministres, M. Canovas, pour obtenir qu'à son décès Serrano fût enterré, comme les autres maréchaux, dans une église.

« Le roi, alors au Prado, repoussa la demande du général Lopez Dominguez. Il ajouta pourtant qu'il prolongerait son séjour dans le domaine royal afin que sa présence à Madrid n'empêchât pas que l'on pût rendre au maréchal les honneurs militaires dus au rang et à la situation qu'il occupait dans l'armée.

« Les souffrances du maréchal augmentaient chaque jour; il ne pouvait plus se coucher et restait constamment dans un fauteuil. Un matin, à l'aube, mon mari, qu'un état de complet anéantissement, causé par l'usage de la morphine, paralysait entièrement, et qui ne pouvait faire un seul mouvement sans l'appui de plusieurs aides, se leva tout à coup seul, droit et ferme, et d'une voix plus sonore qu'il ne l'avait jamais eue de sa vie, il cria dans le grand silence de la nuit:

« — Vite, qu'un officier d'ordonnance monte à cheval et coure au Prado: le roi est mort! »

« Il retomba épuisé dans son fauteuil. Nous crûmes tous au délire, et nous nous empressâmes de lui donner un calmant. Il s'assoupit, mais quelques minutes après, de nouveau, il se leva. D'une voix affaiblie, presque sépulcrale, il dit:

« — Mon uniforme, mon épée: le roi est mort! »

« Ce fut sa dernière lueur de vie. Après avoir reçu, avec les derniers sacrements, la bénédiction du pape, il expira. Alphonse XII mourut sans ces consolations.

« Cette soudaine vision de la mort du roi par un mourant était vraie. Le lendemain, tout Madrid apprit avec stupeur la mort du roi, qui se trouvait presque seul au Prado.

« Le corps royal fut transporté à Madrid. Par ce fait, Serrano ne put recevoir l'hommage qui avait été promis. On sait que lorsque le roi est au palais de Madrid, les honneurs sont seulement pour lui, même s'il est mort, tant que son corps s'y trouve.

« Est-ce le roi lui-même qui apparut à mon mari? Comment apprit-il la nouvelle?

« Voilà un sujet de méditation.

« Comtesse de Serrano,
« Duchesse de La Torre. »

Ainsi voilà un moribond, doublement anéanti par l'usage de la morphine, qui signale une mort imprévue et inconnue de tout le monde. Là aussi, comment se défendre de la conclusion que son âme, son esprit, ont perçu, d'une manière quelconque, l'événement arrivé?

La vue à distance, notamment en somnambulisme et en rêve, est démontrée par un nombre si considérable d'observations qu'elle est *incontestable*. Je n'y puis voir un appui en faveur des hypothèses dites matérialistes; j'y vois au contraire autant d'arguments en faveur d'un être psychique doué de facultés spéciales.

Mais que direz-vous des rêves prémonitoires et de la vue précise, par l'esprit, d'événements qui ne sont pas encore arrivés? C'est par-là qu'il me semble fort opportun de couronner cette réponse.

Lisez, par exemple, ce rêve, d'ailleurs banal, et qui n'a rien de préparé pour les théories philosophiques transcendantes.

« J'allais au collège comme externe et, dans mon rêve, je me vis traversant la place de la République, à Paris, une serviette sous le bras, quand, exactement en face des magasins du Pauvre-Jacques, un chien passa, poursuivi par une bande de gamins qui le maltraitaient. J'en vis exactement le nombre, huit. Les employés commençaient à faire leur éventaire, une marchande des quatre saisons passait avec sa voiture pleine de fruits et de fleurs.

« Le lendemain matin, me rendant au collège, je vis dans le même cadre, à la même place, la scène que j'avais vue en rêve. Rien n'y manquait, *le chien* courait dans le ruisseau, *les huit gamins* le poursuivaient, *la marchande* des quatre saisons remontait avec sa voiture, gagnant le boulevard Voltaire, et les employés du Pauvre-Jacques disposaient leurs tissus à la porte de leur magasin.

« D. Hannais,
10, avenue Lagache, à Villemomble (Seine). »

Si le cerveau, organe physique, est capable, avec toutes les sécrétions imaginables, de voir ainsi tous les détails d'un fait qui n'est pas encore arrivé, il faut, je crois, supprimer à l'Institut l'Académie des sciences morales et la remplacer par l'Académie de médecine, ou, plus simplement encore, par une clinique quelconque.

Voir l'avenir! Ne sommes-nous pas ici en plein psychisme? Remarquez bien que ces rêves prémonitoires ne sont pas très rares non plus. J'en ai cité un certain nombre; j'en connais beaucoup d'autres. Vous souvenez-vous de celui-ci, qui m'a été conté par le père de la charmante pensionnaire du second Théâtre Français?

« En 1869, au moment du plébiscite, j'ai eu un rêve, pour mieux dire un cauchemar terrible.

« Dans ce cauchemar, je me voyais soldat, nous avions la guerre, j'éprouvais toutes les exigences de la vie militaire: la marche, la faim, la soif; j'entendais les commandements, la fusillade, le bruit du canon; je voyais tomber des morts et des blessés à mes côtés, entendant leurs cris.

« Tout à coup je me trouvai dans un pays, dans un village, où nous dûmes soutenir une attaque terrible de l'ennemi, et c'étaient des Prussiens, des Bavarois et des cavaliers (dragons badois) — notez bien que jamais je n'avais vu de ces uniformes, qu'il n'était nullement question de guerre. — A un certain moment, je vis un de nos officiers monter dans le clocher, muni d'une jumelle, pour se rendre compte des mouvements de l'ennemi, puis redescendre, faire sonner la charge et nous lancer en avant au pas de course, à la baïonnette, sur une batterie prussienne.

« A ce moment de mon rêve, étant aux prises corps à corps avec les artilleurs de cette batterie, je vis l'un d'eux me porter un coup de sabre sur la tête, tellement formidable qu'il me la sépara en deux. C'est alors que je m'éveillai, sur ma descente de lit: je ressentais une forte douleur à la tête. En tombant de mon lit, je m'étais heurté la tête sur un petit poêle.

« Le 6 octobre 1870, ce rêve a été réalisé: village, école, mairie, église, notre commandant montant au clocher pour se rendre compte des positions de l'ennemi, redescendant et, au son de la charge, nous jetant à la baïonnette sur les pièces prussiennes. Dans mon rêve, à ce même moment, j'avais eu la tête fendue d'un coup de sabre! Ici, dans la réalité, je l'attendais; mais je n'ai reçu d'un coup d'écouvillon (peut-être destiné à la tête), qui, par suite d'une parade, vint me frapper à la cuisse droite.

« Régnier,
ancien sergent-major
de la compagnie des francs-tireurs,
de Neuilly-sur-Seine,
23, rue Jeanne-Hachette, au Havre.

Nous pourrions supposer, avec Alfred Maury, que le choc a donné naissance au rêve; mais cette hypothèse n'a rien à faire avec la prémonition.

On objecte parfois que ces sortes de rêves ont été modifiés, arrangés après coup, très sincèrement d'ailleurs, dans l'imagination des narrateurs. Sans doute, il n'est pas impossible que des modifications diverses se produisent dans la mémoire; mais l'objection tombe d'elle-même devant l'impression de l'observateur, puisque c'est précisément cette impression du *déjà vu* qui l'a frappé. Et puis, il en est de si simples que nulle modification n'est possible, par exemple celui-ci:

« Je rêvai que faisant une course à bicyclette, un chien venait se jeter au travers de la route et que je tombais à terre, brisant la pédale de ma machine.

« Le matin, je racontai la chose à ma mère, qui, sachant combien d'habitude mes rêves sont exacts, m'engagea à rester à la maison. Je résolus, en effet, de ne pas sortir, mais, vers 11 heures, au moment de nous mettre à table, le facteur apporta une lettre nous informant que ma sœur, qui demeurait à environ 8 kilomètres, était malade. Oubliant tout à coup mon rêve, pour ne songer qu'à prendre des nouvelles de ma sœur, je déjeunai au galop et partis à bicyclette. Mon voyage s'accomplit sans encombre jusqu'à l'endroit où je m'étais vu, la nuit précédente, roulant dans la poussière et brisant ma machine. A peine mon rêve avait-il traversé mon esprit qu'un énorme chien déboucha tout à coup d'une ferme voisine, cherchant à me mordre la jambe. Sans réfléchir, je voulus lui envoyer un coup de pied, mais au même moment, je perdis l'équilibre et tombai sur ma machine, dont je brisai la pédale, réalisant ainsi mon rêve dans ses moindres détails. Or, remarquez, je vous prie, que c'était bien la centième fois pour le moins que je faisais ce trajet, sans que jamais j'eusse eu à déplorer le moindre accident.

« Amédée Basset,
notaire à Vitrac (Charente). »

Et celui-ci :

« En 1868, j'avais alors dix-sept ans, j'étais employé chez un oncle établi épicier, 32, rue Saint-Roch. Un matin, encore sous l'impression d'un rêve, il me raconta que dans ce rêve il était sur le pas de sa porte lorsque, ses regards se portant dans la direction de la rue Neuve-des-Petits-Champs, il en voit déboucher un omnibus de ville de la Compagnie des Chemins de fer du Nord, qui s'arrête devant la porte de son magasin. *Sa mère* en descend, et l'omnibus continue sa route, emportant une autre dame qui était dans la voiture avec ma grand-mère, laquelle dame, vêtue de noir, tenait un panier sur ses genoux.

« Tous les deux, nous nous amusions de ce rêve si peu en rapport avec la réalité, car *jamais* ma grand-mère ne s'était aventurée à venir seule de la gare du Nord à la rue Saint-Roch. Habitant près de Beauvais, lorsqu'elle voulait venir passer quelque temps chez ses enfants, à Paris, elle écrivait de préférence à mon oncle, et il allait la chercher à la gare, d'où il la ramenait *en fiacre*, invariablement.

« Or, ce jour-là, dans l'après-midi, comme mon oncle regardait les passants sur le pas de sa porte, ses yeux se portant machinalement vers le coin de la rue Neuve-des-Petits-Champs, il voit tourner un omnibus du Chemin de fer du Nord qui vient s'arrêter devant son magasin.

« Dans cet omnibus il y avait deux dames, dont l'une était ma grand-mère qui en descend, et la voiture continue sa route emportant l'autre dame telle qu'il l'avait vue en rêve, c'est-à-dire vêtue de noir et tenant son panier sur ses genoux.

« Jugez de la stupéfaction générale! Ma grand-mère, croyant nous faire une surprise, et mon oncle lui racontant son rêve!

« Paul Leroux,
Le Neubourg (Eure). »

Je m'arrête dans ces témoignages, puisque, d'ailleurs, désormais, il n'y a plus qu'à se baisser pour en cueillir autant qu'on en veut. Les sciences les plus précises, les plus positives, ne sont établies que sur des appréciations de notre raisonnement, et l'astronomie elle-même, cette reine des sciences, a pour base la théorie de la gravitation, dont Newton, son fondateur, disait simplement: « Les choses se passent *comme si* les corps célestes s'attiraient en raison directe des masses et en raison inverse du carré des distances. » Eh bien, devant les phénomènes de la télépathie, devant les exemples de vue à distance par l'esprit, sans l'aide des organes corporels, devant ce fait plus mystérieux et plus incompréhensible encore de l'avenir vu avec précision par une vision mentale, je dis: « Les choses se passent *comme si*, dans l'organisme humain, il y avait un être psychique, spirituel, doué de facultés de perception encore inconnues. » Cet être, cette âme, cet esprit agit et perçoit par le cerveau, mais n'est pas une fonction matérielle d'un organe matériel. Voilà, me semble-t-il, des conclusions logiques établies sur une méthode scrupuleuse, inattaquable. Elles me paraissent supérieures aux négations aussi bien qu'aux affirmations dénuées de preuves fondées sur une foi aveugle. La Foi, les prétendus miracles, le martyre même, n'ont jamais rien prouvé, car ils ont été au service de toutes les causes, religieuses ou politiques, les plus diverses, les plus contradictoires et parfois les plus absurdes. La Science seule peut vraiment éclairer l'humanité.

« Camille Flammarion. »

Telle est l'étude que j'ai publiée la dernière année du siècle dernier, il y a de cela près d'un quart de siècle. Comme je l'ai dit, mon ami Saint-Saëns ne m'a pas gardé rancune de cette opposition à son système; au contraire, nos relations sont devenues plus intimes, et notre amitié s'est faite plus étroite. Il n'a, toutefois, rien changé à son opinion. Et cependant il n'ignorait pas l'existence des phénomènes psychiques, comme le prouve cette lettre de juillet 1921:

« En relisant pour la *énième* fois ton dernier volume un souvenir se réveille dans ma mémoire, et je ne remets pas à demain pour te le signaler.

« C'était en janvier 1871, au dernier jour de la guerre. J'étais aux avant-postes, à Arcueil-Cachan, nous venions de dîner, d'un excellent cheval dont nous avions fait un bon pot-au-feu, avec des pissenlits récoltés par nous-mêmes, dîner qui nous avait tous satisfaits, et nous étions, ce jour-là, aussi gais qu'on pouvait l'être en pareilles circonstances, quand, tout à coup, j'entendis chanter dans ma tête la plainte musicale d'accords douloureux, dont j'ai fait, depuis, le début de mon *Requiem*, et j'éprouvai au fond de mon être le pressentiment qu'un malheur m'arrivait. Une angoisse profonde m'accabla.

« C'était à ce moment même qu'était tué Henri Regnault, auquel j'étais attaché par la plus vive amitié. La nouvelle de sa mort m'a causé un tel chagrin que j'en suis tombé malade, et j'ai dû rester trois jours au lit.

« J'ai donc éprouvé la réalité de la *télépathie* avant l'invention de ce mot. Comme tu as raison de penser que la science classique ne connaît pas l'être humain et que nous avons tout à apprendre.

« Camille Saint-Saens. »

Je ne puis que répéter ici ce que j'avais déjà répliqué à mon illustre ami:

« Tu es le plus puissant des musiciens, la gloire de l'Institut, l'un des plus profonds penseurs de notre époque; mais *tu n'es pas logique.* »

Et je le trouvais d'autant plus illogique qu'il m'avait signalé, d'autre part, ses observations personnelles, assez caractéristiques, publiées au tome II de *La Mort et son mystère.*

N'est-ce pas l 'esprit qui est en jeu dans ces observations? Comment voir là des propriétés de la matière? Or, mes lecteurs savent que ces faits psychiques sont trop fréquents pour être attribuables à des coïncidences fortuites. Le calcul des probabilités prouve mathématiquement leur réalité.

Il m'a semblé que le rappel de cet ancien échange d'idées entre deux chercheurs indépendants est tout à fait à sa place ici comme prologue à notre étude actuelle. J'ajouterai que Saint-Saëns a donné lui-même un exemple personnel de l'indépendance de l'âme relativement au corps. Il est mort le 16 décembre 1921, âgé de 86 ans. Le 16 octobre précédent, il avait déjeuné à ma table, à mon observatoire de Juvisy, et nous avions tous été charmés de sa conversation; son esprit était aussi jeune qu'à vingt ans, et cependant il se plaignait de l'usure de son organisme, et n'a pu monter jusqu'à la coupole observer Vénus et Arcturus, en compagnie de nos collègues de la Société astronomique de France, le prince Bonaparte, le comte de Gramont, le comte de la Baume Pluvinel, le général Ferrié et d'autres amis qui y avaient fortement insisté. Il souffrait des jambes. A la même époque, le *Ménestrel*, du 21 octobre, a publié de lui un article plein de jeunesse, sur Berlioz. Tandis que son corps dépérissait, son âme restait en pleine force. Cette différence entre l'organisme physique et l'élément spirituel n'est pas très rare.

1

LES PREUVES EXPÉRIMENTALES DE LA SURVIVANCE

Les lecteurs sérieux et compétents, qui connaissent exactement l'état de notre problème et apprécient à leur valeur les résultats acquis sur sa solution trouveront peut-être superflu de me voir consacrer le premier chapitre de ce volume à répondre à des objections sans valeur intrinsèque adressées par des négateurs intransigeants qui ne veulent à aucun prix admettre l'existence des phénomènes métapsychiques. Mais il me semble, pour ma part, qu'une réponse précise à ces dénégations n'est pas superflue, car l'ensemble des êtres humains est inévitablement ignorant de ces phénomènes, disposé, par conséquent, à les récuser, et ne convaincrais-je qu'un lecteur sur dix de l'erreur des négateurs aveugles, que ce serait là un service signalé à rendre au progrès de l'instruction générale.

Si nous voulons, pour notre conviction personnelle, avoir une opinion ferme et inattaquable sur la réalité, la nature et l'intérêt des phénomènes psychiques, il importe, avant tout, de savoir que les illusions de la vue, de l'ouïe, du toucher, de tous les sens, sont faciles, peuvent être produites par mille causes inattendues, et que nous devons, tout d'abord, nous défier de toutes les erreurs possibles. En général, on observe mal, on ne va pas au fond des choses, on se contente d'approximations. La *méthode* scientifique s'impose ici plus que partout ailleurs, si nous tenons personnellement à une instruction fondée. Ces précautions préventives une fois prises, dans notre libre appréciation des faits observés, toutes les opinions de millions d'autres hommes n'ont devant notre esprit aucune valeur.

Que ceci soit bien entendu une fois pour toutes!

Quant aux supercheries, conscientes et inconscientes, je leur ai consacré une assez longue discussion (50 pages) dans mon ouvrage *Les Forces naturelles inconnues* pour qu'il soit inutile d'y revenir.

Nous pouvons penser, avec Emile Boirac, que la raison principale des préventions et de la défiance que les sciences psychiques rencontrent encore chez quelques-uns de nos contemporains provient de la forme qu'elles ont primitivement revêtue et dont elles ne paraissent pas s'être suffisamment affranchies. Elles ont, en effet, commencé par s'appeler *Sciences occultes*, ou, du moins, par faire partie de cet ensemble confus d'observations empiriques, de traditions, d'hypothèses et de rêveries que l'on a désigné sous ce nom et où elles voisinaient avec l'astrologie, l'alchimie, la chiromancie, la magie et autres sciences embryonnaires de l'Antiquité, du Moyen Age et de la Renaissance. C'est seulement depuis deux siècles à peine qu'elles s'en sont graduellement dégagées, et il se peut qu'il subsiste encore chez quelques-uns de ceux qui s'en occupent un reste de l'esprit mystique des anciens adeptes, mais c'est une raison de plus pour que nous nous efforcions d'y introduire, avec une ardeur et une vigueur croissantes, le véritable esprit de la science moderne, de même que sous l'influence de cet esprit, l'astronomie est définitivement sortie de l'astrologie, ainsi que la chimie de l'alchimie, sans que ni l'une ni l'autre en ait gardé la tare d'une sorte de péché originel, de même les sciences psychiques, qui ont eu, en quelque façon, la magie et la sorcellerie pour berceau, méritent déjà, et mériteront de plus en plus, la qualification de sciences effectives et positives, grâce à l'emploi persévérant de la méthode expérimentale.

Nous étudions ici le plus grand des problèmes. La connaissance de l'âme, la recherche de sa destinée, est une étude passionnante. Un biographe vient de faire remarquer que ma vie n'aurait-elle servi, après l'investigation du monde astronomique et la démonstration de la vie universelle, qu'à prouver l'existence de l'âme humaine, qu'elle n'aura pas été inutile au progrès de l'humanité. Je l'espère.

Une discussion attentive s'impose actuellement. La publication du troisième volume de ma trilogie métapsychique *La Mort et son mystère*, consacré aux manifestations *Après la mort*, a soulevé des tempêtes et des récriminations de quelques publicistes ignorants, dont plusieurs paraissent pondérés et de bonne foi, raisonnant comme tout le monde, légèrement et inconsciemment, et dont d'autres ont fait preuve de mauvaise foi et même d'acrimonie, ce qui est aussi bizarre qu'inutile.

Remarque stupéfiante: notre désir si légitime et si naturel de connaître la nature de l'âme, de savoir si elle possède vraiment une existence personnelle, si elle survit à l'inévitable destruction du corps, ce désir, dis-je, nous crée des ennemis, des adversaires, qui s'ingénient à inventer mille obstacles contre cette recherche libre et indépendante et à l'arrêter par tous les moyens! Cette opposition systématique est à peine croyable, et pourtant elle existe.

Il est actuellement opportun d'examiner le sujet avec une attention toute spéciale, en lui appliquant les principes de la méthode scientifique positive. Prenons cette discussion à l'origine même des incidents qui l'ont provoquée.

Le 16 juin 1922, *Le Journal* m'a fait l'honneur de publier en tête de ses colonnes l'article suivant que je lui avais adressé:

« Les morts qui manifestent. »

« Les recherches sur la nature de l'âme et son existence après la mort doivent être faites par la même méthode que toutes les autres recherches scientifiques, sans aucun parti-pris, sans aucune idée préconçue, en dehors de toute influence sentimentale ou religieuse. Existe-t-il, ou non, des manifestations de morts? Voilà la question. Or, je déclare qu'il en existe. *Le Journal*, dont je m'honore d'avoir été le collaborateur au temps de son fondateur, mon spirituel ami Xau, ayant appelé l'attention sur la solution de ce problème séculaire, je mets sous les yeux de ses lecteurs un des faits qui m'ont le mieux prouvé cette survivance, et je défie bien le plus sceptique de mes contradicteurs de l'expliquer en refusant d'admettre l'action du défunt. Qu'ils essaient, du reste!

« Il s'agit d'un ingénieur, propriétaire de deux usines, l'une à Glasgow, l'autre à Londres. Il avait à son service, à son usine écossaise, un jeune garçon, Robert Mackenzie, qui lui était particulièrement dévoué et avait pour lui une profonde reconnaissance. Le patron n'habitait pas Glasgow, mais Londres.

« Un certain soir, un vendredi, les ouvriers de Glasgow donnaient leur bal annuel. Robert Mackenzie, qui n'avait aucun goût pour la danse, demanda la permission de servir au buffet. Tout se passa bien, et la fête se continua le samedi.

« Le mardi suivant, très peu avant 8 heures, dans sa maison, à Campden-Hill, l'ingénieur eut une manifestation qu'il résume ainsi: « Je rêvai que j'étais assis devant un pupitre, engagé dans une conversation avec un gentleman inconnu. Robert Mackenzie s'avança vers moi. Ennuyé, je lui demandai avec quelque brusquerie s'il ne voyait pas que j'étais occupé. Il se retira d'un air contrarié, puis se rapprocha de nouveau comme s'il désirait vivement un entretien immédiat. Je lui reprochai, avec plus de brusquerie que la première fois, son manque de tact. Sur ces entrefaites, la personne avec laquelle je causais prit congé de moi, et Mackenzie s'avança derechef: « — Qu'est-ce que tout cela veut dire, Robert? fis-je, quelque peu irrité. Ne voyez-vous pas que j'étais occupé?

« — Oui, Monsieur, répondit-il; mais il faut que je vous parle tout de suite.

« — A propos de quoi? Qu'est-ce qui presse tant?

« — Je désire vous dire, Monsieur, que je suis accusé d'une chose que je n'ai pas faite; j'ai besoin que vous sachiez et que vous me pardonniez ce pour quoi l'on me blâme, car je suis innocent. Puis il ajouta: « Je n'ai pas fait ce qu'ils disent que j'ai fait. »

« — Quoi donc? répliquai-je encore.

« Il répéta les mêmes mots. Je lui demandai alors, naturellement: « — Mais comment puis-je vous pardonner, si vous ne me dites pas ce dont vous êtes accusé? »

« Je n'oublierai jamais le ton emphatique de sa réponse en dialecte écossais: *« Vous le saurez bientôt. »* Ma question fut répétée au moins deux fois, je suis certain que la réponse le fut trois fois, de la manière la plus expressive. Je m'éveillai là-dessus, gardant une certaine inquiétude à la suite de ce singulier rêve. Je me demandais s'il avait une signification, quand ma femme se précipita dans ma chambre, très émue, une lettre ouverte à la main. Elle s'écria: « — Oh! James, voilà une affaire terrible au bal des ouvriers: Robert Mackenzie s'est suicidé. » Comprenant alors le sens de ma vision, je répliquai tranquillement, avec l'accent de la certitude: « — Non, il ne s'est pas suicidé. — Comment pouvez-vous le savoir? — Il vient de me le dire. »

« Lorsqu'il m'apparut — pour ne pas interrompre le récit je n'ai pas tout d'abord mentionné ce détail — j'avais été frappé de la singularité de son aspect. *Sa figure était d'un bleu livide, et sur son front on apercevait des taches semblables à des gouttes de sueur.*

« Voici ce qui s'était passé. En rentrant chez lui, dans la nuit de samedi, Mackenzie avait pris une bouteille contenant de l'eau forte, croyant que c'était sa bouteille de whisky. Il s'en était versé un petit verre, qu'il avait bu d'un trait. Il était mort le dimanche en d'atroces souffrances. On avait cru qu'il s'était suicidé. Et voilà pourquoi il était venu m'affirmer qu'il était innocent de l'accusation portée contre lui. Or, chose remarquable, et dont je n'avais pas la moindre idée, en cherchant les symptômes qui accompagnent l'*empoisonnement par l'eau forte*, je vis qu'ils étaient à peu près *ceux que j'avais constatés sur la figure de Robert.*

« On reconnut bientôt qu'on s'était trompé en attribuant la mort à un suicide. C'est ce dont je fus averti le lendemain par une lettre de mon représentant en Ecosse.

« Cette apparition a été due, selon moi, à la reconnaissance profonde de Mackenzie, que j'avais arraché à un état de misère déplorable, et à son vif désir de rester estimé dans mon opinion. »

« Voilà la relation du manufacturier de Glasgow. Cet ouvrier venant, après son prétendu suicide, lui révéler la vérité, ne prouve-t-il pas la survivance? Il est utile de remarquer qu'en Angleterre le suicide est qualifié de crime.

« Nous possédons des centaines d'observations analogues, faites par des hommes pondérés, qui rapportent simplement ce qui leur est arrivé. Le seul moyen d'esquiver toute explication demandée est de dire que ce n'est pas vrai, que ce sont là des inventions imaginaires, que ces prétendus témoins en ont menti. Or, le manufacturier de Glasgow était un ami personnel de Gurney, l'un des premiers fondateurs de la Société Anglaise des Recherches psychiques, connu et estimé de lui comme un esprit positif et sincère, et sa véracité n'est pas douteuse. Eh bien, si l'on n'accuse pas tous les observateurs d'imposture, si l'on ne pense pas qu'ils ont eu la berlue et que tout le monde est plus ou moins fou ou halluciné, nous sommes bien forcés d'admettre ces faits comme on admet un coup de foudre bizarre et inexpliqué. On ne peut pas tout nier. Il faut avouer franchement qu'il y a là tout un ordre de choses encore inconnues aux investigations scientifiques. Dans le cas particulier que je viens de rapporter, ce jeune homme, empoisonné par erreur dans la nuit du samedi au dimanche, à Glasgow, est apparu le mardi suivant à Londres, à son patron (qui ignorait sa mort), pour lui déclarer qu'il ne s'était pas suicidé. Il était donc mort depuis 48 heures. On ne peut imaginer ici la coïncidence d'un rêve quelconque avec un fait si précis, ni le hasard ni quoi que ce soit.

« Ceux qui nient ces faits sont ou ignorants, ou illogiques, ou de mauvaise foi, car s'ils les connaissent je ne devine vraiment pas comment ils éliminent l'acte du décédé.

« Camille Flammarion. »

Tel est l'article publié par *Le Journal*. J'avoue que, contre mes habitudes, j'y avais employé un ton un peu agressif, dans le but d'appeler la discussion et de voir ce qui en sortirait. L'effet n'a pas tardé. Dès le lendemain, notre confrère M. Clément Vautel, particulièrement sceptique en ces matières, y répondait par la dénégation radicale que voici :

Mon film.

« En 1861, par un beau soir d'été, M. Harry Cower était assis dans sa salle à manger, à Sydney (Australie). Il ne ressentait aucun appétit et ne parvenait pas à chasser les idées mélancoliques qui l'assiégeaient.

« Tout à coup, il entendit un bruit sec, très léger.

« La glace placée au-dessus de la cheminée venait de se fendre.

« — C'est étrange ! dit M. Harry Cower.

« Quelques semaines après, il apprenait qu'au moment où la glace s'était fêlée, sa vieille tante Mrs. Dorothée-Elisabeth MacClure, avait succombé brusquement, à Minneapolis (Minnesota, U.S.A.).

« Ce fait authentique ne prouve-t-il pas, d'une façon irréfutable, la réalité des manifestations de l'au-delà ?

« Parfois c'est un certain Archibald B. Blackburn, de Chicago, qui, en 1874, à Woodston, dans l'Ohio, voit apparaître devant lui son ami John-William-Hercule O'Sullivan, de New-Tipperary (Mass.). O'Sullivan a le visage convulsé ; il paraît respirer difficilement, il fait des gestes bizarres.

« — Qu'avez-vous? demande Blackburn.

« — A l'aide! Je me noie! répond O'Sullivan, qui, aussitôt, disparaît.

« Blackburn, très troublé, rentre chez lui... Et, huit jours après, il apprend que son ami s'est noyé dans le Missouri, à la date et à la minute où son fantôme appelait au secours.

« Ceux qui nient ces faits éloquents, nous dit M. Flammarion, sont ou ignorants, ou illogiques ou de mauvaise foi.

« Eh bien! moi, je les nie.

« Je les nie tous, en bloc, de la façon la plus catégorique.

« J'ai lu, dans les livres psychiques de M. Flammarion et d'autres « explorateurs du mystère » d'innombrables cas, qui ressemblent étrangement à l'histoire de Harry Cower et d'Archibald B. Blackburn.

« Je les considère comme dénués de toute espèce de valeur documentaire. Tout cela s'est passé au diable (le diable n'y est cependant pour rien), à une époque fabuleuse, et les garanties manquent absolument... Quand je pense que nous ne sommes pas fichus de raconter exactement un accident de voiture auquel nous venons d'assister rue des Panoyaux, je me dis qu'il est fou de baser toute une philosophie, une manière de religion, sur d'antiques anecdotes racontées à leur guise par des gens dont nous ne savons rien.

« Et puis, on parle trop anglais dans ces histoires de l'autre monde. Les esprits, spectres, fantômes, etc., ne sont jamais nés natifs de Pontarlier ou de Romorantin, c'est toujours en Angleterre ou en Amérique qu'ils se livrent à leurs petites manifestations. L'au-delà serait-il aussi une colonie anglo-saxonne?

« Pourquoi, par exemple, feu Bessarabo n'apparaît-il pas au président de la Cour d'assises, au jury et même à Me de Moro-Giafferri, pour raconter dans quelles circonstances il a élu domicile au fond d'une malle?

« Voilà qui vaincrait plus sûrement notre scepticisme que les collections de faits divers psychicocandards recueillis par le doux et pensif Camille Flammarion.

« Clément Vautel. »

C'est par ces plaisanteries, ces jeux de mots, ces « blagbourdes », etc., que notre confrère de la grande presse s'imagine avoir expliqué l'apparition posthume de Robert Mackenzie! J'ose remarquer que cette « solution » n'a aucun rapport avec le problème posé. Elle se traduit, en effet, par ces mots fort simples: *« Il n'y a rien. »*

Rien. C'est peu, devant tous les faits irrécusablement constatés.

M. Clément Vautel affirmant que « tout cela s'est passé au diable, à une époque fabuleuse, et que « les garanties manquent absolument », je lui ai mis sous les yeux un fait observé en France comme ne pouvant être taxé d'arriver des antipodes, d'être une antique anecdote, de remonter à une époque fabuleuse. Ce fait, le voici. C'est une observation de M. Frédéric Wingfield, à Belle-Isle-en-Terre (Côtes-du-Nord):

« Dans la nuit du 25 mars 1880, écrit-il, je rêvai que je voyais mon frère, Richard, *assis sur une chaise devant moi.* Je lui parlais; il inclinait simplement la tête, en guise de réponse; puis il se leva et quitta la chambre. Je me réveillai et constatai que j'étais debout, un pied posé par terre près de mon lit et l'autre sur mon lit, et que j'essayais de parler et de prononcer le nom de mon frère. L'impression qu'il était réellement présent était si forte et toute la scène était si vivante, que je quittai la chambre à coucher pour chercher mon frère dans le salon, où je ne trouvai personne. J'eus alors le sentiment d'un malheur imminent, et je notai cette « apparition » dans mon journal de chaque jour, en l'annotant ainsi: « Que Dieu l'empêche! » — Trois jours après, je reçus la nouvelle que mon frère était mort ce jour-là, à 8 heures et demie, des suites d'une chute faite à la chasse.

« Le décès avait donc précédé de quelques heures cette vision si précise. »

Le très parisien et très subtil dénégateur du *Journal* a bien voulu m'accuser réception de cet envoi par une lettre fort aimable d'ailleurs, dont je détacherai seulement les lignes suivantes:

« Cela se passe dans les Côtes-du-Nord, oui, mais vos personnages sont anglo-saxons (Richard Wingfield Baker n'est pas très breton). Or, cette histoire-là, comme TOUTES les autres, je la nie. Illusions. Vantardises. Blagues. »

Cette observation si caractéristique ne vaut rien, parce que le narrateur n'est pas français! Il serait français que ce serait absolument pareil. C'est une « blague », et il n'y a dans toutes ces histoires que des blagues: morts, deuils, douleurs, désespoirs, tout cela ne compte pas, et nous ne devons qu'en rire. Ce mode d'interprétation de phénomènes inexplicables est évidemment d'une extrême simplicité! Remarquons à ce propos que ce sont là des lieux communs, toutes les sciences ayant été traitées de la sorte à leur origine.

L'objection, d'ailleurs, n'a aucune valeur, attendu qu'une observation faite à Londres ou à Rome est aussi respectable qu'une faite à Paris, que ces actes sont constatés dans le monde entier, et que la France n'en a pas le monopole.

Quelques jours après, le 18 juin, la lettre que voici m'était envoyée de Boulogne-sur-Mer, comme observation bien française:

« J'ai lu votre article du 16 juin (Les Morts qui manifestent). J'ai lu aussi le film du 17 de notre amusant Clément Vautel, qui nie les faits dont vous parlez sous prétexte qu'ils se passent toujours dans des pays très éloignés. Eh bien, je vais vous en citer un qui s'est passé à Paris, en 1911 (vous pouvez en faire part à notre Clément Vautel).

« Mon père est mort des suites d'une opération, à l'hôpital Cochin, en février 1906. Ma mère n'ayant pas à cette époque l'argent nécessaire pour le faire enterrer, ce fut l'hôpital qui s'en chargea, et mon père fut inhumé à la fosse commune du cimetière de Bagneux.

« Cinq ans après, je me trouvais chez moi, demeurant à cette époque rue Etex. Donc, un matin, j'allais et venais dans ma chambre. A un moment, je me dirigeai vers la cuisine pour y prendre mon petit déjeuner (il était 7 heures). Je vis tout à coup mon père, debout dans la cuisine, la main droite appuyée sur le bord de l'évier. C'était bien lui, avec son air très calme qu'il avait toujours de son vivant.

« Quelques mois passèrent et je n'en parlai à personne, de crainte que l'on se moquât de moi. Mais, un soir, je me trouvais en visite chez ma sœur lorsque je le lui racontai. Elle me répliqua: « — Tiens! c'était justement le jour où l'on a déterré papa! »

« Ignorant ce fait, je lui demandai pourquoi je n'avais pas été prévenue. — Parce qu'on a pensé que tu ne viendrais pas à cette heure matinale. — A quelle heure donc? — A 7 heures.

« Eh bien, c'est précisément à 7 heures que j'avais vu mon père.

« Pourquoi s'est-il présenté devant moi? Etait-ce un

reproche parce que je n'étais pas là au moment où on le changeait de tombe? Pourtant je n'étais pas coupable, puisque je n'avais pas été prévenue.

« A cette époque, je ne croyais en rien car j'ai été élevée sans aucune religion, mais je vous assure que depuis le jour où j'ai revu mon père, je crois en Dieu et à l'immortalité de l'âme.

« Veuillez recevoir l'affirmation de ma scrupuleuse sincérité.

« Mlle H. H... (Mon nom pour vous seul.) »

On peut faire encore la vieille hypothèse d'une hallucination sans cause; mais comment ne pas lui opposer la coïncidence de la vision avec l'exhumation du père de la narratrice? C'est là que le problème se pose. Qualifier ce récit de « vantardise », de « blague »... Qu'en pensez-vous? Ne vaut-il pas mieux avouer que nous n'y comprenons rien, mais qu'il y a là « quelque chose » et que notre devoir est de reconnaître les faits?

(M. Vautel est un homme de beaucoup d'esprit. Voltaire en avait aussi... Copernic, Képler, Galilée, Newton, Christophe Colomb, Gutenberg, Denis Papin, Fulton, Volta, Ampère, esprits scientifiques, étaient moins humoristiques; mais le progrès leur doit son ascension.)

Voici maintenant une observation dans laquelle l'hypothèse hallucinatoire n'est même pas admissible, car il y a eu deux témoins indépendants. Elle m'a été adressée de Strasbourg, le 17 juin de cette même année 1922:

« Mon frère, Blanc (Hubert), était aumônier des frères Maristes, à Saint-Paul-Trois-Châteaux (Drôme). Il y avait dans le couvent un religieux qui, alité depuis longtemps, était *in extremis*. Mon frère allait régulièrement passer quelques instants à son chevet. Or, certain jour, dans la conversation, le malade lui dit: « — Vous savez, monsieur l'aumônier, je ne partirai pas *sans aller vous faire mes adieux*. — Je l'espère bien, lui répliqua mon frère sur un ton de plaisanterie. »

« Deux ou trois jours plus tard, ma mère et mon frère, couchés vers les 10 heures du soir, étaient à peine au lit que, soudain, ils perçurent simultanément, bien que les chambres fussent éloignées l'une de l'autre, un bruit très accentué de clé jouant dans la serrure de la porte d'entrée de la maison, puis *les pas de quelqu'un* marchant dans le couloir. Ma mère, en proie à une vive émotion, appela de toutes ses forces son fils en lui disant: « — Hubert, il y a quelqu'un dans la maison. » Mon frère, qui avait également perçu les mêmes bruits, se leva brusquement, fit le tour des appartements, trouva la porte d'entrée fermée et ne constata rien d'anormal. Mais à peine cette visite terminée, la sonnerie du téléphone retentit. « — Allô, allô, monsieur l'aumônier, venez vite, un tel est mourant. » Mon frère se hâte et trouve, en effet, son malade rendant le dernier soupir.

« Cet événement, rapporté par des témoins dont la bonne foi ne pouvait être suspectée, avait produit une certaine émotion dans le couvent.

« Ce récit, mon frère et ma mère me l'ont souvent rappelé. Je vous autorise, si vous le jugez à propos, à le publier.

« Mon frère est décédé à Grignan (Drôme), où il était curé de canton.

« Marius Blanc,
Directeur technique de la Biscuiterie « La Cigogne »,
« à Strasbourg. »

Ces manifestations, ces bruits, ces appels, cette clé jouant dans la serrure, ces pas dans le couloir, etc., sont inexplicables, oui, mais ils sont d'observation certaine et incontestable. Il y en a des milliers. On ne peut pas les avoir inventés. (Le nombre des relations que j'ai reçues dépasse cinq mille six cents, et il y en a plus encore d'autres sources, dans tous les pays.) Ne voir là que des farceurs est inadmissible.

Des nombreuses lettres reçues à propos de l'article en question, je détacherai encore la suivante, textuellement transcrite:

Dampierre (Seine-et-Oise), le 16 juin 1922.

« Monsieur et illustre Maître,

« Je vous prie de vouloir bien excuser mon indiscrétion et mon importunité. Après avoir lu, aujourd'hui, votre article paru dans *Le Journal*, je me suis rappelé le fait suivant, dont je certifie l'authenticité; c'est pourquoi je me permets de vous le rapporter.

« Mon grand-père, aujourd'hui décédé, de son vivant agent-voyer d'arrondissement, retraité, descendit un matin de sa chambre en disant: « — J'ai fait cette nuit un rêve étrange: M.J.P., notre cousin, m'est apparu et m'a dit: « Je viens de mourir, je vous prie de m'accompagner chez le notaire, où je vous communiquerai mon testament. »

« A ce moment du récit de mon grand-père, le facteur apporta un télégramme nous annonçant la mort de ce cousin, que nous ne savions pas malade. Nous fûmes très frappés de cette coïncidence. Par la suite, la lecture du testament de M.J.P. étonna beaucoup sa famille. Il ne léguait, en effet, aucun de ses biens à ceux qu'il avait aimés. L'héritier fut même accusé d'avoir fait un faux.

M.J.P., apparaissant en rêve, avait-il voulu attirer l'attention sur l'étrangeté de son testament? Si vous daignez lire ces lignes, vous pourrez, illustre Maître, en tirer une conclusion.

« Je vous prie de vouloir bien agréer l'hommage de ma profonde et respectueuse admiration.

« Paul Brustier,
« Percepteur de Dampierre (Seine-et-Oise). »

A ces observations inexpliquées (et inexplicables), nous pourrions en ajouter ici un grand nombre d'autres analogues. On peut chercher à les comprendre par des transmissions télépathiques et subconscientes; mais les nier est absurde.

Quelle en sera l'explication?

Avant d'affirmer l'action d'une intelligence étrangère à nous, il faut avoir épuisé toutes les hypothèses normales, aussi bien celles d'un travail inconscient de l'esprit que celle d'une mémoire à laquelle rien n'a échappé. Cette rigueur est nécessaire.

★

Mais revenons au fait lui-même, cité plus haut, de Robert Mackenzie, et à son interprétation. Analysons-la, disséquons-la. Nous cherchons des *preuves de la survivance.* Cette démonstration est d'une telle importance que toutes les objections doivent être examinées et rigoureusement pesées. L'apparition, en rêve, de Robert Mackenzie venant se disculper d'une attaque imaginaire, en suscite plus d'une.

Je remarquerai d'abord que cette relation est

extraite de mon livre *Après la Mort*, un peu abrégée (pour *Le Journal*) et que parmi les objections possibles, j'ai signalé, dans ce livre, la *suggestion retardée*. Comme le public est, en général, ignorant de ces études, je n'en ai pas parlé dans l'article. Examinons ici cette hypothèse d'une transmission de pensée faite par l'agonisant avant sa mort, adressée à son patron et demeurée latente dans le cerveau du récepteur, pour ne se manifester qu'après le calme du sommeil nocturne. A ce propos, un lecteur me communique ses commentaires qui exposent très clairement cette objection, en même temps que celle d'une transmission de pensée par la lecture de la lettre reçue par la femme de l'ingénieur:

« Il se peut, m'écrit mon honorable correspondant, que Mackenzie, au cours de sa longue agonie, ait perçu, sans être en état de les relever, les propos émis par son entourage. On parle de son suicide, réputé crime dans ce milieu. L'honnête et timoré garçon a son délire hanté par l'idée fixe de détromper son bienfaiteur, de lui crier la vérité: et comme sa pensée, bâillonnée, ne peut se traduire par la parole, son instinct cherchera, saura trouver peut-être, les moyens de se communiquer qu'on admet en télépathie et que vous ne récusez pas. Le message lancé dans l'espace arrivera-t-il aussitôt au destinataire non prévenu?... Tout d'abord, le maître-usinier, très absorbé par le *business* — même en rêve, son récit le prouve — se montre récalcitrant à l'interview: peut-être l'a-t-il déjà plusieurs fois écarté, ce bourdonnement importun; mais la nuit, apaisant peu à peu les autres bruits dissonants, a pu rendre son inconscient plus sensible à l'imperceptible appel: harcelé par l'insistance du fantôme, il lui donne enfin audience. Vous savez le reste. Mais ce fantôme, sur quels indices pouvez-vous affirmer qu'il représente un être revenu de l'Au-delà, plutôt qu'un être qui vivait encore au moment de l'émission? Des exemples de communications retardées sont cités et admis par vous dans des cas analogues. Pourquoi les écarter dans le cas présent?

« Au surplus, une autre hypothèse se présente, inspirée par votre narration même: nous savons qu'une lettre était déjà en route, encore ignorée de l'ingénieur. Elle lui apportait les détails de cette fin tragique: son contexte était donc de nature à fournir au rêve les premiers éléments de sa mise en scène; et l'imagination, plus imaginative que jamais dans l'état de rêve, saura bien mettre au point le dramatique de l'apparition. Ce « vous le saurez bientôt » que l'ombre répète par trois fois, ne vous semble-t-il pas une allusion directe et précise à la venue imminente de cette lettre, suggestive à distance? Et nous voici ramenés alors aux phénomènes un peu moins discutés de seconde vue, de télépathie, etc. Ceux-ci, pour ceux qui les admettent, ne prouvent pas inéluctablement la survie, seul objet de la controverse.

« Votre interprétation, cher Maître, n'est pas mise à néant par les miennes: elles peuvent subsister parallèlement. Mais du fait que la vôtre laisse place à des hypothèses concurrentes, elle cesse d'être en soi décisive.

« Georges Izambard,
à Neuilly (Seine). »

Cette lettre est fort sérieuse (à l'opposé de l'article de Clément Vautel): elle émet pour l'explication du fait deux hypothèses. Examinons d'abord la première. Je puis y répondre d'autant mieux que je l'ai spécialement étudiée depuis longtemps.

J'ai reçu, depuis le début de mon enquête, en 1899, plus de 5 600 observations psychiques variées, et j'en avais reçu environ 500 avant que je me sois décidé à faire cette enquête. Dans la quantité des faits psychiques rapportés par les groupes d'études, soit en France, soit en Angleterre, en Italie, en Allemagne, ou en d'autres pays, j'estime à peu près au même nombre ceux qui sont arrivés à ma connaissance; c'est-à-dire que j'évalue cet ensemble à dix ou onze mille au moins. Sur ce nombre, il n'y en a pas un seul qui soit égal, comme manifestation totale, à celui de Mackenzie. Celui qui s'en rapproche le plus, en ce qui concerne l'impression cérébrale retardée, est celui que l'on peut lire au tome II de *La Mort et son mystère* et qui a été rapporté plus haut: la sœur de Louis Noell, belle jeune fille de dix-huit ans, atteinte, subitement, d'une angine, pendant une promenade à Perpignan, mourant après une cruelle agonie, et apparaissant après sa mort, à son frère, étudiant à Montpellier. J'ai inscrit ce fait (absolument authentique et contre lequel aucune dénégation ne peut être admise) aux communications télépathiques entre vivants, et non aux manifestations de défunts, tout en laissant la porte ouverte à cette seconde hypothèse, parce que nous devons d'abord chercher l'explication dans la mentalité des vivants. Frédéric Myers, l'auteur de l'impression latente retardée, qui l'a étudiée avec tant de soins, admet que le retard ne peut être que de quelques heures, au maximum de douze et que ce retard s'explique par l'occupation diurne du cerveau, ne permettant à l'impression de se manifester qu'à l'heure où l'esprit reposé peut la ressentir. Le jour de la catastrophe, l'étudiant était en partie de plaisir. Sa sœur est frappée dans l'après-midi du 22 novembre et meurt le lendemain matin. L'étudiant ne rentre chez lui que dans la nuit du 23 au 24, à 2 heures du matin, se couche très gai, s'endort et, sur les 4 heures du matin, voit en rêve sa sœur, pâle, sanglante, désespérée, lui jetant son cri plaintif indéfiniment répété. L'hypothèse du retard de la réception se présente logiquement. Le jeune homme n'était pas en état de recevoir plus tôt l'appel de sa sœur. Nous concevons donc ce retard de vingt-trois heures après la mort, en admettant que sa sœur ait désiré sa présence auprès d'elle jusqu'à son dernier soupir, lorsqu'elle s'est sentie entièrement perdue.

Nous avons le droit, me semble-t-il, étant donné la situation spéciale du percipient, de prolonger jusque-là le retard de l'impression ressentie, quoique en général, elle soit limitée à quelques heures. Pouvons-nous nous baser sur cette expérience pour expliquer le cas Mackenzie? Nous n'y sommes pas autorisés, ce mode d'explication ne s'adaptant plus à la réalité.

Je répète que, sur ces milliers d'observations, le cas de Louis Noell est le seul qui puisse, à ma connaissance, être comparé à celui de Mackenzie. Mais quelle différence, néanmoins! Examinons, analysons.

Louis Noell ressent l'impression aussitôt qu'il peut la ressentir, *la première nuit* après l'appel, deux heures après le moment où le sommeil à commencé à libérer son cerveau.

Le rêve du patron de Mackenzie n'est arrivé que *la seconde nuit*, quarante-huit heures après la mort. Pour pouvoir appliquer l'hypothèse du retard à ce rêve, il nous faudrait supposer que le patron n'a pas dormi la nuit précédente, pure supposition. Nous devrions aussi supposer que le cerveau n'a été en état de percevoir qu'après toute une seconde nuit à l'heure du réveil. Il me semble donc que nous devons éliminer ce genre d'explication et qu'en fait de retard, celui de Louis Noell est un maximum unique. Il y a une limite à l'intervalle possible entre l'émission et la réception. L'action du défunt reste la plus probable, la plus admissible.

Quant à l'explication par une transmission de pensée due à l'arrivée de la lettre à l'épouse de l'ingénieur, elle est encore moins recevable, puisque cette lettre annonçait le suicide et non l'erreur d'interprétation. Il nous faudrait supposer que la lectrice de cette lettre n'y a pas cru et a imaginé une erreur, pure supposition aussi. Lecture télépathique de cette lettre par l'ingénieur endormi et combinaisons dans son esprit? Hypothèses sur hypothèses! Il n'en est pas question dans la relation directe originale. Remarquons que Frédéric Myers, auteur, avec Gurnay et Podmore, du célèbre ouvrage *Phantasms of the living*, n'est arrivé aux *Phantasms of the dead* qu'à son corps défendant, après dix années de discussions contradictoires. Quant à moi, je suis dans le même cas, n'ayant admis les manifestations de morts que dans l'impossibilité d'expliquer les faits par des actes de vivants. Les autres hypothèses ne résistent pas à l'analyse rigoureuse et complète.

Parmi les nombreuses lettres reçues comme recherches d'explications possibles par actes du mourant, du vivant, la plupart invoquent une transmission de pensée provenant de la lettre reçue par l'épouse de l'ingénieur. Comme nous l'avons vu, ces deux hypothèses ne sont pas applicables. J'ai tenu à les rappeler ici pour prouver, une fois de plus, que nous cherchons, avant tout, la lumière complète.

J'ajouterai encore que l'aspect cadavérique du suicidé: (chair livide et taches symptomatiques de l'empoisonnement mortel), témoigne encore mieux que tous les autres arguments de la réalité de cette manifestation posthume.

On peut différer sur les explications, sur les théories à imaginer pour se rendre compte des faits; mais nier ces faits est une erreur *inexcusable*.

Notre première impression est d'attribuer à des phénomènes de télépathie entre vivants ces diverses manifestations de défunts; mais il y a des cas où cette interprétation est impossible. Les auteurs des *Phantasms of the Living* ont signalé à cet égard l'exemple de Mme Menncer qui rêva deux fois dans la même nuit qu'elle voyait son frère décapité, debout au pied de son lit, sa tête posée sur un cercueil placé à côté de lui! Elle ignorait où se trouvait ce frère, M. Wellington, en voyage à l'étranger. En réalité, il était alors à Sarawok avec sir James Brooke, et il y fut tué pendant une insurrection chinoise. On l'avait pris pour le fils du rajah; sa tête fut coupée et portée en triomphe, et son corps brûlé avec la maison du rajah. La date du rêve a coïncidé approximativement avec la date du meurtre. Il est presque certain que la tête a été tranchée après la mort, parce que ces Chinois n'étaient pas des soldats mais des ouvriers d'une mine d'or qui ayant pris pour armes ce qu'ils avaient sous la main ne pouvaient certes pas tuer un Européen sur la défensive en lui coupant la tête d'un coup. Nous devons donc conclure que l'impression sur la sœur a été produite par son frère *après avoir eu la tête coupée.*

Le même volume des *Phantasms* cite un autre cas, non moins probant, contre l'hypothèse d'une communication télépathique avant la mort. Le voici :

« Mme Storie, d'Edimbourg, habitant à cette époque à Hobart Town, en Tasmanie, eut une nuit un rêve étrange et confus, comme une série de visions séparées : elle voyait son frère jumeau, assis en plein air sur un exhaussement de terrain et éclairé obliquement par la lune ; il levait son bras en disant : « *Le train! le train!* » Quelque chose le heurte, il tombe inanimé et un objet grand et noir passe en sifflant. Puis elle vit un compartiment de chemin de fer, dans lequel elle reconnut le pasteur Johnstone, et ensuite, elle revit son frère portant sa main droite à son front, comme s'il eût souffert, puis elle entendit une voix qu'elle ne reconnut pas, annonçant que son frère venait de mourir.

« Or, la même nuit, son frère était tué par un train passant près de l'endroit où il s'était assis pour se reposer. »

Les détails de ce rêve sont conformes à la réalité ; le Révérend Johnstone était bien dans le train qui tua le frère. Ce dernier fait ne pouvant être connu de la victime de l'accident pendant sa vie, il faut donc que la vision du rêve ait été produite par le décédé, qui, au moment du passage du train a agi sur sa sœur et lui a fait voir l'accident mortel.

Ce n'est pas *avant* sa mort qu'il a agi, c'est au moment, et après le coup fatal.

Logiquement et normalement, on doit chercher à attribuer les phénomènes à des facultés de l'être vivant, encore inconnues de la science, et pour ma part, j'y suis d'autant plus enclin, que l'astronomie nous montre des étoiles qui peuvent ne plus exister, dont nous recevons seulement aujourd'hui les rayons partis de leur sein il y a des milliers de siècles. Elles sont mortes, mais elles nous parlent. Mais nous ne devons pas nous contenter de raisonnements insuffisants.

★

Il est tout naturel — et c'est notre devoir — de douter des manifestations de décédés, tant que la preuve n'en a pas été faite. Nous avons une tendance à prendre en suspicion tous les récits de manifestations de morts, et nous y sommes autorisés par leur improbabilité apparente et la rareté des preuves positives apportées. Tout d'abord, la sincérité des narrateurs peut être mise en doute; il y a des menteurs et des farceurs. Ensuite, en cas de sincérité complète, la mémoire n'est pas toujours fidèle, des arrangements, des exagérations sont possibles. Enfin, le problème est, en lui-même, si grave, que nous ne pouvons et ne devons admettre les observations rapportées que si elles sont absolument indiscutables. Et de plus, encore, il importe de savoir interpréter ces observations, de se convaincre qu'elles ne peuvent s'expliquer par des facultés humaines, et de n'admettre l'action des êtres disparus que s'il n'y a pas d'autre hypothèse admissible. Tous ces éléments d'étude ne sont réunis pour l'observateur qu'à la condition qu'il soit lui-même personnellement instruit sur ces ordres de faits et qu'il puisse parler en connaissance de cause.

Je ferai même remarquer, à ce propos, qu'en général, les plus étranges confusions se glissent, dans le public, sur les études métapsychiques. Ainsi, pour prendre un exemple récent, il paraît que certaines expériences entreprises en 1922 par trois professeurs de la Sorbonne, sur les productions d'ectoplasmes, ont abouti à un résultat négatif, ou, pour être plus exact, incomplet, et on est parti de là pour déclarer que les manifestations de morts n'existent pas. Quel singulier raisonnement! Qu'est-ce que des productions organiques quelconques, sortant de la bouche ou du nez de Mlle A. ou de Mlle Z. peuvent avoir de commun avec l'immortalité de l'âme? Or, des milliers de lecteurs de ces journaux ont cru à ces déductions aussi stupides que ridicules.

Oui, il conviendrait de savoir de quoi on parle. Si quelqu'un venait me dire: « Je viens d'assister moi-même à un déraillement de train et de voir les morts et les blessés, et je vous assure que la Lune ne tourne pas autour de la Terre », je me demanderais par quelle série de faux raisonnements il a pu passer, pour arriver de la machine à vapeur à la Lune. Or, nous assistons chaque jour à des aberrations de ce genre.

Ces observations, qui m'ont été adressées par des personnes inconnues de moi, ne diffèrent pas de celles qui m'ont été présentées par des personnes connues depuis longtemps et dans lesquelles j'ai autant de confiance qu'en moi-même. Si les premières sont véridiques, il n'y a pas de raisons pour que celles-ci ne le soient pas. La classe des farceurs et des « fumistes » est assez rare dans les relations de morts d'un parent, d'un père, d'une mère, d'une épouse, d'un enfant. Ce sont là des deuils dont, en général, on ne rit pas à gorge déployée. On ne joue pas beaucoup avec ces sortes de sujets. Et puis, la sincérité a ses accents; le style c'est l'homme, a dit Buffon.

Je suis avec ces correspondants dans le même cas qu'avec tous ceux qui m'envoient constamment de tous les points du globe leurs observations diverses en astronomie et en météorologie.

Lorsqu'une personne m'écrit qu'elle a observé une éclipse, une occultation, un bolide, des étoiles filantes, une comète, une variation sur Jupiter ou Mars, une aurore boréale, un tremblement de terre, un orage, un cas de foudre curieux, un arc-en-ciel lunaire, etc., je la crois d'abord de bonne foi et sincère, ce qui ne m'empêche pas d'examiner sa communication et de la juger. On peut répondre que la situation n'est pas identiquement la même, car une observation astronomique ou météorologique peut avoir été faite en même temps par d'autres personnes, ce qui apporte une sorte de contrôle. Sans doute. Mais quant à l'opinion que je puis avoir de la sincérité de l'observateur, elle est absolument la même: je l'admets sous bénéfice d'inventaire et avec tous les droits du libre examen.

Dans les cas de télépathie et autres, ce sont les

mêmes humains qui sont en jeu, qui jouissent de toutes leurs facultés intellectuelles, qui sont dans l'état d'esprit le plus normal et qui le prouvent par leurs réflexions elles-mêmes. Je n'ai, *a priori*, pas plus de raison de me méfier d'un savant, d'un professeur, d'un magistrat, d'un prêtre, d'un pasteur, d'un industriel, d'un agriculteur, lorsqu'il m'expose un fait psychique que lorsqu'il m'expose une observation physique. Cependant, comme ces faits sont plus rares et moins croyables, j'ai commencé à en contrôler un grand nombre, par prendre des informations, par faire des enquêtes qui ont presque toujours abouti à confirmer purement et simplement les relations reçues.

C'est ce qu'a fait aussi, de son côté, la Société psychique de Londres. Malgré certaines variations dans les récits, certaines obnubilations de mémoire, on constate toujours que le fait primitif est réel et non pas inventé.

Mais si les imposteurs sont rares, les illusionnés sont nombreux. Ils sont légion dans cet ordre de faits. On n'a pas idée de l'étendue de la crédulité humaine!... Le style est aussi très caractéristique.

Toutefois, la fausse monnaie n'empêche pas la bonne d'exister.

Le plus difficile pour l'homme est peut-être d'être absolument indépendant, de dire ce qu'il pense, ce qu'il sait, sans aucun souci de l'opinion qu'on peut avoir de lui. *Vitam impendere vero!* « Consacrer sa vie à la vérité. » Noble devise de Juvénal et de Jean-Jacques, qui ne produit guère que des ennemis. Car l'humanité est, avant tout, une race grossière, barbare, ignorante, lâche et hypocrite.

Ce qu'il y a encore de plus curieux peut-être, c'est que la libre recherche de la vérité est désagréable à tout le monde, car chaque cerveau a ses petits préjugés dont il ne veut pas démordre.

Si je dis, par exemple, que la survivance de l'âme, déjà rendue probable par la philosophie, sera bientôt prouvée expérimentalement par les sciences psychiques, plus d'un sceptique sourira de mon affirmation.

Si je dis, au contraire, que le spirite qui appelle Socrate ou Newton, Archimède ou saint Augustin dans son guéridon et qui s'imagine converser avec eux, est dupe d'une illusion, voici tout un parti qui me jettera de lourdes pierres pour me lapider.

Eh bien! dût-on continuer la grêle de projectiles que l'on me fait l'honneur de m'adresser, j'affirme ce qui suit: *L'être humain n'est encore connu ni des naturalistes, ni des physiologistes, ni des philosophes.*

Une personne qui meurt à Marseille peut apparaître au même moment à Paris, à Alger, en Amérique ou en Chine. Et elle apparaît sans s'être déplacée.

Une jeune fille dansant une valse avec un fiancé qu'elle adore, peut voir, tout d'un coup, sa mère morte entrer dans le salon et s'écrier que sa mère meurt au même instant à 1 000 kilomètres de là.

Un monsieur passant dans une rue, sous les fenêtres d'une amie, peut lui apparaître dans sa chambre sans cesser pour cela de rester dans la rue.

Votre pensée peut agir sur celle d'une autre personne sans le concours des sens.

On peut voir en rêve un pays que l'on n'a jamais vu et se voir dans ce tel pays tel que l'on y sera dix ans plus tard.

L'avenir est perceptible comme le passé. Le présent seul n'existe pas, attendu qu'il se réduit, dans l'analyse scientifique, à moins d'un centième de seconde.

L'espace et le temps n'existent pas tels que nos conceptions de mesures nous les présentent. C'est l'infini. C'est l'éternité. La distance d'ici à Sirius n'est pas une plus grande partie de l'infini que celle qui sépare votre main gauche de votre main droite. L'électricité nous a déjà accoutumés aux transmissions rapides entre les distances. La lumière et l'électricité n'emploient pas deux secondes pour franchir l'intervalle qui s'étend de la Terre à la Lune.

La matière n'est pas non plus ce qu'elle nous paraît être.

En résumé, la science de toutes les Académies du globe représente une immense ignorance.

Nous ne savons rien d'exact, de précis, d'absolu sur quoi que ce soit, et nous sommes entourés de forces encore inconnues. Que nul n'ait donc l'outrecuidance de dire que « ceci est impossible », que « cela est possible ». Nous n'avons qu'un droit, celui d'être modestes, surtout en ce qui concerne les problèmes de la vie et de la mort. Nous vivons au milieu de l'*inconnu*. Mais il est beau, il est bon, il est utile de chercher.

Laplace raisonnait exactement lorsqu'il écrivait,

dans sa *Théorie analytique des probabilités*: « Nous sommes si loin de connaître tous les agents de la nature et leurs divers modes d'action, qu'il serait peu philosophique de nier les phénomènes uniquement parce qu'ils sont inexplicables dans l'état actuel de nos connaissances. Seulement, nous devons les examiner avec une attention d'autant plus scrupuleuse qu'il paraît plus difficile de les admettre; et le calcul des probabilités devient indispensable pour déterminer jusqu'à quel point il faut multiplier les observations afin d'obtenir en faveur des agents qu'elles indiquent une probabilité supérieure aux raisons que l'on peut avoir, d'ailleurs, de ne pas les admettre. »

Cet argument de l'immortel astronome français confirme tout l'esprit directeur de notre travail actuel sur les problèmes de la métapsychique. Remarquons qu'il l'a publié à propos du magnétisme animal et des recherches sur la baguette divinatoire. Je prie mes lecteurs de peser la dernière phrase en l'appliquant au *nombre* des observations que j'ai eu à discuter. Avec Laplace, nous sommes en fort bonne compagnie. Continuons.

Certaines objections finissent par devenir agaçantes. Telle est celle qui prétend que, pour qu'une observation soit scientifique, il faut que l'on puisse la renouveler à volonté. C'est prétendre qu'un coup de foudre n'a pas existé parce qu'on ne peut pas le recommencer, qu'une chute d'uranolithe n'est pas admissible parce qu'on ne peut pas la reproduire à volonté, qu'une éclipse est une fable parce qu'il faut attendre des conditions luni-solaires analogues pour la revoir, qu'un tremblement de terre n'est pas arrivé parce qu'on ne peut pas le répéter. C'est confondre deux ordres de choses tout à fait distincts: *l'observation* et *l'expérience*. On observe un phénomène spontané; on fabrique expérimentalement un composé chimique. Or, il n'est pas rare de constater cette erreur de raisonnement même chez des hommes accoutumés aux méthodes scientifiques. L'astronomie, la météorologie sont des sciences d'observation; la mécanique est une science expérimentale.

Les manifestations de morts doivent-elles être admises parmi les faits scientifiquement démontrés par des observations suffisantes? Telle est la question, qu'il est inutile de compliquer par des dissertations à côté.

2

LES MAISONS HANTÉES PREMIER APERÇU DU SUJET

Qui peut croire aux maisons hantées? Les esprits faibles, les crédules. Ce sont là des contes de grands-mères, bons à terroriser les petits enfants.

Voilà ce que l'on pense, en général. Et tel paraît devoir être, en effet, le verdict du sens commun.

Qu'y a-t-il de vrai? Qu'y a-t-il de faux? *Quod gratis asseritur gratis negatur*, me disait Renan un jour que nous parlions du nouveau dogme de l'infaillibilité du pape, qui venait d'être affirmée par le concile du Vatican (1870). Ce que l'on affirme sans preuves est nié tout simplement. Si les maisons hantées n'étaient pas constatées par des observations irréfutables, nous serions autorisés à en nier l'existence, et ce serait même notre devoir.

Un vieux proverbe assure qu'il n'y a pas de fumée sans feu. Sans doute, il peut y avoir souvent beaucoup plus de fumée que de feu; mais l'adage populaire reste vrai.

Les légendes les plus absurdes ont une origine.

Or, il est remarquable que les maisons hantées sont aussi anciennes que l'histoire de l'humanité.

En un grand nombre de cas, surtout dans les temps modernes et contemporains, les enquêtes judiciaires et la critique n'ont trouvé dans ces histoires de revenants que des agissements simplement humains. Au fond de l'analyse, elles se résolvent souvent en fumisteries d'hystériques plus ou moins conscients, mystifications, comédies, farces et amusements dégénérant parfois en jeux sinistres. On voulait faire peur aux habitants, se venger d'une injustice, ou discréditer une demeure pour l'acquérir à bon compte, ou même simplement agacer des poltrons et des crédules apeurés.

Mais tous les cas ne s'expliquent pas ainsi. Et puis, quelle a été la première maison hantée? On n'imite que ce qui existe. Les farceurs ont pu renouveler des scènes qui avaient terrifié. Ces scènes ont pu être réelles. Elles ont pu aussi n'être que des interprétations timorées d'accidents fort élémentaires, tels que des bruits inconnus, grossis par le silence de la nuit, effrayant les dormeurs réveillés. Il peut n'y avoir eu, à l'origine, que des mouvements d'animaux égarés, de chiens, de chats, de rats, de souris, d'oiseaux de nuit, moins encore, le vent soufflant à travers les vieilles maisons délabrées, les portes et les volets battant, un pan de mur s'écroulant sans cause apparente, etc., etc.

Si les histoires de maisons hantées pouvaient toutes se réduire à ces explications, une pareille banalité ne mériterait pas un chapitre de cet ouvrage. Il n'en est pas ainsi. Nous devons examiner les faits sans aucun parti pris, sans aucune idée préconçue, mais avec la plus sévère circonspection. Nous jugerons ensuite en connaissance de cause.

Que n'a-t-on pas écrit sur ces histoires? Que

n'a-t-on pas écrit contre? Pour ma part, j'ai depuis longtemps examiné, comparé, analysé, discuté, un si grand nombre d'observations, de récits, de commentaires que j'en ai composé, il y a une vingtaine d'années, pour mon instruction personnelle, un fort volume resté inédit. Beaucoup d'illusions, beaucoup d'erreurs, beaucoup d'exagérations, beaucoup de farces — un certain nombre de réalités sûrement constatées et fort intéressantes à connaître.

Il y a de véritables maisons hantées; il y en a aussi de fausses. Il y a de vrais billets de banque; il y en a aussi de faux. Il y a des hommes véridiques; il y a des menteurs. Il y a des honnêtes gens; il y a des bandits. Il y a des hommes sérieux; il y a des badauds. Il y a des hommes d'esprit; il y a des êtres inintelligents.

Rejeter sans examen tout ce qui est raconté sur les maisons hantées serait aussi absurde que tout accepter sans examen.

Les anciennes traditions, les vieux adages, ne sont pas toujours à dédaigner. « Il erre comme une âme en peine » est une locution si ancienne qu'elle se perd dans la nuit des temps. D'où vient-elle? Quelle est son origine?

Toutes les relations ne sont pas à rejeter, à dédaigner, à supprimer. Il n'y a pas là que des erreurs, des illusions, des impostures. Nous devons, ici comme en tout, si nous voulons nous instruire, *examiner* les choses sans parti pris.

C'est dans cet état d'esprit que nous allons analyser ce curieux problème. Un éminent homme de science, dont le jugement est hautement apprécié de tous ceux qui le connaissent, M. le général Berthaut, ancien Directeur du Service Géographique de l'Armée, ancien Membre du Conseil de l'Observatoire de Paris, m'écrivait récemment une longue lettre, dont je lui demanderai la permission de publier ici les premières lignes:

« Mon cher Maître,

« Les maisons hantées?... cela ne m'étonne pas du tout que vous en soyez envahi. Vous vous en méfiez, et vous avez cent fois raison. Non pas qu'elles soient plus invraisemblables que n'importe quel autre genre de manifestations psychiques, mais parce qu'on y reconnaît plus facilement une cause intéressée, et parce qu'elles prêtent presque toujours à la supercherie. Il y a trop de raisons pour que des vivants aient un motif de dégoûter tout le monde d'habiter tel ou tel local, pour qu'en principe la maison hantée ne soit pas suspecte. Il y a aussi trop de facilité à combiner des *bruits*, des déplacements d'objets, et même de soi-disant apparitions, pour qu'on puisse accepter tout ce qu'on en raconte. Et puis, en dehors des supercheries, il existe souvent des provenances naturelles, non psychiques, difficiles à préciser. Et puis, enfin, il y a les blagues, les plaisanteries d'un goût douteux, plus ou moins macabres, qui peuvent y jouer leur rôle, même quand aucun intérêt n'est engagé. Je puis, si vous le désirez, vous en donner un exemple: une histoire de maison, ou plutôt d'appartement hanté, qui m'a été racontée par mon ami le peintre Vibert, mort en 1902. Cela s'est passé à Paris, je ne sais plus où ni quand; j'ai oublié les noms, mais j'ai gardé le souvenir des faits. La police a été sur pied, a cherché et n'a rien trouvé; et c'est tout à fait par hasard qu'on a découvert que le tout n'était qu'une farce faite par un atelier de peintres.

« L'ingéniosité humaine est grande!... J'estime qu'il

ne suffit pas, pour admettre la réalité de la hantise, que les manifestations observées soient restées inexplicables, que les phénomènes soient incontestables, reconnus, et sans cause possible de l'avis de tout le monde; car ceci prouve seulement que personne n'a découvert la cause naturelle, et non que cette cause naturelle n'existe pas.

« Je crois que les seuls faits à retenir sont ceux qui apportent eux-mêmes la preuve de leur origine extra-naturelle, tout aussi bien dans la catégorie des maisons hantées que dans toutes les autres variétés de phénomènes psychiques. »

Je suis absolument de l'avis du savant général. Or, toutes précautions prises, nous ne tarderons pas à avoir ici, sous nos propres yeux, des exemples typiques rigoureusement observés, dans lesquels aucun doute ne peut se glisser.

Depuis plus d'un demi-siècle que j'ai eu lieu d'examiner ces observations plus ou moins bizarres, plus ou moins confuses, souvent agaçantes et dérisoires de maisons hantées, je crois être en droit d'affirmer ceci, un peu crûment peut-être, mais nettement:

Les gens qui se gaussent dédaigneusement des histoires de maisons hantées et qui nient leur réalité sont des myopes d'une nature spéciale, dont l'horizon ne s'étend pas beaucoup plus loin que le bout de leur nez.

J'ai dit tout à l'heure que j'étudie depuis assez longtemps ces phénomènes spéciaux. Je commencerai ce chapitre par un souvenir qui date de soixante-trois ans. Dans le cours de l'année 1860, en revenant chaque jour de l'Observatoire vers la

Seine, je passais assez souvent près d'une rue qui a été absorbée depuis par le boulevard Saint-Germain, dont on commençait le tracé, la rue des Noyers, qui eut, à cette époque, un moment de célébrité, et fut l'objet d'une enquête judiciaire ordonnée par le locataire d'une maison hantée, obligé de s'enfuir (M. Lesage, économe du Palais de Justice). Le bail fut résilié par acte d'huissier. Voilà un premier point de faits généralement ignoré, et qui a sa valeur.

J'ai reçu des centaines d'observations de maisons hantées et de phénomènes occultes; mais quel que soit le nombre des relations qui m'ont été adressées, ainsi qu'à d'autres analysateurs de ces étranges phénomènes, il est certain que l'on ne s'empresse pas de les faire connaître. Pour n'en citer qu'un exemple, à l'époque où je m'occupais de la comparaison scientifique des manifestations de mourants, je recevais la carte suivante:

« Vendôme, 30 mars 1899.

« Je réponds non à vos deux questions. Pourtant, j'ai été témoin et ma maison, que j'habite seule, a été le théâtre de faits absolument inexplicables que j'ai dissimulés avec le plus grand soin, parce que je n'aurais plus trouvé de domestiques pour me servir.

« Anna Proubat.
[Lettre 59] »

Le temps est passé de traiter les phénomènes de hantise de contes imaginaires. Il y en a trop. Les exemples en sont aussi nombreux que variés, d'ailleurs généralement incompréhensibles et souvent d'apparence ridicule.

Mais parlons d'abord ici du cas de la rue des Noyers que je viens de rappeler.

Donc, dans le cours de l'année 1860, alors que j'étais élève astronome à l'Observatoire de Paris, en revenant chaque jour chez mes parents (qui habitaient boulevard des Italiens), je traversais assez souvent la rue des Noyers. Il y avait là une maison signalée comme bouleversée par un esprit frappeur — trop frappeur même. La relation suivante résume ce que l'on en rapportait. Sous le titre de *Scène de sorcellerie au XIXe siècle*, le journal *Le Droit*, de juin 1860, racontait ce qui suit:

« Un fait des plus étranges se passe en ce moment rue des Noyers. M. Lesage, économe du Palais de Justice, occupe un appartement dans cette rue. Depuis quelque temps *des projectiles, partis on ne sait d'où, viennent briser ses vitres*, et, pénétrant dans son logement, atteignent les personnes, les blessent plus ou moins grièvement: ce sont des fragments assez considérables de bûches à demi carbonisées, des morceaux de charbon de terre très pesants, etc. La domestique de M. Lesage en a reçu plusieurs sur la poitrine, et il en est résulté de fortes contusions.

« M. Lesage s'est décidé à requérir l'assistance de la police. Des agents furent placés en surveillance; mais ils ne tardèrent pas eux-mêmes à être atteints par l'artillerie invisible, et il leur fut impossible de savoir d'où venaient ces coups.

« L'existence lui étant devenue insupportable dans une maison où il fallait être sur le qui-vive, M. Lesage sollicita du propriétaire *la résiliation de son bail*. Cette demande fut accordée et l'on fit venir pour rédiger l'acte Me Vaillant, huissier, dont le nom convenait parfaitement dans cette circonstance.

« En effet, à peine l'officier ministériel était-il en train de rédiger son acte, qu'un énorme morceau de charbon, lancé avec une force extrême, entra par la fenêtre et alla frapper la muraille en se réduisant en poudre. Sans se déconcerter, Me Vaillant se servit de cette poudre, comme autrefois Junot de la terre soulevée par un boulet, pour la répandre sur la page qu'il venait d'écrire.

« On n'a trouvé aucune explication de ces lancements d'objets variés. Mais on espère que l'enquête poursuivie par M. Hubaut, commissaire du quartier de la Sorbonne, éclaircira ce mystère. »

L'enquête n'a rien éclairci du tout, et nous pouvons remarquer que, plus de la moitié du temps, ces enquêtes n'ont abouti qu'à constater la réalité des faits, sans découvrir aucune explication. Ne rien trouver ne prouve pas qu'il n'y ait pas là une cause naturelle bien cachée. Ne nous pressons pas de conclure.

Remarquons que les objets lancés provenaient d'un voisinage immédiat, n'étaient pas cherchés bien loin.

Dans l'examen que j'ai eu la curiosité scientifique de faire depuis longtemps, j'ai été conduit à la conclusion qu'une classification est indispensable pour nous reconnaître un peu dans ces phénomènes souvent déconcertants. Ces lancements bizarres d'objets ont été observés des centaines, des milliers de fois; la cause en est consciente et invisible; elle a été fréquemment associée à des actes possibles de décédés, mais pas toujours ou, du moins, nous ne pouvons pas toujours découvrir l'existence d'un défunt par lequel ces phénomènes sembleraient être produits. Si les désincarnés jouent un rôle, ce que nous aurons à examiner, les incarnés en jouent certainement un également. Il semble que des forces invisibles agissent sur le monde visible en se servant des facultés organiques de médiums, ou intermédiaires, constitués par des jeunes filles ou jeunes femmes (quelquefois des adolescents) dont la présence fait croire au public ignorant — ou à certains juges de même valeur négative — qu'ils sont les agents responsables, autrement dit des farceurs plus malins que tous les enquêteurs.

Dans la maison de la rue des Noyers, la domestique, victime elle-même de ces actes, était une jeune fille.

Ce premier souvenir de ma jeunesse a présenté trois sujets d'instruction: 1° La constatation de phénomènes inexpliqués, 2° la résiliation d'un bail consécutive à cette constatation, et 3° la présence d'une jeune fille dupe elle-même de ces agissements.

Or, des faits analogues avaient déjà été observés onze ans plus tôt, en 1849, non loin de là, dans la rue des Grès, voisine de la Sorbonne, et avaient été également l'objet d'une information juridique. La *Gazette des Tribunaux* du 2 février 1849 a rapporté l'observation suivante:

« Un fait extraordinaire et qui s'est renouvelé chaque soir, chaque nuit, durant ces trois dernières semaines, sans que les recherches les plus actives, la surveillance la plus étendue et la plus persévérante aient permis d'en découvrir la cause, a révolutionné tout le populeux quartier de la Montagne Sainte-Geneviève, de la Sorbonne et de la place Saint-Michel (1). Ce que nous allons raconter a eu lieu, bien que sur les vives réclamations du public, une double enquête judiciaire et administrative ait été suivie pendant plusieurs jours, sans éclaircir en rien le mystère.

« Pendant les travaux de démolition qui se poursuivent pour ouvrir une rue nouvelle qui doit relier la Sorbonne au Panthéon et à l'Ecole de droit, en coupant la rue des Grès pour remonter vers la vieille église, les démolisseurs arrivèrent à un chantier de bois et charbon, où se trouve une maison inhabitée communiquant avec ce chantier, et n'ayant qu'un étage mansardé. Cette maison, située à quelque distance de la rue et séparée des maisons en démolition par de larges excavations, *a été assaillie, chaque soir et durant toutes les nuits, par une grêle de projectiles,* qui, en raison de leur volume et de la violence avec laquelle ils sont projetés, a causé de tels dégâts que la maison en question a été percée à jour, les portes et les fenêtres réduites en miettes, comme si cette maison avait soutenu un siège et les efforts d'une catapulte.

« D'où venaient ces projectiles, consistant en pavés, fragments de murs voisins démolis, même moellons entiers qui, par leur poids et la distance d'où ils provenaient, ne pouvaient pas être projetés par les mains d'un être humain? C'est ce qu'il a été impossible de découvrir. C'est en vain qu'une surveillance de jour et de nuit a été exercée sous la direction personnelle du commissaire de police et des personnes compétentes. C'est en vain que le chef du service de la sûreté est resté sans cesse sur la place. C'est en vain qu'on a lâché chaque nuit des chiens de garde dans les enclos avoisinants.

(1) A cette époque la place Saint-Michel était où est maintenant la place Médicis, le boulevard Saint-Michel n'existait pas, ni la fontaine Saint-Michel, ni la rue Soufflot, ni le boulevard Saint-Germain.

Rien n'a pu donner l'explication du phénomène, que le peuple, dans sa crédulité, a attribué à des causes mystérieuses. Les projectiles qui ont continué à pleuvoir avec bruit sur la maison étaient projetés à une grande hauteur, au-dessus des têtes de ceux qui s'étaient postés en observation sur le toit des petites maisons environnantes; ils paraissaient venir de loin et atteignaient tous le but, avec une précision pour ainsi dire mathématique, sans dévier de la ligne parabolique qui leur avait été évidemment tracée.

« Nous n'entrerons pas dans de plus amples détails sur ces faits, qui sans doute, recevront une prompte explication. Tout en adressant nos félicitations sincères à qui de droit pour les mesures qui ont été prises, nous n'en ferons pas moins remarquer que, dans des circonstances assez analogues, et qui ont également fait sensation à Paris, une pluie de pièces de menue monnaie est tombée chaque soir dans la rue Montesquieu, attirant les badauds de Paris; de même toutes les sonnettes ont été mises en mouvement dans la rue de Malte par une invisible main; il fut impossible de faire aucune découverte et de découvrir la cause matérielle du phénomène. Espérons que, cette fois, on arrivera à un résultat précis. »

Tel est le récit de la *Gazette des Tribunaux*. Remarquons, comme tout à l'heure, que les objets lancés venaient du voisinage, et que tout cela est d'une extrême vulgarité.

Eh bien, les recherches les plus minutieuses n'ont conduit à rien, pas plus en 1860 pour la rue des Noyers qu'en 1849 pour la rue des Grès. Après ce temps perdu, on semble ne plus s'être occupé de l'affaire. Seulement, remarque piquante, on accusa le propriétaire de l'immeuble d'avoir été lui-même l'auteur de ces troubles dans un but intéressé, et celui-ci a donné un démenti violent aux journaux accusateurs et les a appelés devant les tribunaux. Les considérants de son assignation méritent d'être rapportés: les voici, d'après *Le Droit*.

« L'an mil huit cent soixante, le neuf juillet, à la requête de M. Lerible, ancien marchand de charbons et bois, propriétaire, demeurant à Paris, rue de Grenelle-Saint-Germain, 64, élisant domicile en sa demeure:

« J'ai, Aubin Jules Demouchy, huissier près le tribunal civil de la Seine, séant à Paris, y demeurant, rue des Fossés-Saint-Victor, 43, soussigné, fait sommation à M. Garat, gérant du journal *La Patrie*, dans les bureaux dudit journal sis à Paris, rue du Croissant.

« D'avoir à insérer, en réponse à l'article publié le 27 juin dernier dans le journal *La Patrie*, l'assignation suivante donnée par le requérant au journal *Le Droit*, aux offres que fait le requérant de tenir compte des frais d'insertion à sa charge, dans le cas où sa réponse excéderait le nombre des lignes que la loi l'autorise à faire publier.

« J'ai, Aubin-Jules Demouchy, huissier près le tribunal civil de la Seine;

« Donné assignation à M. François, au nom et comme gérant du journal *Le Droit*, dans les bureaux dudit journal, sis à Paris, place Dauphine.

« A comparaître, le 8 août 1860, à l'audience et pardevant Messieurs les présidents et juges composant la sixième chambre du tribunal de première instance, à Paris, 10 heures du matin, pour:

« Attendu que, dans son numéro du vingt-six juin dernier, et à l'occasion de faits qui se seraient passés dans une maison de la rue des Noyers, le journal *Le Droit* rapporte que des faits analogues auraient eu lieu, en 1847, dans une maison de la rue des Grès;

« Que le rédacteur accompagne ses observations d'explications tendant à faire croire que les attaques dont la maison de la rue des Grès était le but en 1847, émanaient du locataire même de cette maison, qui les aurait fait naître, dans une pensée de mauvaise foi, pour obtenir, au moyen d'une spéculation déshonnête, la résiliation de son bail;

« Attendu que les faits signalés par le journal *Le Droit* ont réellement eu lieu, non en 1847 mais en 1849, dans la maison que le requérant occupait à cette époque rue des Grès;

« Attendu que ces imputations sont de nature à porter atteinte à l'honneur et à la considération du requérant;

« Qu'elles sont d'autant plus répréhensibles qu'aucune des vérifications dont les événements dont il s'agit auraient été l'objet n'a eu lieu, et qu'à l'exemple de ceux dont la rue des Noyers paraît avoir été le théâtre, *ces événements sont restés sans explications*;

« Que, d'ailleurs, le requérant était propriétaire, depuis 1847, de la maison et du terrain qu'il occupait rue des Grès;

« Que la supposition à laquelle s'est arrêtée le directeur du *Droit* n'a aucune raison d'être et n'a jamais été formulée;

« Attendu que les termes employés par le journal *Le Droit* constituent une diffamation et tombent sous l'application des peines portées par la loi;

« Que tous les journaux de Paris se sont emparés de l'article du *Droit*, et que l'honneur du requérant a subi par le fait de cette publicité une atteinte dont la réparation lui est due;

« Par ces motifs:

« Se voir faire, M. François, l'application des peines prononcées par la loi et *s'entendre condamner, même par corps, à payer au requérant les dommages-intérêts* que celui-ci se réserve de réclamer à l'audience, et dont il déclare, quant à présent, faire emploi au profit des pauvres, voir dire en outre que le jugement à intervenir sera inséré dans tous les journaux de Paris aux frais du susnommé, et *s'entendre condamner aux dépens*, sous toutes réserves;

« Et afin que le susnommé n'en ignore, je lui ai, à domicile et parlant comme dessus, laissé copie du présent.

« Coût: 3 fr. 55 c. « Signé: Demouchy.

« Enregistré à Paris, le 16 juillet 1860. Reçu: 2 fr. 20 c.
« Signé: Duperron.

« Déclarant au susnommé que, faute par lui de satisfaire à la présente sommation, le requérant se pourvoira par les voies de droit;

« Et je lui ai, à domicile et parlant comme dessus, laissé cette copie.

« Coût: 9 fr. 10 c. « Signé: Demouchy. »

Baux révoqués, amendes ordonnées, ce sont là des déclarations qui n'autorisent peut-être plus à continuer de rire puérilement de ce que l'on ne comprend pas et à tout nier aveuglément.

Ces deux constatations de jets de pierres et de projectiles divers, sans causes apparentes, faites en 1860 et 1849, ont été l'objet de plusieurs enquêtes, dont l'une du marquis de Mirville a été publiée, en 1863, dans son grand ouvrage en 5 volumes: *Des Esprits et de leurs manifestations diverses*, qu'il a eu l'attention de m'envoyer. La conclusion est que l'on n'a pu découvrir aucune explication, et que toutes celles que l'on a imaginées sont aussi absurdes que ridicules. Mais, conclusion qui peut nous surprendre, l'examen auquel s'est livré le marquis de Mirville l'a confirmé dans ses convictions sur *l'existence du diable!* Ecoutons-le un instant:

« Nous causâmes avec le charbonnier Lerible. « — Croiriez-vous bien, nous dit-il, qu'ils ont eu la simplicité de m'accuser de tout cela, moi, propriétaire, moi, qui ai été plus de trente fois à la police pour la prier de me débarrasser, moi qui le 29 janvier, ai été trouver le colonel du 24e, qui m'a envoyé un peloton de ses chasseurs? J'avais beau leur dire: Croyez que c'est moi si ça vous amuse, ça ne change rien à la chose; allez toujours, dites-moi seulement comment je m'y prends et prenez-moi l'individu que je fais travailler, puisque vous voyez bien que ce n'est pas moi, qui suis auprès de vous; ainsi, que ce soit moi ou bien que ce soit un autre qui l'emploie, amenez-moi mon particulier. Ça vous regarde, et vous n'aurez pas servi un ingrat... Mais, bah! monsieur, ils ont bien fait ce qu'ils ont pu, les pauvres diables, mais ils n'ont mis la main sur personne; et puis, une supposition encore, que ce fût moi qui me démolisse; dites donc un peu, est-ce que j'aurais meublé ma maison tout exprès, avec de beaux meubles tout neufs, comme je venais de le faire un mois auparavant? Est-ce que j'aurais laissé abîmer tout mon mobilier, comme ce buffet à glaces, que les pierres paraissaient ajuster? Tenez, monsieur... » — et le pauvre homme nous montrait tous les fragments de sa vaisselle brisée, de sa pendule, de ses bocaux à fleurs, de ses glaces, débris qu'il évaluait à 1 500 francs, ce qui ne nous étonnait pas, et dans le fait, nous trouvions sa défense assez valable, surtout lorsqu'il ajoutait:

« — Et moi donc, est-ce que je n'aurais pas commencé par me mettre à l'abri? Est-ce que ces pierres ne tombaient pas sur moi encore plus rudement que sur les autres. Tenez, voyez encore cette blessure près de la tempe; savez-vous bien que je pouvais y rester? Ah!

monsieur, il faut convenir qu'il y a des gens qui sont drôles! »

« Un détail bien curieux est celui qu'il nous fit admirer; cette chambre était remplie de pierres et de fragments de tuiles longs et plats; cette forme nous frappa. Par quel hasard? lui dîmes-nous... « — Voilà, monsieur, c'est que j'avais fermé mon volet. Eh bien! remarquez bien cette fente-là? Effectivement, c'est une fente très longue et très étroite. Eh bien! monsieur, à partir du moment où j'eus fermé mon volet, toutes les pierres eurent cette forme que vous leur voyez, et toutes arrivaient par cette fente, qui a à peu près leur largeur! » Nous restâmes confondus devant l'adresse des jongleurs qui visaient aussi juste et d'une aussi grande distance. C'était à le donner en cent mille à Auriol, encore en le plaçant à vingt-cinq pas, au lieu d'un kilomètre pour le moins.

« Ce brave homme nous avait intéressé, mais nous voulûmes questionner ses voisins; nous nous adressâmes donc à plusieurs, entre autres à un grand libraire, qui forme l'angle de la rue. Comme les autres, il trouvait la chose absolument inexplicable, et l'accusation de jonglerie plus absurde que tout le reste.

« Alors, nous nous rendîmes chez le commissaire de police; il était absent, mais ses deux secrétaires occupaient son bureau, et celui qui le remplaçait nous répondit: « — M. le commissaire de police vous affirmerait comme moi, monsieur, que malgré nos infatigables recherches, on n'a jamais pu rien découvrir, et je peux vous assurer à l'avance qu'on ne découvrira jamais rien. — Merci, monsieur, nous en étions aussi parfaitement sûrs, mais nous tenions à vous l'entendre dire. »

Ainsi parle le marquis de Mirville à propos de cette maison hantée de la rue des Noyers. Constatons avec Bozzano que telle est l'histoire de presque toutes les enquêtes faites sur ces observations.

En effet, les causes des phénomènes demeurent impénétrables, contraignant les sceptiques à se payer d'inductions plus ou moins absurdes, qui, si elles sont inoffensives tant que persistent les manifestations dans toute leur évidence, prennent cependant consistance et déguisent la vérité, lorsqu'avec l'arrêt des manifestations s'affaiblissent les impressions d'authenticité incontestable qu'en avaient rapportées les assistants.

Le remarquable incident des projectiles formés de façon à pouvoir passer à travers une mince fente de volet, bien que merveilleux, n'est pas du tout rare dans cette série; même, la circonstance la plus curieuse de la précision avec laquelle les projectiles atteignaient leur but, se confond avec d'autres nombreux incidents de projectiles qui frappent systématiquement et sûrement un certain but, ce qui est presque la règle dans cet ordre de choses.

Chacun comprendra quelle grande importance théorique présentent ces épisodes, parce qu'ils supposent à l'origine des phénomènes une intention servie par des facultés et des pouvoirs supranormaux. Et l'on excuse ceux qui croient au diable de le mêler à ces agissements. Remarquons, d'ailleurs, que le diable est encore associé aujourd'hui à tout l'enseignement chrétien.

Avouons que, toutefois, la première impression qui nous frappe dans ces agissements bizarres, c'est leur banalité, leur vulgarité. Quelle qu'en soit la cause, ce sont vraiment là de bien singuliers exercices! *Forces intelligentes* en action; mais intelligences bien médiocres.

Considérons d'autres manifestations. Instruisons-nous librement et sans aucune idée préconçue.

★

En 1864, à Poitiers, au vu et su d'un excellent observateur avec lequel je me suis trouvé en relation, le comte d'Ourches, alors assidûment occupé de ces études, de concert avec le baron de Guldenstubbe et le général de Brevern, des phénomènes aussi mystérieux et aussi inexplicables que ceux de Paris ont été observés. J'ai conservé de cette « maison hantée de Poitiers » la relation qui en a été alors publiée par le *Journal de la Vienne,* du 21 janvier 1864. La voici:

« Depuis cinq ou six jours, il se passe dans la ville de Poitiers un fait tellement extraordinaire qu'il est devenu le sujet des conversations et des commentaires les plus étranges. Tous les soirs, à partir de 6 heures, des bruits singuliers se font entendre dans une maison de la rue Neuve-Saint-Paul, habitée par Mlle d'O..., sœur de M. le comte d'O... Ces bruits, d'après ce qui a été rapporté, font l'effet de détonations d'artillerie; de violents coups semblent frappés sur les portes et sur les volets. On avait d'abord cru pouvoir en attribuer la cause à quelques plaisanteries de gamins ou de voisins mal intentionnés. Une surveillance des plus actives a été organisée. Sur la plainte de Mlle d'O..., la police a pris les mesures les plus minutieuses: des agents ont été postés à l'intérieur et à l'extérieur de la maison. Les explosions se sont produites néanmoins, et nous tenons de source certaine que le sieur M..., brigadier, a été pendant l'avant-dernière nuit, surpris par une commotion telle qu'il ne peut même aujourd'hui s'en rendre compte.

« Notre ville tout entière se préoccupe de cet inexplicable mystère. Les enquêtes faites par la police n'ont, jusqu'à présent, abouti à aucun résultat. Chacun cherche le mot de l'énigme. Quelques personnes initiées à l'étude du spiritisme prétendent que des Esprits frappeurs sont les auteurs de ces manifestations, auxquelles ne serait pas étranger un médium fameux qui, cependant, n'habite plus le quartier. D'autres rappellent qu'un cimetière a existé autrefois dans la rue Neuve-Saint-Paul, et nous n'avons pas besoin de dire à quelles conjectures elles se livrent à ce sujet.

« De toutes les explications, nous ne savons quelle est la bonne; toujours est-il que l'opinion est fort émue de cet événement et qu'hier soir une foule si considérable s'était rassemblée sous les fenêtres de la maison d'O..., que l'autorité a dû requérir un piquet du 10e chasseurs pour faire évacuer la rue. Au moment où nous écrivons, la police et la gendarmerie occupent la maison.

« La première idée qui nous vient est naturellement celle d'une supercherie. On a donc fait une enquête, laquelle, d'ailleurs, n'a rien donné; aucun farceur n'a pu être découvert.

« Des exorcismes ont été essayés, sans aucun résultat, car après quelques jours d'arrêt, les bruits ont recommencé avec une certaine violence et ressemblent, dit-on, à ceux que produiraient de petites bombes.

« Mais d'où viennent-ils? Impossible, jusqu'à ce jour, de déterminer leur direction. Ils ne proviennent pas du sous-sol, attendu que des coups de pistolet tirés dans les caves ne s'entendent pas au premier. »

Dans un troisième article, le même journal pensait contenter tout le monde en publiant les lignes suivantes:

« Nous recevons depuis quelque temps par chaque courrier des lettres soit de nos abonnés, soit de personnes étrangères au département, dans lesquelles on nous prie de donner des renseignements plus circonstanciés sur les scènes dont la maison d'O... est le théâtre. Nous avons dit tout ce que nous savons.

« Il est parfaitement vrai que des bruits singuliers se font entendre chaque soir, de 6 heures à minuit, rue Saint-Paul, dans la maison d'O... Ces bruits ressemblent à ceux qui seraient produits par les décharges successives d'un fusil à deux coups; ils ébranlent les portes, les fenêtres et les cloisons. On n'aperçoit ni lumière ni fumée; aucune odeur ne se fait sentir. Les faits ont été constatés par les personnes les plus distinguées et les plus dignes de foi de notre ville, par des procès-verbaux de la police et de la gendarmerie, à la requête de la famille de M. le comte d'O...

« M. H. d'Orange croit à des causes physiques, à des gaz se dégageant d'un ancien cimetière sur lequel aurait été construite la maison d'O... Or, cette maison est bâtie sur le roc, et il n'existe aucun souterrain y aboutissant.

« Nous pensons, pour notre compte, que les faits étranges et inexpliqués encore qui, depuis plus d'un mois, troublent le repos d'une famille honorable ne resteront pas toujours à l'état de mystère. Nous croyons à une supercherie fort habile, et nous espérons voir bientôt les revenants de la rue Saint-Paul revenir en police correctionnelle. »

Malgré cette espérance, on n'a rien pu trouver, et la police correctionnelle n'a pas eu à s'occuper de la force inconnue productrice des coups frappés et des détonations.

Comme je l'ai dit, ces faits se sont passés au domicile du comte d'Ourches et de sa sœur. Mlle d'Ourches était médium, ou, suivant le terme que j'avait proposé, *dynamogène.*

A propos de cette maison hantée de Poitiers, nous pouvons remarquer que déjà, autrefois, il y avait eu, dans cette même ville, dans ce même quartier, des bruits analogues.

Görres, auteur bien connu du célèbre ouvrage *La Mystique*, a rapporté que d'après Guillaume d'Auvergne, décédé en 1249, évêque de Paris, un « esprit frappeur » s'était introduit dans une maison dudit quartier Saint-Paul à Poitiers et qu'il y jetait des pierres et brisait les vitres.

Pierre Mamoris, professeur de théologie, auteur du *Flagellum maleficorum*, a rapporté la même histoire. Un certain esprit lançait des pierres, remuait les meubles, brisait les vitres, frappait même les gens, mais légèrement, sans qu'il fût possible de découvrir comment il s'y prenait.

A cette occasion, Jean Delorme, curé de Saint-Paul, serait venu, accompagné de quelques personnes, visiter le théâtre de ces étranges exploits, et, muni de cierges bénits et allumés, d'eau bénite et d'eau grégorienne, aurait parcouru tous les appartements en les aspergeant et en les exorcisant.

Notons cette coïncidence de localité: même ville et même quartier. Continuons notre étude.

Voici maintenant des manifestations observées à Fives, près Lille (Nord), à la même époque, également. On a pu lire dans l'*Indépendant* de Douai des 6 et 8 juillet 1865, le récit suivant des faits aussi bizarres qu'enfantins constatés par les habitants d'une maison de Fives.

« I. — Depuis une quinzaine de jours, il se passe dans la rue du Prieuré, à Fives, des faits encore inexpliqués et qui causent une profonde sensation dans tout ce quartier. A certains intervalles arrive, dans la cour de deux habitations de cette rue, une grêle de projectiles qui brisent les vitres, atteignent parfois les habitants, sans qu'on puisse découvrir ni le lieu d'où ils partent, ni la personne qui les lance. Les choses sont venues à ce point qu'un des deux locataires a dû garantir ses fenêtres d'un treillis, dans la crainte d'être assommé.

« D'abord les intéressés ont fait le guet, puis ont eu recours à la police, qui a exercé la plus active surveillance pendant plusieurs jours. Cela n'a pas empêché les morceaux de brique, charbon de terre, etc., de tomber aussi drus dans les deux cours. Un agent a même reçu un projectile dans les reins au moment où il cherchait à expliquer à un de ses camarades la parabole que les cailloux décrivent avant leur chute.

« Le vitrier, en remettant les carreaux brisés la veille par des morceaux de brique, a été également atteint dans le dos. Il s'est aussitôt élancé, jurant de connaître l'auteur de ces actes, mais il ne fut pas plus heureux que les autres.

« On constate depuis quelques jours une diminution notable dans le volume des projectiles, mais ils arrivent plus nombreux, de sorte que l'émotion continue. Cependant on espère découvrir bientôt ce qu'il y a de mystérieux dans cette singulière affaire.

« II. — Les phénomènes bizarres qui se sont produits dans la rue du Prieuré, à Fives, depuis le jeudi 14 juin, et dont nous avons déjà parlé, sont entrés depuis samedi dernier dans une nouvelle phase.

« Il ne s'agit plus de projectiles lancés du dehors avec un fracas extraordinaire contre les portes et les fenêtres, et beaucoup moins violemment contre les personnes. Voici ce qui se passe maintenant.

« Dans la journée de samedi, il tomba dans la cour

huit sous et cinq pièces de deux centimes belges. La dame de la maison, voyant en même temps plusieurs meubles s'agiter et des chaises se renverser, va appeler des personnes du voisinage. On relève les chaises; à plusieurs reprises: elles tombent de nouveau. En même temps, on voit dans le jardin des sabots, laissés à l'entrée par la servante, bondir en cadence, comme s'ils avaient été aux pieds d'une personne dansant.

« Dans la soirée, un calendrier placé au-dessus d'une cheminée saute et tourbillonne en l'air; des souliers déposés à terre, sautent aussi, et retombent la semelle en haut.

« La nuit venue, le maître de la maison résolut de veiller.

« A peine seul, il entendit un bruit: c'était un chandelier qui tombait sur la cheminée; tandis qu'il le relève, un coquillage roule à terre; il se baisse pour le ramasser; l'autre chandelier lui tombe sur le dos. Ces manèges durèrent une partie de la nuit.

« Pendant ce temps, la bonne qui couche en haut, se mit à crier au secours, on la trouva dans une telle frayeur qu'on ne put douter de sa sincérité quand elle affirma qu'on l'avait battue. On la fit descendre et coucher dans un cabinet voisin; on l'entendit bientôt se plaindre, on entendait même les coups qu'elle recevait.

« Cette fille est tombée malade et a dû rentrer chez ses parents.

« Le dimanche matin et le lendemain, des sous et des centimes belges furent encore jetés dans la cour.

« L'après-midi, Mme X... sort avec une de ses amies, après avoir visité toute la maison, et sans y avoir rien remarqué qui ne fût en ordre. La porte est soigneusement fermée, personne n'a pu entrer. En revenant, Mme X... trouve dessiné sur son lit un grand 8 avec des bas et des foulards qui avaient été enfermés dans une armoire.

« Le soir, avec son mari, son neveu et un pensionnaire, qui composent avec elle tout le personnel de la maison, elle fait la visite de tous les appartements. Le lendemain matin, en montant à la chambre occupée autrefois par la servante, elle trouve sur le lit un dessin bizarre formé avec des bonnets, et sur l'escalier d'en bas, une dizaine de marches couvertes par les paletots de son mari, de son neveu et du pensionnaire, étendus tout le long et surmontés d'un chapeau.

« En balayant la salle à manger, on voit tout à coup deux couteaux se ficher dans le plancher, un autre est planté dans le plafond.

« Une clef tombe dans la cour: c'est celle de la porte de la rue; puis vient celle du secrétaire; puis des foulards, des mouchoirs roulés et noués, qui avaient disparu depuis quelque temps.

« Dans l'après-midi, on voit sur le lit de M. M... un rond formé avec des habits, et au grenier un dessin du même genre formé avec un vieux caban enroulé et une bourriche.

« Tous ces faits sont attestés par les personnes de la maison qui sont toutes d'un caractère rassis, calmes et pondérées. On se les explique d'autant moins que le voisinage est parfaitement bien habité et qu'une active surveillance n'a cessé d'être exercée depuis trois semaines.

« On peut se figurer combien les habitants de la maison souffrent de cet état de choses. Après avoir commencé par masquer les fenêtres du côté de la cour, ils se sont ensuite décidés à abandonner les pièces où se produisaient les faits, et ils sont maintenant en quelque sorte campés dans deux ou trois pièces, en attendant la fin de leurs ennuis. »

Ces faits, comme ceux de la rue des Noyers, de la rue des Grès, de Poitiers, ont mis en défaut la surveillance la plus active ainsi que les investigations de la police. En présence de ces constatations si multipliées et qui ont de si nombreux témoins, la négation n'est plus possible. Il doit y avoir là, assurément, plus d'une exagération; mais il y a aussi des faits précis.

Ils m'ont été personnellement attestés par le colonel Mallet, de Douai, homme d'une réelle valeur scientifique, qui s'est enquis sur les lieux mêmes et auprès des personnes intéressées. On peut être assuré de leur réalité.

Avouons qu'ils sont absurdes, idiots, ne signifient rien, ressemblent à des gamineries produites par des enfants espiègles, et que ce serait là l'explication la plus logique, si on pouvait l'appliquer. Des sous jetés! des sabots changés de place! des objets remués! des coups reçus! mêmes vulgarités que dans les exemples précédents. (Après tout, les couches inférieures de l'humanité ne sont guère plus spirituelles.) Gamineries? Seulement on ne trouve rien, malgré l'observation la plus sévère, et nous verrons plus loin que ces mouvements s'accomplissent aussi en des chambres hermétiquement fermées.

Avant d'aller plus loin, remarquons que l'intervention d'âmes de morts ne paraît pas du tout indiquée. On penserait plutôt à des farfadets!

Nous songeons, tout naturellement, à des phénomènes électriques rappelant ceux de la foudre, mais avec une certaine intention rudimentaire.

Les manifestations des maisons hantées mettent sous nos yeux, d'une part des phénomènes matériels sans signification apparente, d'autre part, des manifestations d'esprits, et ici même certaines propriétés organiques de jeunes filles, de jeunes femmes, de jeunes garçons y sont associées. On voit combien le problème est complexe. Quoi qu'il en soit, il y a là en jeu des forces invisibles inconnues. N'y aurait-il pas, dans l'atmosphère, des entités psychiques dépourvues de toute valeur intellectuelle et morale? Notre humanité vivante en est pleine... Si l'âme n'est pas détruite, que deviennent les âmes d'idiots?... Et les âmes d'animaux, supérieures à celles de certains hommes?

★

Ce premier aperçu vient de faire passer devant nos yeux un certain nombre d'exemples très variés, bizarres, inexplicables, puérils, enfantins, d'une banalité un peu agaçante, mais réels, observés, constatés, subis par des témoins irrécusables qui en ont souffert au point d'abandonner les habitations où ils se fussent trouvés fort bien pour leur existence normale, et d'exiger la résiliation de baux importants. Que peuvent signifier ces agissements incompréhensibles et dont la banalité nous révolte? Ils révèlent des actes intentionnels, des idées confuses, d'une mentalité inférieure. Sur notre planète, nous n'avons pas d'exemples de pensée sans cerveau, et cependant certains actes de la foudre sont si singuliers que parfois l'impression nous est laissée d'intentions cachées. D'autre part, les lois qui régissent le système du monde ne viennent pas d'un cerveau. Il y a de l'esprit dans la nature. Qu'est-ce que l'*instinct* d'une poule qui couve des œufs pendant vingt jours pour en faire sortir des poussins? Qu'est-ce que le renouvellement perpétuellement assuré des milliards d'êtres vivants? Les faits singuliers que nous voulons étudier ici dénotent de fantastiques manifestations de cet esprit inconnu, et sans doute inconnaissable pour nous.

Ce n'est là, disons-nous, qu'un premier aperçu. Une excursion générale parmi les maisons hantées sera présentée plus loin.

Nous avons vu un grand nombre de faits à examiner avec soin. Ils sont si nombreux qu'avant de nous engager dans cette forêt, il est prudent de nous arrêter d'abord à quelques exemples précis nettement observés. Nous commencerons par l'un des plus typiques et des plus complets.

L'histoire véridique à peine croyable que l'on va lire nous fera pénétrer immédiatement au cœur de ce domaine mystérieux des maisons hantées.

3

PHÉNOMÈNES ÉTRANGES OBSERVÉS DANS UN CHÂTEAU DU CALVADOS

Nous pénétrons ici sans tarder, comme je viens de le dire, au cœur de notre sujet. L'exposé que voici de phénomènes étranges observés en 1875 dans un château de Normandie a été rédigé par M. G. Morice, docteur en droit, sur le récit du propriétaire et des témoins, et publié aux *Annales des Sciences psychiques* de l'année 1893. « L'honorabilité et l'intelligence du propriétaire de ce château, écrivait mon savant ami le Dr Dariex, directeur de ces *Annales*, ne peuvent être mises en doute par personne. C'est un homme énergique et intelligent. Il a pris note lui-même, jour par jour, au moment de leur production, de tous les faits extraordinaires dont lui et les habitants du château ont été témoins. Ces personnes ont attesté, de leur côté, la réalité de ces faits; mais le propriétaire a exigé du narrateur qu'*aucun nom ne soit imprimé.* » (Nous pouvons regretter ces restrictions.) Voici cet exposé, que je raccourcirai autant que possible, car les observations ont duré longtemps et sont nombreuses.

« Vers 1835 existait, dans cette commune, un ancien château appartenant à la famille de B.

« Cette habitation se trouvait dans un tel état de vétusté que la restauration en fut jugée inutile. Elle fut remplacée par une autre, élevée à environ 150 mètres au nord de l'ancienne.

« M. de X. en hérita en 1867 et en fit sa résidence.

« Au mois d'octobre de cette même année, il y eut une série d'incidents extraordinaires, bruits nocturnes, coups, etc., qui, après avoir cessé pendant quelques années, nous dit M. de X., dans son journal de 1875, se produisent de nouveau présentement.

« De tout temps, le château du T... avait passé pour avoir été le théâtre de phénomènes fantastiques, pour être hanté par des fantômes plus ou moins malfaisants. La famille de X. ignorait ces bruits lorsqu'elle en prit possession. »

Voici des extraits de l'Agenda quotidien. Ces relations détaillées sont très longues, mais du plus vif intérêt. C'est un véritable procès-verbal documentaire.

« Nous sommes en octobre 1875, écrit le propriétaire.

« Je me propose de noter ici et de consigner chaque jour ce qui se sera passé dans la nuit précédente. Je dois faire remarquer que *lorsque les bruits se produisaient pendant que la terre était couverte de neige, il n'y avait aucune trace de pas autour du château. J'ai tendu secrètement des fils à toutes les ouvertures: ils n'ont jamais été brisés*.

« En ce moment, octobre 1875, notre maison est ainsi composée:

« M. et Mme de X, et leur fils;

« Monsieur l'abbé ***, précepteur de ce fils;

« Emile, cocher;
« Auguste, jardinier;
« Amélina, femme de chambre;
« Célina, cuisinière.
« Tous les domestiques couchent dans la maison; ils méritent notre plus entière confiance. »

Mercredi, 13 octobre 1875.

« M. l'abbé *** nous ayant affirmé que son fauteuil change de place, nous l'accompagnons, ma femme et moi, dans sa chambre, et nous constatons minutieusement la place occupée par chaque objet. Nous attachons du papier gommé qui fixe au parquet le pied du fauteuil. Nous quittons M. l'abbé; je lui recommande de m'appeler s'il arrive quelque chose d'extraordinaire. A 10 heures moins un quart, M. l'abbé entend sur le mur de sa chambre une série de petits coups, assez forts cependant pour qu'ils soient entendus également par Amélina, qui couche dans la chambre en face. Il entend ensuite dans un angle de sa chambre le bruit de l'encliquetage de la roue d'une grosse horloge qu'on remonte, puis un flambeau de métal qui change de place sur sa cheminée, en grinçant, enfin il entend et il croit voir son fauteuil se promener: il n'ose se lever, et sonne; j'y vais. Dès en entrant, je constate que le fauteuil a changé de place d'au moins un mètre: il est tourné devant la cheminée; une bobèche placée au pied du flambeau *s'est replacée sur le flambeau*; l'autre flambeau a été déplacé et posé de manière à ce qu'il dépasse de plusieurs centimètres le bord de la cheminée. Une petite statue placée contre la glace a été avancée de 20 centimètres. Je me retire au bout de vingt minutes. Nous entendons deux violents coups chez M. l'abbé, qui sonne et qui m'assure que ces coups ont été frappés sur la porte de son cabinet, au pied de son lit. »

Voilà un début qui promet. Continuons la lecture de l'agenda.

« *Jeudi 14 octobre.* — On entend de violents coups. Nous nous armons, parcourons tout le château: nous ne découvrons rien.

« *Vendredi 15 octobre.* — Vers 10 heures, M. l'abbé et Amélina entendirent clairement des pas imitant ceux de ma femme et les miens, ainsi que notre conversation. Il leur sembla que nous parcourions le corridor pour rentrer dans notre chambre. Amélina assure avoir reconnu nos deux voix; puis elle entendit ouvrir la porte de la chambre de ma femme et n'en fut pas effrayée tant elle se persuada que c'était nous. *Nous dormions* et n'avons pas entendu; mais, à 11 heures un quart, tout le monde est réveillé par une série de très forts coups, dans la chambre verte. Auguste et moi faisons une ronde partout, et pendant que nous sommes dans le salon, nous entendons des coups près de la lingerie. Nous y allons: rien. Nous redescendons. Madame et Amélina entendent traîner un meuble à l'étage au-dessus, où il n'y avait personne. Le meuble semble tomber lourdement.

« *Samedi 16 octobre.* — Tout le monde est réveillé par une série de forts coups, vers minuit et demi. Une ronde armée n'amène aucune découverte.

« *Lundi 18 octobre.* — Le nombre des témoins a augmenté: le vicaire de la paroisse a bien voulu venir coucher au château depuis samedi; il a très bien entendu les bruits, et il va continuer de passer ici les nuits; il sera donc témoin de ce qu'on entendra encore. Ce soir même arrive Marcel de X..., il couche au second étage et laisse sa porte ouverte pour mieux saisir la nature et la direction des bruits. Auguste couche dans le corridor, près de cette même porte. Vers 11 heures, tout le monde est éveillé par le bruit d'une *grosse boule pesante, qui descend l'escalier* du second au premier *en sautant de marche en marche.* Après une demi-minute, un coup isolé très violent, puis neuf ou dix gros coups sourds.

« *Mardi 19 octobre.* — M. le curé de M..., sur notre demande, est venu coucher ici. Il a très bien entendu un gros pas qui descendait lentement et lourdement l'escalier, et puis, une demi-minute après, comme la veille, un fort coup isolé partant encore du milieu de l'escalier qui descend au rez-de-chaussée. Il ne doute plus que cela soit surnaturel. Marcel retourne chez lui avec la même conviction. »

Pourquoi surnaturel? Connaissons-nous toutes les forces de la nature? Continuons ce fantastique récit.

« Les bruits ont cessé complètement jusqu'au samedi soir 30 octobre. *Samedi 30 octobre.* — Tout le monde est éveillé par une série de forts coups.

« *Dimanche 31 octobre.* — Nuit très agitée. Il semble que quelqu'un monte, plus rapidement qu'un homme puisse le faire, l'escalier du rez-de-chaussée, en affectant de frapper des pieds. Arrivé sur le palier, cinq grands coups tellement forts que les objets suspendus aux murs se mettent à battre sur place. Puis on dirait qu'une lourde enclume ou une grosse poutre a été projetée sur un point des murs, de manière à ébranler la maison; personne ne peut préciser le point d'où ces coups partent. Tout le monde se lève et se réunit dans le corridor du premier étage. Nous faisons une visite minutieuse et ne trouvons rien. Nous nous recouchons, mais de nouveaux bruits nous obligent à nous relever. Nous ne pouvons reposer que vers 3 heures.

« *Mercredi 3 novembre.* — Dès 10 h 20, tout le monde est réveillé par des pas bruyants qui montent rapidement l'escalier. Une série de coups fait trembler les murs. Nous nous levons immédiatement. Peu de temps après, nous entendons le bruit d'un corps pesant et élastique qui aurait descendu l'escalier du second au premier, en *sautant* vivement *de marche en marche*. Arrivé au bas, il continue sa course en glissant dans le corridor et s'arrête au palier. Aussitôt partent deux coups éclatants, puis un coup formidable comme un *maillet de charpentier lancé à tour de bras,* sur la porte de la chambre verte. Plusieurs séries de coups sautillants et répétés imitant des pas d'animaux.

« *Jeudi 4 novembre.* — Ce soir, au moment où nous montons pour nous coucher, Auguste me prie de venir écouter une longue suite de coups qui se font entendre au second étage où il couche en ce moment. Lorsque j'arrive, je n'entends plus rien. Je fais une visite minutieuse du grenier et de la chambre rouge; je laisse la porte de cette chambre ouverte, Auguste et Armand, frère d'Amélina, sont avec moi; nous avons de la lumière. Au bout de trois minutes, cinq coups parfaitement distincts se font entendre dans la chambre rouge, où personne ne pouvait pénétrer sans être vu et entendu, et de plus, je le déclare, sans être sous le feu de mon revolver, qui ne me quitte pas (tout le monde le sait). A peine suis-je descendu que cinq autres coups se font entendre de nouveau, très distinctement pour Auguste, faiblement pour moi, qui suis à l'étage au-dessous.

« *Vendredi 5 novembre.* — A 2 heures, un être quelconque s'élance à toute vitesse dans l'escalier, du vestibule au premier, traverse le corridor, et s'engage rapidement dans l'escalier du second avec un fort bruit de pas qui n'ont rien du pas humain. Tout le monde a entendu: on eut dit deux jambes privées de leurs pieds et marchant sur deux moignons. On entend ensuite de nombreux et forts coups dans l'escalier et dans la porte de la chambre verte.

« *Mercredi 10 novembre.* — A 1 heure, une galopade précipitée dans le vestibule et l'escalier. Un fort coup sur le palier se fait entendre, suivi d'un autre très violent sur la porte de la chambre verte; durée 2 minutes. Une tempête avec vent, tonnerre, éclairs vient encore rendre la nuit plus affreuse. A 1 h 20, on clanche la porte de la chambre verte. Aussitôt partent deux forts coups sur la porte, trois dans l'intérieur de la chambre, trois autres sur la porte, et enfin de longs tapotements au second étage, quarante au moins; durée 2 minutes et demie. A ce moment, tout le monde entend comme nous un cri, comme un long son de corne d'appel qui domine la tempête; il me semble venir du dehors. Peu après, tout le monde entend trois cris aigus: ils viennent du dehors, mais se rapprochent très sensiblement de la maison. 1 h 30, un coup sourd au deuxième étage; encore un très long cri, puis un second, comme une femme qui appelle au dehors. 1 h 45, subitement nous entendons trois ou quatre grands cris dans le vestibule, puis dans l'escalier. Nous nous levons tous, et faisons comme toujours une minutieuse perquisition. A 3 h 20, une galopade se fait entendre dans le corridor. Nous entendons deux cris plus faibles, mais bien dans la maison.

« *Vendredi 12 novembre.* — Plusieurs coups se font entendre, puis des cris aigus et forts comme s'il y en avait plusieurs. — Autres cris plus plaintifs dans le vestibule. 11 h 45, trois cris étouffés semblant venir de la cave, puis d'autres plus forts dans l'escalier. A minuit, tout le monde se lève: on entend des cris dans la cave, puis dans l'intérieur de la chambre verte, enfin *les sanglots et les cris* d'une femme qui souffre horriblement.

« *Samedi 13 novembre.* — Non seulement nous sommes tracassés la nuit, mais voici que nous le sommes le jour. A 3 heures, coups dans la salle à manger: perquisition inutile; — 3 h 15, bruits dans la chambre verte: nous y allons, *un fauteuil était déplacé et posé contre la porte* de manière à l'empêcher d'ouvrir; nous le replaçons. — 3 h 40, piétinements dans la chambre de Madame... un fauteuil s'y est promené. — Deuxième visite dans la chambre verte: le fauteuil est de nouveau placé de façon à empêcher la porte de s'ouvrir, Madame et Amélina vont avec M. l'abbé dans sa chambre et, devant leurs yeux, *la fenêtre du cabinet*, qui était bien fermée, *s'ouvre*. Le vent était du sud et cette fenêtre est au nord. Dans la chambre de Madame un fauteuil a de nouveau changé de place. Dans la chambre de M. l'abbé, la fenêtre, qui était bien fermée, s'est ouverte de nouveau.

« *Samedi 13 novembre* (la nuit). — Galopades comme les précédentes — 13 coups sur le palier, 8 violents sur la porte de la chambre verte; on clanche la porte, et on la referme rudement. — Minuit 15 minutes, deux cris très forts au palier; ce n'est plus le cri d'une femme qui pleure, mais des *cris aigus*, furieux, maudits, désespérés, des cris de « damnés ou de démons ». Pendant plus d'une heure encore, des coups violents se font entendre.

« *Dimanche 14 novembre.* — Les fenêtres de M. l'abbé, quoique bien fermées, se sont ouvertes pendant la messe; il avait fermé sa porte à clef et emporté celle-ci; personne ne pouvait pénétrer dans sa chambre. Pendant les vêpres, une de ses fenêtres s'est encore ouverte.

« *Mardi 23 novembre.* — Vers 2 heures, je suis tiré d'un profond sommeil par des coups partant du corridor et d'autres bruits venant de ma chambre, mais ce réveil subit et pénible ne me permet pas de bien distinguer leur véritable nature. Le lendemain, M. l'abbé nous raconte qu'il a entendu, à la même heure, des bruits semblables venant du même endroit. Ma femme, une fois levée, constate un bouleversement général sur sa table de toilette.

« *Dimanche 19 décembre.* — Pendant les vêpres, Emile, qui gardait la maison, entend les pelles et pincettes de la cuisine tomber sur le pavé. Revenue des vêpres, Mme de X... entend marcher de long en large: c'est un bruit de gros pas dans la chambre de M. l'abbé, où il n'y avait personne.

« *Lundi 20 décembre.* — A 4 heures après midi, Mme de X... trouve, en entrant dans sa chambre, deux chaises posées la tête en bas, sur deux fauteuils. Je vais dans les autres chambres; dans la chambre bleue je trouve une chaise placée sur le guéridon.

« *Vendredi 24 décembre.* — A midi, tous les domestiques étant à table, nous trouvons, dans la chambre de M. l'abbé, le lit renversé sur le côté et la table poussée dessous. Le soir, à 6 heures, nous rouvrons la porte de cette même chambre, qui était fermée à clef et nous voyons *la table posée sur le milieu du lit.*

« *Samedi 25 décembre.* — A midi, pendant que tous les domestiques sont à table, on entend des coups dans la chambre de M. l'abbé. Sa porte est fermée à clef. Nous y faisons une perquisition et nous trouvons un *fauteuil monté sur le pupitre* de Maurice. Au retour des vêpres, nous trouvons chez M. l'abbé le canapé renversé, le réveille-matin sur le globe de la pendule et une chaise sur la table. Le soir, à 9 heures, on entend le balai se promener dans le corridor du second; nous y allons: il avait changé de place.

« *Dimanche 26 décembre.* — En rentrant de la grand-messe, nous montons avec M. l'abbé dans sa chambre qui était fermée à clef. Les coussins du canapé ont disparu. Nous les trouvons posés debout, l'un près de l'autre, sur le bord extérieur de la fenêtre de son cabinet de toilette. J'avais antérieurement condamné cette fenêtre, à l'époque où elle s'ouvrait seule, par un morceau de bois bien cloué sur la tablette intérieure. Ce morceau de bois avait été arraché sans trace d'aucun outil et posé à côté des coussins; la fenêtre était refermée.

« 1 heure.— A deux reprises des coups sont entendus dans la maison. Mme de X... fait une perquisition et trouve la chambre de M. l'abbé ouverte; il l'avait pourtant fermée à clef. Peu de minutes après, le canapé du salon s'avance en deux sauts bruyants. Nouveaux bruits en haut, nouvelle perquisition: la porte de M. l'abbé, *fermée à clef*, s'est encore ouverte.

« 5 heures. — Après les vêpres, nous trouvons un bougeoir posé sur le haut de la lampe de M. l'abbé et le flacon du verre d'eau posé sur le pied du verre renversé. Dans son cabinet, deux souliers sont disposés en éventail sur la fenêtre et deux autres placés sur l'assiette, autour de la veilleuse.

« *Nuit du dimanche 26 au lundi 27 décembre.* — Le soir à 9 heures, je vais avec Auguste m'installer dans la lingerie, laissant la porte ouverte; nous entendons une série de coups comme ceux d'un bâton qui frapperait en se promenant dans le corridor en face de nous; nous avons de la lumière. Peu après, Amélina entend des pas descendant à la cuisine où se produit le bruit de petit bois sec que l'on casse; il n'y en avait même pas en ce moment dans le bûcher de la cuisine. On ne trouve personne.

« *Lundi 27 décembre.* — Dans l'après-midi de ce jour, nous allons tous à V... La cuisinière, restée seule avec une femme de journée, nous dit que tout a été calme. Nous entrons dans la chambre de M. l'abbé, qui était restée fermée à clef, et nous trouvons tous ses livres, au moins une centaine, épars sur le plancher. Trois volumes seuls sont restés debout, chacun sur son rayon: ce sont trois livres d'Ecriture sainte. Des livres de piété ont été jetés aussi de sa cheminée à terre, et le balai a été posé dessus.

Ce procès-verbal est très long, évidemment, mais on voit combien il est varié. Je le raccourcis pourtant autant que possible, sans qu'il perde de sa valeur intrinsèque. En voici la suite.

« *Nuit du mardi 28 au mercredi 29 décembre,* à 3 h 25. — Trois gros coups sourds au deuxième étage, suivis immédiatement de nombreux coups qui parcourent le corridor du deuxième étage. Aussitôt partent trois séries de trois coups frappés vivement sur la porte de M. l'abbé, puis deux coups isolés suivis d'un bruit de ferraille; encore deux séries de trois coups vifs et impatients, puis un grand coup sur la porte de la chambre verte; durée, trois minutes.

« *Mercredi 29 décembre.* — Un de mes livres de musique se trouve mis dans le piano. Mme de X..., entendant du bruit dans la chambre de M. l'abbé, y monte, suivie de ce dernier. Elle entend remuer dans la chambre, elle avance la main droite pour prendre la clenche de la porte et ouvrir; avant qu'elle ne la touche *elle voit la clef qui se détache*, en tournant rapidement dans la serrure, et vient la frapper à la main gauche. M. l'abbé en a été témoin. Le coup était assez fort pour que deux jours après la place fût encore sensible et visible. Le soir, nous trouvons dans la chambre bleue une couverture du lit jetée au milieu de cette chambre et une table de nuit qui est allée dans le cabinet, se poser sur un oreiller. Le pot à eau ayant changé de place est remplacé par un flacon de cristal.

« *Nuit du mercredi 29 au jeudi 30 décembre.* — A minuit et demi, nous sommes réveillés subitement par quatre effroyables coups sur la porte de la chambre de Mme de X... Pour se faire une idée de leur violence, qu'on se figure un mur qui s'écroule, un cheval qui rue dans une porte ou quatre boulets de canon lancés dans cette porte; ce ne sera pas exagéré. Le bruit se transporte aussitôt à l'autre bout du corridor et on entend un coup violent sur la porte de la chambre verte. Plusieurs coups sourds et puissants se font entendre en haut, tout tremble; ils se déplacent en augmentant de force.

« *Minuit 40.* — Deux bruits de ferraille au bout du corridor. Un fort coup sur la porte de la chambre verte.

« *Minuit 50.*— Longue promenade de grands pas au second. Un témoin en compte cent trente-deux. Quatorze coups sur la porte de M. l'abbé, cinq dans la chambre verte, dix sur le parquet, deux sur la porte, cinq coups sourds qui font trembler les murs et les meubles à tous les étages; durée, quatre minutes.

« *Jeudi 30 décembre.* — Après déjeuner, alors que tous les domestiques sont à table, nous trouvons, dans la chambre de M. l'abbé, un tabouret, recouvert d'un voile de fauteuil, posé sur le pupitre de mon fils. A deux heures, je monte avec M. l'abbé dans sa chambre, nous trouvons le fauteuil voltaire sur la table; sur le siège est étendu le voile, sur ce voile est posée la lampe; une croix et des médailles bénites attachées à la clenche de la porte ont disparu.

« *Nuit du jeudi 30 décembre.* — A minuit 40, trois coups frappés avec lenteur, sur la porte de la chambre verte; huit coups sourds en haut; tout tremble. Trois coups bruyants au palier du premier étage. Pas nombreux dans tout le corridor du second; les pas sont tantôt rapides tantôt lents. Ces pas n'ont rien du pas humain; aucun animal non plus ne saurait marcher ainsi: on dirait *un bâton sautant* sur une de ses extrémités.

« 6 heures. — Encore quelques coups au second. M. le curé de Saint-P... a couché ici et a été témoin. Quelques faits se sont passés dans sa chambre. Il a entendu comme le bruit d'un animal ayant des planchettes sous les pieds, qui serait entré de la chambre voisine dans la sienne, aurait grimpé sur la table de nuit pour, de là, passer sur son oreiller, s'introduire dans son lit et s'arrêter à la hauteur de son coude gauche. M. le curé avait de la lumière et était parfaitement éveillé; il n'a rien vu. Le matin, à 6 heures, étant entré dans la chambre verte, il entend comme un fort bruit de paille froissée, d'abord sur une chaise longue, puis dans l'angle d'une fenêtre, sur la galerie des rideaux et enfin sur le lit. M. le curé constate qu'il n'y a ni paille ni rien de semblable dans toute la chambre. Martial, notre fermier, a couché aussi chez nous cette nuit, il a été suivi par des bruits qui se faisaient entendre sous ses pieds, en présence du jardinier.

« *Nuit du vendredi 31 décembre au samedi 1er janvier* 1876. — A minuit 40 minutes nous sommes tous éveillés par une série d'effroyables coups sur la porte de la chambre verte. A la suite de ces coups nous en entendons d'autres à l'intérieur de cette chambre et puis un coup isolé suivi d'une course rapide dans les corridors et escaliers. — Neuf forts coups dans l'intérieur de la chambre verte. Longs tapotements dans le corridor de la chambre du second, et enfin quatre gros coups sourds: durée, sept minutes.

« *Nuit du samedi 1er au dimanche 2 janvier.* — A 1 h 5 minutes, de forts coups sont frappés sur la porte de la chambre verte et nous éveillent tous. Une forte et rapide galopade parcourt d'abord le corridor du premier et puis celui du second. A la suite nous entendons treize coups irréguliers et frappant deux par deux, dans l'intérieur de la chambre verte. Puis des pas variés venant d'en haut. Un coup violent est frappé sur la porte de la chambre verte, et trois autres dans l'intérieur; huit coups sourds semblent venir du second. Le flambeau placé près de moi tremble à chaque coup.

« *6 h 30 minutes.* — Plusieurs coups dans le corridor semblables à ceux de la nuit; il est à noter que, depuis trois matins, ceux qui descendent de leur chambre sont suivis jusqu'au rez-de-chaussée, pas à pas et de marche en marche, par des coups s'arrêtant et repartant avec eux. M. le vicaire de la paroisse a été suivi de cette manière et n'a rien vu.

« *Lundi 3 janvier.* — Le soir, j'étais seul dans le salon, vers 5 heures un quart; j'avais de la lumière, j'entends six coups, bien accentués, frappés sur le guéridon qui se trouvait, à ce moment, à 2 mètres de moi, je me retourne et ne vois rien.

« *Nuit du lundi 3 au mardi 4 janvier.* — A 3 heures, une douzaine de coups sont frappés deux à deux, dans la porte de la chambre de Mme de X... La fenêtre la plus rapprochée tremble à chaque coup. Il y a de la lumière dans la chambre; nous sommes bien éveillés, bien de sang-froid, nous ne voyons rien. Cinq minutes après, nous entendons une *galopade*, quelque chose comme un bâton sautant sur un de ses bouts: d'abord dans le corridor du premier, puis dans celui du second. Enfin quelques coups sourds et faibles. Le Dr L..., qui a couché ici, a bien entendu le bruit de cette course dans le corridor, mais cela seulement. M. le curé de la B... a couché dans la chambre rouge et a entendu une grande partie de la nuit une suite de bruits peu forts mais très extraordinaires dans son corridor. Il n'a pas osé se coucher; il est bien convaincu que cela ne peut être que surnaturel.

« *Mercredi 5 janvier.* — Le Révérend Père H. L..., religieux prémontré, est envoyé ici par Monseigneur pour juger les faits et nous venir en aide. Le soir, vers 5 heures, c'est-à-dire peu d'instants avant son arrivée, Mme de X... étant dans le salon, avec son fils, entend le bruit de la porte que l'on secoue avec violence, et elle voit le bouton tourner avec rapidité. Maurice était effrayé, Mme de X... se mit à chanter très fort pour l'empêcher d'entendre.

« *Séjour du Révérend Père H.L.* — A partir du moment où le Révérend Père est ici, le calme se fait subitement et d'une manière absolue. Rien, ni le jour ni la nuit. Le 15 janvier, il fait une cérémonie religieuse. A partir de ce jour, nous entendons quelques bruits isolés et extraordinaires, la nuit, et toujours dans des endroits trop éloignés du Père H... pour qu'il puisse les entendre. Le Révérend Père nous quitte le lundi 17, et son départ est suivi aussitôt d'une nouvelle série de phénomènes aussi intenses et aussi graves que ceux qui ont précédé son arrivée.

« *Nuit du 17 au 18 janvier.* — A 11 heures, un coup comme un corps qui tombe dans le corridor du premier étage, suivi comme d'une *boule qui roule* et va frapper un coup violent dans la porte de la chambre verte. Interminable *galopade* au second, suivie de vingt coups sourds au même endroit; dix-huit dans l'intérieur de la chambre verte. Il est 11 h 35 minutes, cinq grands coups sur la porte de la chambre verte; quinze coups sourds dans l'escalier du second étage. Deux coups de semelles au palier, dix coups sourds dans l'escalier du second; tout en tremble autour de nous.

« *Nuit du 19 au 20 janvier.* — A 11 h 15 min., nous sommes réveillés par une *galopade* en haut; elle est suivie par quinze coups frappés avec violence sur la porte de la chambre verte et de cinquante-cinq autres à l'intérieur. Peu après, neuf coups, comme ceux d'un maillet de menuisier, dans l'escalier du premier. Longue galopade. Cinq coups sourds, tambourinage à l'intérieur de la chambre verte, trois coups sur la porte de cette chambre, vingt-sept coups sur la fenêtre de ma chambre; aux deux derniers les fenêtres de Mme X... tremblent; durée, 10 minutes.

« 1 h 45 min., onze coups dans ma chambre. »

M. de X. s'étant absenté pour une visite de quelques jours chez son frère, prie sa femme de prendre des notes pendant son absence. Voici ces notes.

« *Nuit du 20 au 21 janvier.* — 1 h 8 min. — Cinq coups ordinaires suivis de dix-neuf gros coups dans le corridor; deux coups sur la porte de la lingerie, six autres dans le même quartier, neuf coups sur la porte de la chambre verte; onze coups au second, suite de nombreux petits coups se promenant en cadence au second étage; durée, 7 min. Douze coups sourds, toujours au second, coups légers semblant aller de porte en porte.

« 1 h 25 min. — Tout le monde entend quatre grands cris, comme des beuglements venant du dehors, mais à la hauteur de la fenêtre, puis aussitôt comme deux coups de baguette dans l'escalier. Peu après, dix coups plus forts, puis un tambourinage au second.

« 1 h 30. — Deux gros coups sourds au second faisant vibrer les glaces et autres objets dans les chambres.

« 2 h 5 min. — Coups nombreux dans l'escalier. Un coup sur la porte de la lingerie. Plusieurs sur la porte de la chambre verte, dont un très sonore; cinq forts coups sourds au second étage qui font trembler tous les meubles; cinq coups plus faibles dans l'escalier; quatre au second étage. Un beuglement au nord en dehors de la maison et à la hauteur de la fenêtre du premier étage.

« 5 h 45 min. — Un coup retentit dans le corridor; on entend une course, puis la porte de la chambre verte, qui s'ouvre et se ferme avec violence. Elle est fermée à clef et la clenche en est arrachée. Enfin une sorte de boule paraît rouler dans ce même corridor et frapper un coup en haut de l'escalier. Cette même nuit, Mme de X..., qui avait de la lumière, entend un corps assez volumineux qui tombe lourdement de sa table à terre; elle regarde et ne découvre rien.

« *Nuit du 21 au 22 janvier.* — A 3 heures, quinze coups nous réveillent, ils partent du second étage.

« *Nuit du 22 au 23 janvier.* — A 3 heures, nous sommes réveillés par une suite de vingt coups sourds au second étage. »

La suite de ces notes est de M. de X.

« *Nuit du 23 au 24 janvier.* — A 9 heures, une galopade se fait entendre dans notre corridor, suivie d'une suite de coups peu forts. La nuit est calme. Ce matin, d'abord à 6 heures, puis à 7 heures, nous entendons une suite de coups, toujours dans notre corridor. Je pars aujourd'hui pour P... Ma femme prendra note de ce qui arrivera en mon absence.

« *Journée du 25 janvier.* — A 4 h 30 min., on entend beaucoup de bruit en haut. Madame y monte avec Amélina et trouve les lits d'Auguste et d'Emile renversés, et, chose singulière, d'une façon absolument identique. Après avoir constaté ce désordre, Madame va dans la chambre rouge; la porte résiste, retenue par un lourd fauteuil placé derrière; elle le remet à sa place et continue sa perquisition. En entrant dans mon bureau, un cadre placé en dedans, contre la porte, lui tombe dans les jambes et elle trouve tout en désordre, les cartons sont renversés à terre, le fauteuil, la tête en bas, est chargé de cartes, papiers, etc...

« 5 h 0 min. — M. l'abbé lisait son bréviaire. Quoiqu'il fît depuis trois jours un temps superbe, une masse d'eau tombe, par la cheminée, sur le feu qu'elle éteint, et fait voler la cendre; M. l'abbé est aveuglé, il en a la figure couverte.

« *Nuit du 25 au 26 janvier.* — Minuit 20 min. — Deux coups dans le vestibule. — 1 heure. — Douze coups suivis d'un long tambourinage, puis trente coups rapides et singuliers; on eût dit plutôt un ébranlement de toute la maison; on était bercé dans son lit, à tous les étages. A la suite partent sans interruption neuf coups, cinq sur la porte de la chambre verte, puis une longue galopade. Le tout n'a duré que cinq minutes. Une minute après la maison est de nouveau secouée de haut en bas; puis on entend successivement dix coups effroyables sur la porte de la chambre verte. Douze cris au-dehors, trois bêlements, puis des cris furieux. Un tambourinage très fort dans le vestibule, il est rythmé? cinquante coups tout près de ma chambre... On frappe à plusieurs reprises à la porte de la chambre de mon fils Maurice.

« 1 h 30 min. — La maison est secouée vingt fois, sept coups sur la porte de la chambre verte, suivis de coups si rapides qu'on ne peut les compter; deux sur la porte de la chambre verte, douze auprès de la chambre de Maurice, treize qui font tout trembler, puis cinq, puis dix, puis dix-huit, faisant trembler murs et meubles; à peine a-t-on le temps d'écrire. — Neuf coups effroyables sur la porte de la chambre verte, un tambourinage accompagné de gros coups; — sept qui font tout trembler — un très sonore, puis une série de dix coups frappés deux à deux. A ce moment, on entend comme des cris de taureau, puis d'autres, inhumains, enragés, dans le corridor, près de la porte de ma femme, qui alors se lève et sonne pour faire lever tous les domestiques. Pendant que tout le monde était levé et réuni dans la chambre de M. l'abbé, on a entendu encore deux beuglements et un cri.

« A 4 h 20 min. seulement on se recouche; Mme de X... entend un coup assez fort frappé sur l'orgue placé dans sa chambre à deux mètres de son lit; il est suivi de trois autres coups dont elle ne peut saisir la direction. Les bruits ont été très bien entendus de la ferme.

« *Nuit du 26 au 27 janvier.* — Deux témoins de plus; M. le curé de Saint-M..., qui va passer cette nuit, et Mlle de L..., venue pour plusieurs jours.

« Minuit 15 min. — Tout le monde est éveillé par un bruit très violent comparable à celui que ferait une planche tombant sur le parquet du corridor du premier; il est suivi d'un cri. — A minuit 45 min., galopade mêlée de gros coups; après une courte pause, elle recommence et semble accompagnée de coups de grosse caisse! On secoue la porte de Maurice. Tout se termine par quatre coups sur la porte de la chambre verte.

« *Nuit du 28 au 29 janvier.* — 11 h 15 min. — Un cri aigu dans l'escalier, il est rauque et sifflant; sept coups dans la chambre verte; six très violents sur la porte de cette même chambre.

« 11 h 45 minutes. — Dix-neuf coups très sourds sur une des portes du corridor.

« Minuit 55 minutes. — Nous entendons comme une voix d'homme dans le corridor du premier; elle me fait l'effet de crier deux fois: Ha! ha! Aussitôt partent dix coups retentissants qui ébranlent tout, autour de nous. Un coup sur la porte de la chambre verte; puis j'entends tousser fortement dans le corridor du premier. Nous nous levons rapidement, ne voyons rien et trouvons à la porte de ma femme une grosse assiette en terre, brisée en dix morceaux!

« Nous avons fait dire une neuvaine de messes à Lourdes; le Révérend Père a fait les exorcismes, et tout a cessé. »

J'avoue que tout lecteur profane qui n'aurait jamais entendu parler des phénomènes de hantise pourrait attribuer les descriptions précédentes à des cerveaux de fous ou d'hallucinés. Cependant ces faits sont réels. L'idée du *surnaturel* domine. évidemment, dans toute cette famille et son entourage. Pour nous, une appréciation purement scientifique s'impose. Des nombreuses attestations réclamées par le Dr Dariex, je détacherai encore quelques documents, comme déclarations complémentaires, qui remplaceront des détails supprimés aux descriptions précédentes pour éviter trop de longueurs.

« Lettre de M. l'abbé D..., ancien précepteur du fils de Mme de X..., actuellement curé d'une paroisse de Normandie, à M. Morice.

« J'ai été témoin de tous les faits qui se sont passés au château du T..., depuis le 12 octobre 1875 jusqu'au

30 janvier 1876. Je peux vous attester que les faits relatés dans le manuscrit précédent ne peuvent être l'œuvre d'un homme: tous ces bruits ont été entendus non par une personne, mais par un grand nombre de témoins, et les coups étaient tellement forts qu'on pouvait les entendre à une distance de 500 mètres. Je ne vous ferai pas un nouveau récit des faits, puisque vous les connaissez. Des événements de ce genre se sont également passés dans l'ancien château. Pendant toutes ces tracasseries, M. de X... a pris toutes les précautions imaginables. Comment un homme aurait-il pu s'introduire dans ma chambre, changer les objets de place sans que je le voie? Comment monter sur le haut de la cheminée, répandre de l'eau sur mon feu de manière à me couvrir de cendre? et cela se produisait pendant le jour, en temps de sécheresse. Mon élève fut témoin du fait et je crois encore le voir courir. Comment se fait-il qu'au milieu des plus grands bruits la chienne de M. de X..., qui était cependant bien dressée, ne manifestait aucun étonnement? Comment expliquer qu'une fenêtre bien fermée s'ouvre d'elle-même devant nos yeux? Les cris que nous avons entendus n'étaient pas des cris humains; souvent les murs du château étaient tellement ébranlés que je craignais de voir le plafond tomber sur ma tête. Où trouver un homme qui puisse faire tout cela? Pour moi, je ne connais que le diable. »

M..., 12 janvier 1893.

« Lettre de M. Morice à M. Dariex.

« Mon cher Docteur,

« M. de X..., comme nous l'avons vu par la dernière phrase de son manuscrit, attribuait à la cérémonie de l'exorcisme et aux prières qui avaient été dites à la suite de la cérémonie, la cessation des phénomènes. Lorsqu'il l'écrivait, c'est-à-dire le 29 janvier, M. de X... était certainement de bonne foi; les événements ne devaient pas tarder à le détromper.

« Par elle-même, la cérémonie de l'exorcisme ne donna aucun résultat: elle fut pratiquée, en effet, le 14 ou le 15 janvier, et nous connaissons par le récit même de M. de X... ce qui s'est passé depuis cette date jusqu'au 29 janvier. On doit reconnaître qu'à la suite des prières ordonnées par le prêtre exorciste le calme sembla renaître à la fin de jamvier. Mais à la fin d'août et surtout en septembre, le château du T... redevint le théâtre de faits aussi étranges que ceux que nous connaissons déjà.

« Je me suis adressé à un des témoins qui a passé toute l'année 1876 au château du T... en qualité de précepteur du fils de M. de X..., et voici la lettre que j'en ai reçue:

« Lettre de l'abbé M... à M. G. Morice.

« B..., 20 janvier 1893.

« Monsieur,

« Après les exorcismes, une grande accalmie se produisit. Un fait même, presque incroyable, eut lieu, qui donna beaucoup d'espoir pour l'avenir.

« Voici ce fait: vous avez vu dans le journal que des médailles de saint Benoît, des croix indulgenciées, des médailles de Lourdes avaient été placées à toutes les portes. Toutes ces médailles et croix formaient un paquet assez volumineux. Vous avez vu aussi que, dans la nuit qui suivit, un vacarme effrayant s'était produit, et que le lendemain, médailles et croix avaient disparu sans qu'il ait été possible de rien retrouver, et cependant elles étaient nombreuses et les portes étaient nombreuses aussi. Or, les exorcismes étaient terminés et furent suivis de quelques jours de calme. Vous devez bien penser si ce temps parut agréable; mais voilà que deux ou trois jours après, Madame écrivait quelques lignes, à genoux auprès d'un petit bureau, lorsque, tout à coup, un immense paquet de médailles et de croix tomba devant elle, sur le petit bureau. Il pouvait être environ 10 h 30 du matin. D'où tombaient ces médailles? C'étaient bien toutes les médailles placées aux portes, à l'exception des médailles de Lourdes.

« Le bon curé du T... auquel l'histoire fut racontée et qui, comme moi, connaissait la loyauté, la droiture de ses châtelains, et qui tenait à les garder dans sa paroisse, leur dit: « — Courage! le diable rend les armes, tout est bien fini, soyez rassurés: vous allez être tout à fait tranquilles. » Mais, à part, le brave homme disait: « — Je crains, je crains encore beaucoup, Lourdes n'est pas revenu. »

« Vers la fin du mois d'août, ces petits bruits revinrent plus fréquents et mieux caractérisés. Une nuit même, plusieurs personnes (moi en particulier) entendirent des coups rapides et assez violents dans la lingerie; ces coups ressemblaient tout à fait à ceux qui s'étaient produits l'année précédente, au commencement des phénomènes.

« Un samedi, dans la nuit précédant le dimanche, qui était le troisième dimanche de septembre, un grand vacarme se produisit dans le salon et dura une partie de la nuit. Le matin, M. de X..., qui avait dans sa poche la clef du salon, descend avec inquiétude, il ouvre et trouve *le canapé et les fauteuils déplacés* extraordinairement loin de leur place. Le tout était disposé comme pour un conciliabule et formait le fer à cheval, dont le centre était occupé par le canapé.

« Bon! le diable a tenu conseil et va recommencer. M. de X... ouvre son harmonium et joue pendant très longtemps. Comme il fermait l'instrument, une partie des airs qu'il venait de jouer se répète dans le coin opposé du salon, et cela pendant un temps assez notable.

« Quelques jours après, M. de X... s'absente pour trois jours. Pendant ce temps, Madame laissait allumées dans sa chambre une lampe et deux bougies. Comme elle craignait surtout les apparitions, elle mit un verrou pour fermer la porte de son cabinet de toilette, se disant: « — De la sorte, je n'aurai que la porte d'entrée à surveiller ». A minuit, nous entendons un coup effroyable qui nous réveille tous, et Madame entend comme le bruit d'un paquet de linge qui serait tombé au milieu de sa chambre. A ce moment même, lampe et bougies sont éteintes, et Madame entend comme le bruit sec du verrou qu'on retirait. Et, de fait, *le verrou était tiré*.

« Le lendemain, Madame entend résonner une note d'un petit orgue à tuyaux qui se trouvait dans sa chambre, et cela pendant longtemps. Le surlendemain, jour de la rentrée de M. de X..., j'entends, vers 2 heures et demie, le même orgue, et *des airs nombreux se font entendre*. Madame et une amie à elle étaient absentes. Je crus à la rentrée de M. de X... qui, cependant, ne rentra qu'à 6 heures. Je lui fis part de ce qui venait d'arriver et il me répond: « J'ai la clef de l'instrument dans ma poche. » C'était exact, et *l'orgue était fermé*.

« Une autre fois, dans ma chambre, une commode lourdement chargée de livres et remplie de linge *se soulève* à cinquante centimètres du parquet et reste quelque temps dans cet état. Mon jeune élève me le fait remarquer. Je m'appuie sur la commode, elle ne cède pas, puis elle se remet d'elle-même en place. Il pouvait être 3 heures de l'après-midi.

« Un soir, ce sont les fenêtres de ma chambre qui s'ouvrent à plusieurs reprises; il ne faisait aucun vent.

« X..., curé de B...

« Il ne nous reste qu'une chose à ajouter, c'est que les auteurs des lettres que nous avons citées sont des prêtres dont la parfaite honorabilité ne permet pas un seul instant de douter de leur entière bonne foi. »

« G. Morice. »

Voici, par surcroît, l'extrait d'une lettre de Mme Le N. des V. au Dr Dariex.

« Le château est venu par voie d'héritage, je crois, à M. de X... L'ancienne propriétaire serait morte dans l'impénitence finale, et elle passait pour revenir dans son château.

« Quand les premiers bruits se produisirent, M. de X... pensa avoir affaire à des vivants désireux de l'effrayer assez pour lui faire abandonner le château, qui eût, dans ces circonstances, été vendu à vil prix, ainsi que les terres en dépendant. Il fit donc faire d'exactes recherches, sonder les murs, les caves, pour tâcher de découvrir les passages oubliés par lesquels on aurait pu y pénétrer. Malgré la plus exacte vigilance, on ne découvrit rien sur l'origine de ces bruits, qui allèrent en augmentant, en dépit des précautions.

« Il acheta deux redoutables chiens de garde qu'on lâcha toutes les nuits: rien n'y fit.

« Un jour, les animaux se mirent à hurler, dans la direction d'un des massifs du jardin, avec une telle persistance, que M. de X... crut que des malfaiteurs s'y étaient cachés. Il s'arma, fit armer ses domestiques, on cerna le massif et on y lâcha les chiens. Ils s'y précipitèrent avec fureur, mais à peine y eurent-ils pénétré, que leurs hurlements se changèrent en aboiements plaintifs, comme ceux des chiens recevant une correction: ils s'enfuirent la queue basse, et on ne put les y faire rentrer. Les hommes entrèrent alors dans le massif, le fouillèrent dans tous les sens et n'y trouvèrent absolument rien.

« La chambre de l'abbé était toujours celle où il se passait le plus de diableries. Il n'en sortait plus sans la fermer à double tour et en garder la clef dans sa poche. Cela n'y faisait rien. Sa fenêtre, fermée avec soin, se retrouvait ouverte, des meubles avaient été déplacés, renversés. On condamna la fenêtre en l'assujettissant avec *de fortes vis; elle s'ouvrait quand même,* et l'on trouvait les vis à terre. Un jour, au moment où l'abbé descendait, il entendit dans sa chambre un bruit si violent, qu'il remonta aussitôt. Sa bibliothèque était renversée et ses livres projetés à l'autre bout de la chambre, non pas pêle-mêle comme en sortant d'un meuble qui tombe, mais par files régulières, tels qu'ils étaient sur les tablettes.

« L'effroi devint tel que l'abbé et son élève allèrent s'installer chez le curé.

« Autre fait. — Un ami ou cousin, officier, voulut coucher une nuit dans la chambre particulièrement hantée où ne couchait habituellement personne. Il avait son revolver, se promettant bien de tirer sur quiconque viendrait troubler son sommeil. Il avait gardé de la lumière. Il fut réveillé par le froufrou d'une robe de soie!... et sentit qu'on lui tirait son couvre-pieds; il interpella le visiteur nocturne sans obtenir de réponse, et alluma sa bougie, qui s'éteignit aussitôt; trois fois il la ralluma, trois fois elle fut éteinte, et toujours le froufrou de la soie et le manège du couvre-pieds continuaient; il se décida à tirer au juger, le glissement des couvertures sur son corps lui indiquant la position occupée par l'être qui les tirait, et qu'il devait atteindre presque à bout portant. Il fit feu sans aucun résultat; pourtant les balles n'avaient pas été enlevées des cartouches, car on les retrouva le matin dans la muraille. »

Voici encore une autre lettre complémentaire.

« Lettre de M. le curé J... à M. Morice.

« Monsieur le Docteur,

« Je puis vous certifier que j'ai entendu les bruits extraordinaires rapportés dans le journal de M. de X... J'ai eu entre les mains ce journal, je l'ai lu et je l'ai trouvé d'une parfaite exactitude.

« Je n'ai aucun doute sur la nature des faits constatés au château du T..., pour moi, *c'est du surnaturel diabolique.* Vous pourriez consulter le Rév. Père H..., remplissant les fonctions de curé de M..., il a passé quinze jours ou trois semaines au château: il était envoyé par Monseigneur avec mission de faire des exorcismes (secrets) s'il le jugeait convenable.

« J. A.,
« Curé de S.-D.»

La lettre du Révérend Père a été également publiée. Mais vraiment, un plus grand nombre de documents seraient superflus. Nous sommes complètement fixés sur la réalité de ces faits stupéfiants.

A la suite de ces événements intolérables, le propriétaire désespéré vendit son château et alla habiter ailleurs.

Le Dr Dariex a terminé cette importante exposition de tous ces faits incompréhensibles par les lignes que voici:

« J'ai eu récemment la visite du prince H... qui s'efforcera, avec M. Morice, de pousser encore plus loin, si possible, cette enquête déjà si riche en documents et en témoignages provenant de témoins d'une honorabilité et d'une sincérité complètes.

« Le château du T... est, de beaucoup, l'exemple le plus remarquable des phénomènes de hantise qui soient parvenus à notre connaissance et qui s'appuient sur des documents et des témoignages aussi rigoureux.

« Nous ne pouvons révoquer en doute ces nombreuses observations. Elles sont bien remarquables à divers titres; et la bonne foi de ceux qui rapportent ces phénomènes n'est pas douteuse.

« Xavier Dariex. »

Toute cette histoire est extraordinaire, sans contredit. Mais son authenticité est aussi certaine que celle de la guerre allemande de 1914-1918, assurément plus folle et plus stupide encore, avec ses effroyables crimes. C'est une des observations les plus documentées que nous connaissions et, à ce titre, elle est insérée ici en tête de notre exposition, avec ses principaux détails, et non résumée sommairement. Je ne m'arrêterai pas à la discussion de l'hypothèse du « surnaturel diabolique ». A réserver. Continuons nos investigations. sans aucune idée préconçue. Les recherches explicatives ne pourront venir logiquement qu'après l'ensemble des observations.

Il me semble. néanmoins, que nous ne pouvons pas ne pas nous sentir autorisés à conclure de tout cela *qu'il y a des êtres invisibles.*

4

UNE HABITATION TROUBLÉE EN AUVERGNE

Ce n'est pas un volume qui pourrait réunir les exemples authentiques de maisons hantées, c'est dix, quinze, vingt. Sans compter les innombrables relations directes que j'ai reçues, depuis tant d'années, des témoins qui ont eu l'attention de me les adresser, les observations publiées par des auteurs compétents sont souvent si caractéristiques que je suis invité à les présenter d'abord à mes lecteurs pour leur instruction indépendante. Et elles remontent loin.

L'un des exemples les plus anciens est celui de Pausanias, général des Lacédémoniens à Platée, condamné à mourir de faim dans le temple de Minerve, 477 avant J.-C., et dont l'esprit assurait-on, s'y manifesta longtemps par des cris et des bruits effrayants.

Légendes ou souvenirs, l'histoire ancienne est remplie de ces histoires et manifestations posthumes.

Dans un ouvrage encore lu aujourd'hui par tous les érudits, Pline le Jeune rapporte l'épisode devenu presque classique du revenant d'Athènes où le philosophe Athénodore venait d'acheter une maison très diminuée de prix pour cause de hantise. La première nuit, lisant et écrivant comme il faisait d'ordinaire, il entend soudain comme un bruit de chaînes traînées sur le plancher. Il lève les yeux et voit un vieillard, l'air triste, chargé de fers, qui s'approche, lui fait signe de le suivre et l'emmène en un point de la cour où il disparaît. Le philosophe conte la chose aux juges, on fait des fouilles, et on trouve un squelette enchaîné. On lui donne une sépulture honorable, et tous les phénomènes cessent(1).

Oui, c'est par centaines que je pourrais mettre sous les yeux de mes lecteurs ces récits rapportés depuis des milliers d'années, d'origines très diverses, que nous ne devons pas prendre à la lettre assurément, mais dont la plupart ne peuvent pas être attribués à des inventions, entre autres le récit de Pline, qui a toujours été considéré comme digne de foi. Depuis les anciens temps, ces descriptions se sont poursuivies, sans solution de continuité. Les modernes sont, en général, mieux documentées. Elles sont en nombre considérable et nous n'avons que l'embarras du choix, même en nous limitant aux observations constatées par un grand nombre de témoins.

M. Georges de Dubor, l'érudit auteur des *Mystères de l'Hypnose* (1920), a publié la description suivante d'une maison hantée qu'il tient de personnes absolument honorables, intelligentes, et dont la sincérité ne peut être suspectée. Le chef

(1) *Lettres de Pline le Jeune*, suivies du panégyrique de Trajan. Livre VII: Lettre 27, à Sura. Athénodore, philosophe stoïcien, né à Tarse, a été précepteur d'Auguste.

de la famille, M. Boussoulade, occupe au ministère des Finances une importante situation. C'est un homme posé, sérieux, estimé de tous. Voici les faits, d'après une déclaration écrite de Mme Boussoulade, certifiée exacte par les autres membres de la famille, témoins des phénomènes:

« Le 1er juillet 1914, je quittais Paris pour le village de Vodable, en Auvergne, avec une de mes cousines, ses enfants et mes deux jeunes filles âgées de neuf et douze ans. Nous avions loué une propriété dans un site ravissant; nous dominions une riche vallée. La maison, bâtie sur les restes d'un château féodal, avait au rez-de-chaussée des murs épais et de solides voûtes. Habitée de longue date par la même famille, elle était remplie de vieux meubles et de portraits. En voici la disposition: au rez-de-chaussée, salon-bibliothèque, salle à manger; au premier étage, antichambre meublée et ornée de portraits, trois chambres à coucher, dont l'une tendue de rouge; l'autre, très grande à côté; la troisième, plus petite, à un seul lit d'acajou, style empire. Au second étage, deux chambres, les miennes, puis deux autres occupées par les domestiques.

« Le mois de juillet s'écoula dans le calme; août nous apporta les angoisses de la guerre, et le 1er septembre, ma sœur arriva, fuyant Paris menacé, accompagnée de son fils âgé de dix-neuf ans, garçon grand et robuste.

« Ils étaient à peine remis des fatigues de leur long et pénible voyage, que commencèrent à se produire les phénomènes qui font l'objet de cette lettre. Le 7 septembre, vers 8 heures et demie du soir, réunis dans la chambre rouge du premier étage, celle de ma sœur, nous entendons sonner la cloche, située dans l'antichambre. Personne n'avait tiré le cordon de cette sonnette, qui se trouvait sous nos yeux.

« Le 8 septembre, nouvelle sonnerie, à plusieurs reprises, à la même heure que la veille. Ensuite, dans l'antichambre. un portrait tombe sur la tête de mon neveu. Nous remettons à leur place clou et tableau.

« Le lendemain matin 9, un sabre provenant d'une panoplie fixée au mur de la bibliothèque. au rez-de-chaussée. est trouvé sur le sol. sans sa gaine. les clous le retenant au mur étaient intacts. Le soir de ce jour, la sonnette du premier étage recommence son tintement; le tableau tombe à la même heure que la veille.

« Le 10, rien. Le 11, sonneries fréquentes. le soir, entre 9 heures et 9 h 30. Impatientés, nous mettons du papier dans la sonnette: ce papier tombe et le tintement recommence. Je prie alors mon neveu d'arracher ce battant insupportable; la chose est faite, non sans peine. Un instant après, un des portraits du vestibule s'agite violemment, allant de droite à gauche, dans un mouvement de balancier.

« Le 12, les tableaux de la salle à manger sont trouvés penchés. A 7 heures du soir, un cache-pot de cuivre, placé sur une fenêtre de l'escalier, à mi-étage, descend avec fracas. sur son fond, les marches de pierre et ne s'arrête qu'au rez-de-chaussée. Remis à sa place, il redescend à nouveau.

« Le 13, en voulant pénétrer dans ma chambre, au second étage, vers les 7 heures du soir, je constate avec terreur que ma porte est fermée à double tour, la clef étant restée en dedans; il en est de même pour la porte du couloir, qui commande la seconde chambre; impossible donc de rentrer chez moi. On arrive à crocheter la serrure et à pénétrer dans les pièces.

« Le même soir. réunis tous dans la bibliothèque avec deux visiteurs, nous voyons un portrait se détacher du mur et tomber au milieu de la pièce; le clou est au mur, le cordon intact. Nous montons visiter nos chambres; derrière nous, une malle tombe du haut d'une armoire, une porte est fermée à clef; la clef, cachée par ma sœur dans un tiroir connu d'elle seule, a disparu.

« Le 14, un grand feu s'allume dans la cheminée du salon; un tableau de l'antichambre est projeté au-dessus de la tête de la femme de chambre, son clou est au mur, son cordon intact. En nous mettant à table le soir, nous voyons s'abaisser le cordon de la sonnette de la salle à manger et celle-ci se met à sonner. Dans la bibliothèque, sous nos yeux, un tableau tombe, violemment arraché du mur avec les clous qui le retenaient.

« Le matin du 15, ma cousine est enfermée dans sa chambre comme dans une prison; les clefs des portes ont disparu et nous les cherchons vainement. Le serrurier arrive et aussitôt les clefs tant cherchées sont retrouvées très en évidence. Depuis ce jour, nos clefs resteront toujours sur nous et nos chambres demeureront fermées en notre absence pour éviter toutes nouvelles plaisanteries, et pourtant chaque soir, ma cousine, ma sœur, mon neveu, trouveront dans leur lit en se couchant, des plants de navet, des pincettes, des assiettes, des chardons et jusqu'au buste de l'ancien propriétaire du logis.

« Le 16, le cache-pot de cuivre remonte au premier étage; le sabre tombe à terre, hors de son fourreau.

« Le 17, une assiette cachée dans le lit de mon neveu, puis posée sur un meuble, est violemment projetée à terre; en face, sur un autre meuble, un chandelier est jeté aussi.

« Le 19, je pars avec mes enfants pour Bordeaux où se trouvait mon mari, heureuse de fuir cette maison inhospitalière, mais mon départ ne devait pas arrêter le cours de ces facéties, qui se continuèrent en mon absence. Le 20, mon neveu, près de s'endormir, se sentit soulevé par une force invisible avec son lit fort lourd en acajou presque verticalement. Ma sœur, ma cousine, accourues à ses cris, ont été témoins du fait.

« En présence de ces phénomènes, aussi étranges que troublants, le départ pour Paris est décidé; alors, les facéties, se multiplient. Le buste de l'ancien propriétaire est trouvé dans le lit de la chambre rouge, la tête sur l'oreiller, les couvertures remontées sous le menton et, plus tard, dans le lit de mon neveu. Un cache-pot de cuivre, placé dans l'antichambre, fait un bond prodigieux pour retomber au milieu de l'escalier; replacé sur la fenêtre, il descend les marches comme la première fois sous les yeux des assistants. Un pot de grès bondit à travers la cour de la remise où il se trouvait et vient se briser sur la table de la salle à manger, en passant par la fenêtre ouverte.

« Le 24, jour du départ, on replace les tableaux tombés précédemment; ils retombent à nouveau. Les meubles du salon — pièce où rien encore ne s'était passé — sont renversés; on les relève; ils tombent une seconde fois; il en est de même dans la chambre du second étage. Le cadran de la pendule placée sur la cheminée s'ouvre de lui-même, aucun siège ne reste debout. Réunis pour le dernier repas autour de la table de la salle à manger, les convives voient cette table s'agiter, se soulever et se diriger du côté de ma sœur.

« Rentrés à Paris, ma sœur, ma cousine et mon neveu ont retrouvé le calme dont je jouissais moi-même à Bordeaux, oublieuse des événements fantastiques dont j'avais été témoin.

« Dans le courant de décembre, je reviens à Paris avec mon mari et mes enfants. Le 17 de ce mois, nous nous trouvons réunis chez ma cousine, pour un dîner de famille, à la veille du départ de mon neveu pour l'armée. A peine étions-nous assis autour de la table que celle-ci s'agite et se soulève. Le bois fait entendre des craquements ininterrompus. Nous questionnons la table — un coup, oui; deux coups, non — les réponses sont ridicules ou incohérentes. Nous achevons de dîner à grand-peine. Durant la soirée, trois sonnettes électriques tintent d'elles-mêmes.

« Le lendemain, nouvelle réunion chez moi pour déjeuner. La table fait de véritables bonds dès que nous sommes assis autour d'elle et s'agite plus fortement encore que la veille à tel point qu'il faut, pour la maintenir, toutes nos forces réunies. Dans le salon, après le repas, un cache-pot de bronze quitte son support sous nos yeux et bondit au milieu de la pièce à trois reprises; un fauteuil est jeté à terre par trois fois aussi. Au moment du départ, nos convives cherchent longtemps leurs chapeaux disparus et les retrouvent dans les lits ou derrière les meubles.

« Ma cousine part, et le calme se rétablit; elle revient une heure après et, de nouveau, la table s'agite, les objets sont lancés à travers la pièce, tout cesse après son départ.

« Sur ces entrefaites, mon neveu est parti pour l'armée (il a été tué au mois de mai 1915) et, depuis lors, nous n'avons plus eu aucun fait de ce genre à enregistrer. »

Cette relation de Mme Boussoulade nous montre que le départ du jeune homme a fait cesser les phénomènes. Cependant, ils n'ont eu lieu qu'en présence de la famille réunie, comme si d'autres forces que les siennes avaient été nécessaires pour les produire.

Ce récit de la narratrice a été confirmé dans tous ses détails par son mari et par les témoins qui les ont observés.

Tous ces actes matériels nous paraissent incohérents et sans but. Ce sont là, néanmoins, des faits réels qu'il est intéressant de constater et d'étudier.

Dans ce récit, remarquable à tant de titres, deux incidents nous ont certainement frappés tout spécialement: la sonnette sonnant sans cause déterminable et la chute du tableau, plusieurs fois répétée, aussi bizarre qu'inexplicable. Je connais quelques douzaines d'exemples de chutes de tableaux sans cause connue, coïncidant avec des morts, et plus d'une centaine de cas de sonneries également inexpliquées. Nous reviendrons sur ce sujet.

Il n'est pas très rare qu'un portrait tombe à l'heure du décès de celui qui y est représenté. On a pu lire au tome III de *La Mort et son Mystère* le récit fait par Alexandre Dumas de la chute d'un beau pastel coïncidant avec un décès, et celle d'un autre portrait en peinture tombé dans une circonstance identique, etc. Or, tout récemment, un fait analogue s'est passé non loin de moi. Dans le cours de l'hiver de 1920-1921, pendant mon séjour à Monte-Carlo, on m'apprit qu'un incident du même ordre était arrivé à l'évêché de Monaco. J'ai pu faire une enquête directe sur les lieux et en connaître tous les détails par les témoins eux-mêmes, qui ont eu la parfaite obligeance de me les communiquer. Voici cette curieuse histoire:

« Mgr Béguinot, évêque de Nîmes, est mort le 3 février 1921, à 6 heures du matin. Il avait été très lié avec Mgr de Curel, évêque de Monaco, mort le 5 juin 1915, et lui avait autrefois donné son portrait, comme souvenir amical. C'était une belle gravure encadrée, que l'évêque de Monaco avait placée dans le grand salon de l'évêché, en face de son propre portrait. Après le décès de Mgr de Curel, l'évêché de Monaco a été occupé par Mgr Vié (16 août 1916-10 juillet 1918). Le 3 février 1921, le palais épiscopal était vacant, et gardé par M. le chanoine Perruchot, alors seul à l'évêché. Or, en traversant le salon, le matin de ce jour-là, il vit le portrait par terre, avec le verre cassé, et eut aussitôt l'impression que cette chute inexplicable (la corde et le clou n'en étant pas la cause) pouvait correspondre avec un malheur. Ce même jour, M. l'abbé Foccart, aumônier de l'hôpital, passant là, recueillit les débris du cadre, reconstitua le tableau, et le remit à la place d'où il était tombé.

« (Le nouvel évêque de Monaco l'a enlevé depuis, pour le remplacer par le sien.)

« On apprit, le même jour, que l'évêque de Nîmes était mort ce matin-là.

« Mgr Béguinot était venu souvent voir son ami Mgr de Curel, était en relation affectueuse avec lui, et l'avait même institué son légataire universel. »

Ces faits m'ont été personnellement affirmés par Mgr Perruchot et par M. l'abbé Foccart, et je me fais un devoir de les en remercier. (Cet abbé est le frère du savant voyageur auquel nous devons une étude pittoresque sur le *Lac Flammarion* de la Guadeloupe.)

Nous pouvons nous demander comment l'âme, au moment de la mort, peut produire des accidents physiques de ce genre. Quelle qu'en soit l'explication, nous constatons qu'il y avait un rapport sympathique ici, entre les deux évêchés. La distance entre Nîmes et Monaco est de 233 kilomètres; mais nous savons qu'en télépathie l'espace ne compte pas: l'esprit du mort pouvait être à Monaco comme à Nîmes.

Je remarquerai, en passant, que ma collection d'observations documentées contient plusieurs correspondances du même ordre. La suivante, signalant un cadre retourné après une mort, m'a été communiquée dans la relation que voici, textuellement transcrite ici:

« Mérignac (Gironde), le 10 novembre 1922.

« Monsieur et honoré Maître,

« Je prends la liberté de vous signaler le fait étrange qui, à la date du 5 octobre dernier, s'est inopinément produit à mon domicile.

« Mme Lafargue, médium guérisseur, rue de Lescure, à Bordeaux, est décédée le 4 octobre, à 11 heures du soir. Le lendemain matin, entre 9 et 10 heures, une personne de son entourage est venue nous prévenir de sa mort. J'étais absent. Ma femme reçut la messagère et l'introduisit quelques instants dans notre chambre, où elle lui montra, à distance, le portrait en pied de notre unique enfant, mort pour la France, en septembre 1918. Puis elle la reconduisit, après avoir fermé la porte de cet appartement.

« Il faut vous dire qu'à droite et à gauche de ce portrait, se trouvent, eux aussi encadrés et accrochés au mur, les divers titres universitaires de notre fils: d'un côté, son diplôme de docteur en médecine, de l'autre, son baccalauréat et son P.C.N.

« Chacun des cadres est, au moyen d'un double fil de laiton, assujetti à un clou, en forme de crochet, fixé dans le mur.

« Quelques minutes après le départ de la visiteuse, ma femme revint dans sa chambre, où personne n'avait pu pénétrer durant sa courte absence. En rentrant dans cette pièce, elle éprouva un ardent désir de reposer son regard sur l'image de notre fils bien-aimé. A son extrême surprise, elle constata que le cadre dans lequel est inséré le diplôme de docteur, était complètement retourné contre la muraille. J'ajouterai, qu'expérience faite, cette rotation du tableau ne peut avoir lieu qu'à condition (la seule) de soulever quelque peu, au-dessus du clou, l'attache métallique servant à le suspendre. A défaut de cette précaution préalable, le cadre n'opère qu'une demi-rotation et se place ainsi perpendiculairement au mur. Toute pression entraînerait l'arrachement du clou.

« Tel est le fait bizarre, Monsieur et honoré Maître, que je crois bon de vous faire connaître. Vous en tirerez, sans doute, la conclusion qu'il convient utile au but humanitaire que vous poursuivez de découvrir les facultés multiples de l'âme humaine.

« Veuillez agréer, » etc.

« F. Monlinet,
« Retraité de l'Enseignement primaire,
officier de l'Instruction publique.

« *P.-S.* — Feu Mme Lafargue, connaissant la grande affliction de ma femme, la plaignait sincèrement de son incrédulité en ce qui a trait à la survivance humaine. Aurait-elle, dix ou onze heures après sa mort, voulu lui en donner la preuve tangible par une telle manifestation? Je ne serais pas éloigné de le croire.

« Je connais nombre de faits au moins aussi troublants (et d'une égale authenticité) que celui dont je viens de vous entretenir. »

Ces phénomènes, comme on le voit, sont constatés dans tous les pays, par toutes les classes sociales. Nous n'y comprenons rien: c'est entendu. En général on les traite de coïncidences fortuites et on les dédaigne. Ils méritent mieux.

Que des actes matériels, tels que chutes de tableaux, portraits brisés, arrêts ou marche d'horloges, se produisent en correspondance avec certains décès, les observations en sont trop nombreuses pour ne pas être admises, et nous sommes autorisés à éliminer l'hypothèse des coïncidences fortuites.

On a pu lire dans le livre: *Autour de la Mort,* qu'à Bischheim, en 1913, à l'heure de la mort d'une aïeule, sa montre suspendue dans sa chambre s'est arrêtée, que personne n'a pu arriver à la faire marcher et qu'elle s'est remise en marche d'elle-même quelques années plus tard, le jour de la mort du fils de cette femme.

Le pasteur Luc Mathey, du Jura Bernois, m'a signalé l'arrêt d'un réveille-matin au moment d'une mort, fait très spécialement constaté par lui (lettre 4833, 21 février 1922). Nous invoquons le hasard; mais ces exemples sont relativement fréquents, et en général les pendules ne s'arrêtent pas toutes seules en cours de marche.

M. Duquesne, à Orsay, m'a rapporté, le 25 juin 1922, l'incident de l'arrêt d'une pendule à la mort d'une personne qu'il avait placée à la Salpêtrière et qui lui avait fait cadeau de cette pendule.

M. Lucien Jacquin, à Paris, m'a communiqué (lettre du 1er octobre 1922) que le jour de la mort de son aïeul, la pendule de cet aïeul s'était arrêtée, au grand étonnement de toute la famille.

Ces singulières manifestations, dis-je, ne sont pas aussi rarissimes qu'on le croit. M'en étant entretenu récemment avec mon célèbre ami l'historien Arthur-Lévy, auteur de *Napoléon intime*, de *Napoléon et la paix*, et d'autres ouvrages historiques très appréciés, j'ai reçu la lettre suivante à la date du 11 juin 1923:

« Mon cher grand ami,

« Voici une petite contribution à votre enquête sur les phénomènes psychiques, laquelle éveille dans le monde entier des souvenirs endormis depuis plus ou moins longtemps. Ce que je vais vous dire remonte à des dates que je ne saurais préciser aujourd'hui; toutefois, ils se placent sûrement entre 1856 et 1860.

« C'était chez mes parents, à Epinal. Il y avait sous globe, sur la cheminée, une pendule. Toute la famille était autour de la table, dans l'éclairage d'une lampe suspendue. Mon père et ma mère jouaient au bézigue; les enfants faisaient leurs devoirs d'école. Seul, le tic-tac du balancier de la pendule rompait le silence qui régnait dans la demi-obscurité de la pièce. Un soir, vers 9 heures, se fit entendre soudain dans la pendule un roulement sonore et bref qui fit lever toutes les têtes. « Bon! dit mon père à ma mère, voilà la pendule qui se détraque! » Puis, plus rien, la pendule continue de marcher. Alors, quoi? On décide de faire venir l'horloger le lendemain. Il constata qu'il n'y avait rien d'anormal, que le mécanisme était parfaitement en ordre. Il ne trouvait aucune explication à la bizarrerie du bruit qui s'était produit.

« Le jour suivant — on n'abusait pas du télégraphe à cette époque — on apprit le décès de mon grand-père maternel qui était mort dans la soirée, peut-être à l'heure même où le roulement sinistre s'était fait entendre... Coïncidence curieuse dont on parla, mais sans y attacher d'importance...

« Cependant l'hiver suivant, nouveau roulement dans la pendule... Ce fut alors l'effroi chez mes parents. Allait-on encore apprendre un nouveau deuil? Cela arriva, en effet: la mort d'un frère de ma mère avait eu lieu à l'heure du bruit dans la pendule.

« Celle-ci, depuis ce moment, devint positivement un objet d'angoisse dans la famille. A la moindre rumeur indistincte, les yeux effarés se portaient sur la pendule...

« Tels sont, mon cher grand ami, des faits observés dans un milieu où on ne se souciait nullement des problèmes psychiques: une famille nombreuse était occupée à des spéculations plus matérielles.

« De ce que je viens de relater, je vous garantis l'exactitude absolue. Mes souvenirs sont très précis. Et d'ailleurs croyez que je considérerais comme un sacrilège de mêler la mémoire de mes parents à un récit dont la certitude ne serait pas entière chez moi. » « Arthur-Lévy. »

Non seulement des horloges s'arrêtent au moment d'un trépas, mais d'autres, arrêtées depuis longtemps, se mettent en marche. Voici, par exemple, une horloge rouillée qui s'est mise à marcher sans qu'on y eût touché. La lettre suivante m'a été adressée de Paris le 5 janvier 1923 :

« Monsieur et cher Maître,

« Etudiant à Paris, j'ai le très grand honneur de venir solliciter de votre haute bienveillance un jugement sur un fait dont je reste *profondément intrigué.*

« Le 19 décembre dernier, j'ai eu l'immense douleur de perdre ma mère, à l'âge de quarante-neuf ans.

« Dans la nuit qui suivit celle du décès, alors que nous étions trois personnes dans la pièce voisine de la chambre mortuaire, une vieille horloge silencieuse depuis plusieurs années s'est soudainement animée, et la sonnerie, de son timbre le plus clair, a égrené les douze coups de minuit, malgré que ses aiguilles fussent au repos sur 11 h 20.

« Quelle est la force mystérieuse qui a animé cette pendule au mécanisme rouillé?

« A vous, cher Maître, qui avez analysé l'âme humaine, je pose cette troublante question, en vous assurant de toute ma reconnaissance pour le grand honneur que vous me ferez d'une réponse.

« E. Imbert.
« 23, rue Saint-André-des-Arts, à Paris. »

La seule réponse à donner, dans l'état actuel de la science, est que nous possédons *un grand nombre d'exemples analogues*, prouvant leur réalité, et ne permettant pas d'attribuer ces coïncidences au hasard. Ils sont inexplicables, et leur étude comparative seule pourra nous conduire à des conclusions. L'âme de la morte n'est-elle pas en jeu ici?

Pouvons-nous essayer d'interpréter ces coïncidences? Ne seraient-elles pas symboliques?

Qu'est-ce qu'une horloge, une pendule, une montre? C'est un appareil qui mesure *le temps*. Or, le Temps est l'élément essentiel de la vie et conduit à la mort.

Dans la force psychique universelle qui régit tout, il y a un principe intellectuel inconnu, associé à tous les événements, grands et petits, à l'évolution d'un monde, à l'instinct d'un oiseau, d'un insecte.

L'arrêt d'un appareil qui mesure le temps ne correspondrait-il pas à l'arrêt de la vie? et n'aurait-il pas un sens, une signification, au lieu d'être un effet quelconque d'une cause inconnue?

Ces faits matériels associés à des défunts sont assurément incompréhensibles. Une horloge arrêtée qui se met à marcher, un objet qui tombe: le hasard mis au service du calcul des probabilités n'explique pas ces coïncidences. Il y a longtemps déjà, j'ai publié une relation racontant la chute, avec grand fracas, d'un service à café, coïncidant avec l'heure à laquelle le fils de la maison mourait en Afrique. Il y avait dans cette même lettre du 4 mai 1899, un autre incident que je n'ai pas rapporté. Le voici:

« Mes grands-parents avaient renoncé à la campagne et étaient allés habiter La Rochelle.

« Un nouveau service à café avait été placé en garniture de cheminée comme précédemment. Or, six ans plus tard, en 1841, mes grands-parents entendirent même fracas dans leur chambre d'amis. Ils montèrent aussi vite qu'ils purent. La porte était fermée, les fenêtres aussi; donc pas plus de courant d'air que la première fois.

« En entrant, mes grands-parents demeurèrent consternés à la vue du même phénomène qui s'était manifesté au moment de la mort de leur fils: le service gisait brisé en un monceau de débris.

« Une profonde angoisse les étreignit... Quel nouveau deuil allaient-ils apprendre? Quelques jours plus tard, ils étaient informés de la mort de leur gendre, emporté par une épidémie le matin même où était brisée pour la seconde fois la garniture de cheminée.

« Mon grand-père, peu enclin aux superstitions, plutôt sceptique au sujet des choses d'imagination, confirma ces faits à mon père et ensuite à ma mère; je les tiens d'eux. Le sérieux du caractère des personnes en cause et leur stricte droiture ne me laissent aucun doute sur leur authenticité.

[*Lettre 549.*] « Mlle Meyer,
« A Niort (Deux-Sèvres). »

Répétons, une fois de plus que *nous ne comprenons rien* à ces actes saugrenus. Mais l'honnêteté la plus stricte m'oblige à les dénoncer.

Les réflexions que nous inspirent ces banalités, il y a des années et des années que je me les pose à moi-même. Déjà à ce propos, le 17 avril 1900, M. Castex-Degrange, l'érudit directeur de l'Ecole nationale des Beaux-Arts de Lyon, m'écrivait, après la lecture de mon ouvrage *L'Inconnu*.

« J'ai pu commencer, cher Maître, la lecture des différents cas de manifestations de mourants relatés dans votre travail. Voulez-vous me permettre une réflexion?

« Je suis frappé par la puérilité ordinaire de ces manifestations; des bruits insolites, des fenêtres qu'on ferme, un monsieur dont on renverse le café, etc., etc.

« Pour ce dernier cas, entre autres, qui est celui arrivé à mon beau-père, cela m'a toujours étonné. En effet, ce cas est absolument authentique; mais il me semble que celui qui le provoquait (?) aurait pu trouver autre chose. Le frère de mon beau-père sortait de Normale; il était docteur ès lettres; il connaissait l'hébreu, le sanscrit; bref, c'était un véritable cerveau. Il me semble qu'il eût été plus digne de lui et de son frère de trouver autre chose de moins... « culinaire ». Et c'est toujours par là que ça pèche.

« D'après ce que vous a rapporté le Dr Dariex, on a bousculé tout dans son cabinet. On disposait donc d'une force capable de déplacer un objet léger. Pourquoi alors ne pas prendre une plume et mettre quelque chose d'intelligent sur un papier?... Il y a inévitablement plume et papier sur le bureau d'un docteur.

« Cela m'a toujjours chiffonné. En somme, vous avez cent fois raison: il faut chercher avec soin. Ne rien admettre, ni rien rejeter sans motif sérieux.

« Recevez, cher Maître, l'assurance de ma bien respectueuse sympathie.

« Castex-Degrange.

[*Lettre 899.*] « Palais-des-Arts, Lyon. »

L'interprétation rationnelle de ces manifestations posthumes serait que ce n'est pas l'âme intelligente et consciente qui les produit, mais une force inhérente à cette âme, agissant physiquement, comme un contrecoup électrique, une vibration dans l'éther, un acte automatique. Notre aveugle ignorance du monde psychique est formidable. Aucune hypothèse n'est satisfaisante. Prétendre que tout cela vient de nous n'est pas soutenable.

A ces diverses observations, je pourrais en ajouter ici un grand nombre d'analogues. Je n'abuserai pas de l'attention de mes lecteurs, suffisamment avertis par leur instruction personnelle.

Cependant, puisqu'il s'agit ici de phénomènes physiques paraissant attribuables à des défunts, je signalerai encore à ce propos l'observation suivante. Notre devoir est d'analyser froidement toutes les observations et d'éliminer toutes les causes d'illusions. C'est ce que je fais avec le plus de soin possible, en tenant compte de la valeur scientifique des témoins. Nous avons vu tout à l'heure l'épisode de l'évêché de Monaco, celui de la Gironde, celui d'Epinal, ceux de Paris, etc. Si la relation que voici m'avait été adressée par le premier venu, peut-être aurais-je été conduit à ne pas lui attacher une grande importance, car l'illusion ici serait possible. Mais l'observation a été faite avec attention, et l'auteur n'a pas eu d'autre sensation analogue dans sa vie.

Voici cette relation:

Au commencement de 1893, étant en garnison au Mont-Valérien, je me brisai la jambe droite en glissant sur la glace, et fus transporté aussitôt à l'hôpital militaire de Versailles pour y recevoir les soins nécessaires.

« Ceci se passait le 23 janvier.

« Ma femme, alors très malade, était alitée depuis le mois de décembre précédent.

« Le 17 février, j'appris sa mort. Je ne pus quitter l'hôpital qu'au mois d'avril, et reprendre possession de mon appartement au Mont-Valérien.

« Le soir même, je me mis au lit, vers 10 heures.

Avant de m'endormir, je repassai dans ma mémoire tout ce qui était arrivé depuis trois mois.

« A un moment donné, en pleine obscurité, je sentis passer sur ma figure un souffle puissant, comme si l'on avait fortement agité devant mes yeux un éventail. Pensant à ma femme, je m'écriai à haute voix: « Est-ce toi, ma chère femme, qui manifeste ainsi ta présence? » Immédiatement, ce souffle repassa sur mon visage pendant plusieurs secondes. Ce fut tout.

« Que conclure de ces faits? Je fus et je demeure persuadé que c'est l'âme de ma femme qui est venue m'apporter un dernier et suprême adieu, le jour même où j'étais revenu dans notre demeure.

« J'ai tenu à vous communiquer cette observation pour le cas où vous jugeriez à propos de voir un appui pour vos arguments concernant la survivance de l'âme humaine.

[*Lettre 4473.*]

« Deflandre,

« Colonel en retraite, 4, rue Dorian, Paris. »

Comme nous le remarquions plus haut, la valeur des observations dépend beaucoup de la valeur des observateurs. Une illusion ne paraît pas devoir être admise ici. Nous allons avoir sous les yeux d'autres faits pour lesquels toute hypothèse d'illusion est radicalement inadmissible.

5

LE PRESBYTÈRE AUX BRUITS MYSTÉRIEUX

Si le château hanté du Calvados nous a particulièrement frappés par son indiscutable authenticité, le presbytère que nous allons visiter vous donnera absolument la même impression.

Dans son étude sur les apparitions, publiée par la Psychical Society et traduite dans les *Annales des Sciences psychiques*, le célèbre naturaliste Russel Wallace a rapporté un remarquable récit de maison hantée fait par un dignitaire de l'Eglise anglicane qui habita cette maison douze mois, et dans lequel il signale notamment la conduite des chiens. Lors d'une tentative de vol en ce presbytère, les chiens donnèrent l'alarme et le clergyman se leva à leurs féroces aboiements, tandis que, pendant les bruits de hantise, bien qu'ils fussent beaucoup plus forts et plus inquiétants, ils n'aboyèrent pas du tout. On les trouva tapis dans un coin, donnant les signes d'une frayeur pitoyable. Mais lisons ce récit lui-même, il est vraiment digne d'attention. C'est l'observateur qui parle, pasteur instruit, homme intègre et raisonnable, jouissant de toutes ses facultés intellectuelles:

« Il y a dix-huit ans environ, ayant terminé mon stage de deux années pour l'ordination comme diacre, j'étais à la recherche d'une cure. Parmi celles dont je m'occupai s'en trouvait une dans le sud-ouest du comté de S... La paroisse était considérable et la situation très retirée. Une maison spacieuse était à la disposition du desservant.

« Jacceptai cette cure, et ma femme et moi nous prîmes possession de notre nouvelle maison. Nous y arrivâmes l'après-midi d'un jour de février.

« Le presbytère que nous devions occuper était un grand bâtiment carré, entouré de pelouses et de plantations, jardins et verger. La maison était détachée et située à une courte distance du village. Une route la séparait de deux ou trois maisons qui formaient les constructions les plus voisines. Nos chambres étaient grandes et suffisamment hautes; tout était en bon état, et nous nous félicitions d'avoir trouvé un logis confortable.

« C'était, je m'en souviens, un vendredi après-midi que nous étions arrivés, et ma femme et moi, nous travaillions avec ardeur pour arranger deux ou trois pièces afin que nous puissions les occuper le samedi soir.

« Le samedi, à la tombée de la nuit, les volets étaient clos, les verrous poussés et les serrures fermées, nous allions nous coucher avec satisfaction, ayant travaillé depuis deux jours comme des manœuvres.

« Nous n'avions pas encore engagé de servante, et nous avions recours aux services d'une brave femme de la contrée qui habitait tout près. Quand j'eus tout fermé, ce samedi soir, cette campagnarde, ma femme et moi, nous étions les trois seuls êtres vivants entre les quatre murs du presbytère.

« Bien avant minuit, nous étions tous dans le pays des rêves, et probablement quelque peu au-delà, dans ce royaume du soleil, où aucun songe « extravagant et égaré » ne trouve son chemin. Soudain éclata à nos oreilles assoupies un bruit auquel nul sommeil ne pouvait résister. En un instant, presque avant d'avoir repris conscience, j'étais en bas du lit, et il me semblait encore que ce bruit étrange venait de traverser le silence habituel de la nuit. Ma femme avait été réveillée aussi brusquement et aussi complètement que moi, et tous deux nous écoutions, attendant la répétition de ce qui nous avait dérangé, ou tout autre chose qui pût nous guider pour en découvrir la cause. Mais rien ne se produisit. J'étais naturellement préoccupé de faire des recherches immédiates, car la solution naturelle du mystère était qu'une ou plusieurs personnes avaient pénétré dans la maison.

« Je me vêtis donc rapidement et sommairement, et commençai mon exploration. Pourtant, auparavant, je regardai à ma montre, et constatai qu'il était juste 2 h 5 du matin. Je désire attirer l'attention sur ce point. Je me livrai à une perquisition complète dans toute la maison, examinant les fermetures des portes, les verrous des fenêtres. Tout était en bon état, à sa place accoutumée. Il ne me restait rien à faire que de retourner dans ma chambre, me remettre au lit et ne plus penser au dérangement. Mais cela n'était pas aisé. Ni ma femme ni moi ne pouvions avoir été le jouet d'une erreur. Le bruit, si palpable, avait éclaté au milieu de notre sommeil d'une façon si impérieuse et avec un fracas si prolongé, que sa réalité ne pouvait être mise en doute, ni son impression effacée.

« Ce bruit me sembla, alors et plus tard, analogue au fracas de barres de fer tombant brusquement sur le sol. Certainement, il y avait un son métallique. Pourtant il était prolongé et, au lieu de venir d'un point fixe, il avait paru traverser la maison comme une succession d'échos sonores se répercutant rapidement.

« Je n'en parle pas seulement pour le cas particulier que je viens de raconter, mais de mon impression sur le caractère de ce bruit avec lequel, je puis bien le dire tout de suite, ma connaissance ne se borne pas aux expériences de ce dimanche matin. Naturellement, à mon retour dans ma chambre, quand nous causâmes de l'aventure, nous pensâmes tout de suite à nous assurer si la villageoise avait été aussi réveillée. Pourtant, comme elle n'avait donné aucun signe d'alarme, nous résolûmes d'attendre pour voir si elle aurait quelque chose à dire le matin.

« Nous passâmes assez tranquilles les dernières heures de la nuit, et quand le jour fut venu, nous constatâmes que le troisième membre du ménage avait eu sa part du mystérieux phénomène. Comme nous, elle avait été brusquement réveillée, et était restée longtemps dans un état de forte inquiétude. Toutefois les choses n'étaient pas aussi étranges ni aussi inattendues pour elle que pour nous: « — Oh! chers, dit-elle, on m'en avait parlé; mais je ne l'avais jamais entendu moi-même jusqu'à cette nuit, et je ne désire pas l'entendre de nouveau. »

« Elle en avait entendu parler auparavant, mais on ne put rien tirer de plus d'elle, et elle paraissait n'y songer qu'à contrecœur. « C'était une imagination », disait-elle, et ce fut tout ce qu'elle voulut dire. Il est un point pourtant sur lequel elle fut très nette, ce fut sur la nécessité pour elle d'aller chaque soir voir sa maison et ses enfants. Elle nous donnait ses services dans le jour, mais elle ne pouvait se passer de son logis la nuit. Un arrangement dans ce sens fut fait avec elle, et nous restâmes la nuit suivante, ma femme et moi, comme seuls habitants du presbytère pour le cas où il serait de nouveau assailli par une force tangible ou par un bruit impalpable. Les devoirs du dimanche furent religieusement accomplis. Je vis mes paroissiens pour la première fois dans leur église et je pus promener avec satisfaction mon regard sur une assemblée compacte et attentive, quoïque peut-être pas très intelligente; je ne pouvais m'imaginer que quelques-uns de ces solides paysans dont les faces étaient tournées si calmes vers l'autel aient eu la moindre idée d'une horrible plaisanterie à mes dépens.

« Le moment venu, ma femme et moi, nous rentrâmes au presbytère. Par une nuit obscure d'hiver, un bon feu réjouit le cœur, et nous restâmes ainsi jusque vers 8 heures. Nous songeâmes alors à faire une inspection de la maison, bien que nous ayions eu le soin — dès qu'il avait fait nuit et que notre servante était partie — de fermer tout. Nous nous levâmes donc et, sortant du salon, nous nous trouvâmes dans le vestibule carré dont la porte ouvre sur le jardin. A peine y étions-nous que nous entendîmes un bruit qui nous fit nous arrêter et écouter. Ce bruit venait du long corridor au-dessus, sur lequel s'ouvrent toutes les chambres à coucher, et n'était autre chose que le bruit des pas d'un homme marchant lentement, mais fermement, le long du corridor. Rapportons les faits.

I

« Il n'y avait pas d'erreur à cet égard. Distinct et net, chaque pas frappait nos oreilles. Tout de suite, ma bougie à la main, je grimpai en haut quatre à quatre, et me trouvai en un instant sur le palier d'où l'on voit tout le corridor. Mais je ne vis rien d'insolite. Naturellement ma femme m'avait suivi, car cela l'avait rendue toute nerveuse; nous entrâmes ensemble dans les chambres, cherchant partout, mais sans rien trouver. Si quelqu'un était venu là, il n'aurait pu nous fuir. Un examen plus complet et plus minutieux de toute la maison fut la conséquence de cette aventure, et nous eûmes la satisfaction de constater que, quelle que pût être la cause du bruit que nous avions entendu, notre logis ne recélait aucun autre être de chair et de sang que nous. Pour plus d'assurance encore, je déverrouillai la porte de la cour et examinai les lieux au-dehors. Mais je fus rappelé vivement par ma femme m'annonçant que les pas inexplicables recommençaient.

« Je dois dire ici qu'en rentrant au salon, discutant sur le sujet, ma femme et moi nous fîmes allusion à la possibilité d'être tombés sur une « maison hantée ». Il n'est que juste d'ajouter que nous étions l'un et l'autre si peu portés au surnaturel que nous rejetâmes cette idée comme absurde, sans plus ample considération, nous contentant de penser que cet événement était quelque chose d'extraordinaire. Les faits ne se renouvelèrent pas cette nuit-là et, durant une semaine ou deux, il n'y eut rien de particulier à noter.

« Pendant ce temps, nous achevâmes de nous installer. Une servante forte et énergique nous suffisait pour le travail dans la maison et nous avions engagé un garçon de quatorze ans pour s'occuper d'un couple de poneys, et faire différentes petites besognes. Ce garçon, il faut le remarquer, ne dormait pas à la maison, de sorte qu'à moins de visite, ce qui n'arrivait pas souvent, nous n'étions que trois chez nous, la nuit. Notre servante était d'un autre village et ne connaissait personne dans le pays, que nous sachions au moins.

« Depuis quelque temps, nous n'étions plus guère dérangés. Nous entendions toujours de temps en temps l'inexplicable bruit de pas, mais cela nous troublait aussi peu que possible: nous pensions, quoi que cela pût être, que c'était, en tout cas, assez inoffensif, et non de nature à être mis en parallèle avec notre confort et nos avantages.

« Mais bientôt nous fûmes favorisés par de nouveaux exercices d'une nature tout à fait insupportable. Notre habitation comportait sous le toit une série de mansardes s'étendant au-dessus de toute la maison. Nous avions trouvé ces mansardes vides et en bon état, et nous les avions utilisées comme débarras pour nos boîtes, caisses, etc. On y parvenait par un petit escalier s'ouvrant sur le corridor principal d'en haut et, après avoir déposé tous les objets dont nous voulions nous débarrasser, nous avions fermé la porte de cet escalier. Or, une nuit, comme nous dormions très tranquiilles, commença tout à coup un vacarme impossible qui nous réveilla aussi complètement que nous l'ayons jamais pu être. Ce tapage était des plus vulgaires, de la nature la plus commune et la plus matérielle. C'était — ou plutôt je dirai il me sembla que c'était — le résultat du choc sur le plancher des mansardes de toutes les caisses, paquets, etc., qui y étaient enfermés. Ce tapage était violent et persistant; c'étaient des coups, des roulements, des craquements. Naturellement des recherches s'imposaient, mais elles restèrent sans résultat. Tout était tranquille. Chaque chose paraissait en ordre, sans aucune trace de dérangement. J'avouerai que nous étions très perplexes et que cette fois encore, aussi bien d'ailleurs que dans les occasions qui suivirent, nous fûmes condamnés à l'humiliation de rester impuissants à sortir de cette perplexité.

II

« Mais les choses ne s'en tinrent pas là et nous fûmes gratifiés de représentations supplémentaires. De temps à autre une succession de coups parfaitement distincts venait frapper nos oreilles. Ces coups étaient de nature variée. Tantôt précipités, rudes, impatients, tantôt au contraire lents et hésitants. Quoi qu'il en soit, dans un style ou dans l'autre, je puis dire que nous en fûmes gratifiés en moyenne quatre nuits par semaine, durant notre séjour. Ce n'était du reste pas très effrayant, et avec un peu d'habitude, pas particulièrement troublant.

« Un fait mérite cependant d'être noté. Parfois, tandis qu'étant couché mais éveillé, j'écoutais involontairement le tapage, j'étais poussé à faire ce que les écoliers appelleraient une « blague ». Je m'adressais par exemple à l'agent hypothétique et lui commandais de « se tenir tranquille et de ne pas déranger les honnêtes gens dans leur lit », ou je le provoquais lui déclarant que s'il avait quelque requête à faire ou quelque plainte à formuler, « il sorte et le fasse courageusement èt loyalement ». Mais ces remontrances étaient mal reçues. Elles étaient toujours suivies de coups plus hâtés et plus violents, plus passionnés si je puis m'exprimer ainsi. Le lecteur sourira à cette idée qu'il puisse y avoir quelque relation entre mes apostrophes et l'accentuation du tapage et je ne voudrais pas affirmer qu'il y eût nécessairement relation. Je constate simplement ce fait de la coïncidence de l'augmentation du tapage avec mes injonctions. Je ne fais pas de théories, je raconte une histoire vraie sans fioritures. Il est possible qu'il n'y ait là qu'une coïncidence et rien de plus.

« Mais, demandera-t-on, n'avez-vous point parlé à vos voisins de ces aventures si fréquentes? Pendant longtemps, non. Nous nous étions résolus à garder le silence pour plusieurs raisons. D'abord en parlant de ces événements mystérieux, nous aurions pu donner naissance à des exagérations et exciter des alarmes nous empêchant de garder chez nous notre servante ou d'en prendre une autre. En outre, nous connaissions peu le caractère des gens parmi lesquels nous étions venus habiter, et nous pensions que si c'était le résultat d'une plaisanterie, il nous serait plus facile en gardant le silence de la découvrir ou d'en lasser les auteurs par notre indifférence apparente. Aussi, quoique notre servante eût souvent essayé des allusions à ces événements nocturnes, nous détournions toujours la conversation et trompions son espoir de causer de ces choses.

« Tous ces phénomènes commencèrent immédiatement après notre arrivée et se reproduisirent d'une façon tolérable durant notre séjour; j'ai, du reste, des raisons de penser qu'ils se sont continués après notre départ. Le grand bruit qui nous assaillit le premier dimanche matin a été le phénomène le plus frappant et aussi le moins fréquent. Des semaines se passaient sans que nous l'entendions du tout, et toujours — quand nous vérifiions — nous constations qu'il se produisait à *2 heures du matin le dimanche.*

« L'hiver finissant et la contrée devenant plus gaie, nous eûmes quelques visiteurs, parmi lesquels une jeune dame proche parente de ma femme. Nous étions convenus de ne rien lui dire de nos aventures, en partie parce que nous n'avions pas besoin de l'effrayer à l'avance, en partie parce que nous étions bien aises d'avoir un témoignage indépendant et spontané. Nous l'eûmes bientôt. Notre amie ne resta pas longtemps avec nous avant de commencer à nous questionner sur le remue-ménage que nous faisions dans la maison, après que chacun, pensait-elle, devait s'être retiré pour se reposer. Comme on peut s'y attendre, nos réponses à ses questions restèrent vagues. Une fois ou deux elle nous demanda s'il y avait un enterrement, disant qu'elle avait entendu sous ses fenêtres un bruit qu'elle avait pensé être celui fait par un fossoyeur en creusant une fosse; elle s'étonnait même qu'il eût choisi cette heure de nuit pour accomplir sa funèbre besogne. Naturellement, nous lui assurâmes — et c'était la vérité — qu'il n'y avait pas d'enterrement et que, dans tous les cas, ce qu'elle avait entendu sous sa fenêtre n'était pas dû au creusement d'une fosse, puisque le cimetière était de l'autre côté de la maison. Ceci était assez concluant, semble-t-il, contre sa théorie, mais elle n'en persista pas moins à assurer qu'à plusieurs reprises elle avait entendu du bruit sous sa fenêtre et que, à son jugement, ce bruit résultait du maniement d'une bêche. Je n'ai aucun doute sur la réalité de l'impression faite sur son esprit, mais je n'ai, pour ma part, jamais entendu les bruits qu'elle décrit.

« Je ne fut pas autrement surpris quand, dans une

autre circonstance, elle me dit que quelqu'un avait marché le long du corridor et frappé à sa porte, mais n'avait pas répondu à son appel de « Qui est là? » et n'avait pas essayé d'entrer dans sa chambre.

« Enfin le dimanche arriva: nous étions à table, à déjeuner. « — Quest-ce qu'il y a donc eu cette nuit? » fut le premier salut de notre parente. « Quel vacarme on a fait! J'ai été réveillée si brusquement que je me suis levée et que je serais sortie de ma chambre pour voir ce qui était arrivé si je n'avais pas été effrayée en rencontrant vos chiens! Mais j'étais tellement émue que je ne pus me décider à me recoucher et, comme j'étais restée debout à ma fenêtre, scrutant l'obscurité, *j'entendis la cloche de l'église sonner deux coups.* » Là-dessus, ma femme et moi nous échangeâmes un regard significatif. Notre amie avait entendu cette nuit — quoique nous n'avons rien répété — ce que nous commencions à appeler « la grande alarme du sabbat ». Nous lui parlâmes alors de nos propres aventures, et son impression sur la nature du bruit se trouva d'accord avec les nôtres.

« Nous avions été absents de la maison une semaine ou deux pendant l'automne, et à notre retour notre servante nous fit le récit suivant:

« Un soir, elle était allée au village faire quelques commissions et avait laissé le gamin seul à la maison. Il était assis devant le feu de la cuisine, quand il entendit, lui sembla-t-il, quelqu'un marcher dans le couloir. Il alla voir qui c'était et ce que pouvait bien vouloir ce visiteur, mais il ne trouva personne; il rentra à la cuisine et essaya de se persuader qu'il s'était trompé. Mais les pas recommencèrent bien nets; il revint explorer les abords, quoique déjà un peu moins résolu et avec des regards plus rapides et plus anxieux, mais encore sans résultat. Pour la troisième fois, de son siège, au coin de la cheminée, il entendit le même bruit, c'était trop pour un pauvre garçon, et il s'enfuit de la maison, se précipitant vers le village et ne s'arrêtant que chez ses parents pour raconter son histoire aux hôtes ébahis de la maison paternelle. J'ai déjà indiqué que pendant longtemps je n'avais rien dit à mes paroissiens de ces événements nocturnes.

« Pourtant, à la fin, j'amenai la conversation sur ce sujet avec une excellente femme, souffrant patiemment, depuis longtemps, d'une infirmité corporelle qui la clouait au lit. Elle avait eu des jours meilleurs, c'était une brave du bon vieux temps et elle était animée d'excellents sentiments religieux. Sa maison se trouvait juste en face du presbytère, que l'on voyait en plein de la fenêtre de la petite chambre dans laquelle elle était couchée.

« Je lui racontai ce que nous avions entendu de temps en temps et lui demandai si elle n'avait pas entendu parler de choses analogues. Elle me répondit tout de suite qu'on avait causé souvent de phénomènes semblables et que l'un de mes prédécesseurs, au moins, avait été très ennuyé de ces bruits. Elle ajouta, en outre — et je suis sûr qu'elle ne l'aurait pas dit, si elle ne l'avait pas cru fermement — qu'elle-même avait vu parfois une lumière vacillante et intermittente aux fenêtres des mansardes.

« Il faut se rappeler ici que durant mon séjour dans la maison, on ne s'était pas servi de ces mansardes, que je n'y avais moi-même jamais pénétré la nuit que lorsque je cherchais à découvrir la cause du bruit que j'y entendais, qu'il n'y avait qu'une entrée possible pour toutes les mansardes, et que nous l'avions fermée soigneusement, en gardant exclusivement en notre possession — autant que nous pouvions en juger — les moyens d'y pénétrer.

« Mon interlocutrice me parla ensuite de certains faits dont la maison avait été le théâtre au siècle dernier et dont elle avait entendu parler par ses parents, faits qui, s'ils pouvaient être vérifiés, et loyalement rattachés aux phénomènes dont il s'agit, dans la relation de cause à effet, aideraient certainement à arriver à une théorie sur la nature des phénomènes mêmes.

« Mais, je le répète, je ne cherche pas à faire des théories, je relate simplement des faits et laisse à chacun le soin de les apprécier. Pour ces faits, je répète que je les atteste loyalement; quant à leur cause, je ne suis probablement pas plus avancé que mes lecteurs, car, malgré toute la peine que j'ai prise, je n'ai jamais pu faire aucune découverte. Des explications qui se présenteront sans doute à l'esprit de beaucoup, nous vinrent aussi. Avant tout, je pensai à une simple farce. Mais, en supposant que malgré toutes mes précautions et ma surveillance, des gens eussent pu s'introduire dans la maison, il aurait fallu que ce fussent là les farceurs les plus tenaces du monde pour s'imposer un aussi long et inutile labeur, par seul esprit de mystification. En laissant de côté les années antérieures, comment imaginer que quelqu'un ait pu se déranger pendant douze mois à toute heure de la nuit (et *souvent dans la journée*), pour donner une succession de bruits incohérents et inarticulés?

« Il y a aussi à penser aux *rats*. Sans doute, je ne voudrais pas méconnaître les talents des rats en fait de tapage nocturne; mais les accuser de tout ce qui précède serait absurde.

« L'observation suivante mérite d'être prise en considération par quiconque cherchera une explication des faits que j'ai rapportés. J'ai toujours été un peu amateur de chiens, et j'avais à cette époque deux terriers de pure race, excellents chiens de garde, ennemis déterminés de la vermine, prêts à tout combat, sans aucune crainte de donner de la voix quand ils avaient de bonnes raisons de le faire. Une fois, pendant notre séjour, ils hurlèrent ainsi à propos. L'hiver était rude, les temps mauvais et il y avait eu plusieurs maisons voisines dévalisées. On essaya d'en faire autant au presbytère, mais mes fidèles chiens donnèrent l'alarme; réveillé par leurs aboiements furieux, j'arrivai à la fenêtre à temps pour voir plus d'une figure noire dans l'herbe au-dessous et être à même de leur adresser une remontrance qui, appuyée de quelques coups de pistolet, les décida à prendre la fuite. Je ne mentionne cet incident que pour signaler le contraste des allures des chiens dans cette circonstance avec leur conduite en présence des bruits mystérieux. Contre ces bruits, ils n'ont jamais fait aucune démonstration, soit par des aboiements, soit de toute autre façon. Peut-être ne les entendaient-ils pas. Il me semble que si, car lorsque je faisais mes recherches sur la cause de ces bruits et que j'arrivais là où ils se trouvaient, je les voyais toujours tapis et dans un état de frayeur pitoyable. Aussi suis-je sûr qu'ils étaient plus affectés que n'importe lequel des habitants de la maison; si on ne les avait pas enfermés, ils seraient accourus à la porte de notre chambre à coucher et se seraient blottis là, rampant et gémissant.

« Les phénomènes dont j'ai parlé s'étendent à une période de douze mois. Au bout de ce temps, je fus appelé dans une autre partie de l'Angleterre et je quittai ma cure, pas fâché, je l'avoue, d'en avoir fini avec nos alarmes nocturnes, mais désappointé de n'en avoir pas pu découvrir la cause. »

Cette hantise ne peut laisser aucun doute dans notre esprit, pas plus que celle du château du Calvados.

*

Voici un autre exemple qui mérite d'être mis en parallèle avec le presbytère dont il vient d'être question. Mon ami, le Dr Dariex, en a reçu la description en 1895, et l'a publié, cette année-là, dans ses *Annales des Sciences psychiques.* C'est une observation scientifiquement faite et minutieusement décrite. La voici :

« J'ai tenu secrets, pendant plus de vingt ans, des faits étranges, inouïs, dont je vais donner une description précise et d'une rigoureuse exactitude.

« Dans les premiers jours de 1867, j'étais instituteur public à Labastide-Paumès (Haute-Garonne).

« J'avais alors vingt ans.

« Mon domicile, situé à 40 mètres de l'église paroissiale, était un ancien presbytère mis en entier à ma disposition. Encore tout délabré en 1865, il fut réparé au commencement de 1866 pour en faire précisément ma maison d'habitation. Il avait, à mon arrivée, toutes les apparences d'une construction remise à neuf.

« Le rez-de-chaussée, trop bas pour pouvoir être habité, me servait à la fois de cave et de bûcher. Il communiquait avec le premier étage par un large escalier de chêne. Au pied de l'escalier étaient deux portes, l'une donnant au-dehors, l'autre dans le rez-de-chaussée qui n'avait pas d'autre ouverture intérieure.

« Je n'ai jamais utilisé les combles.

« J'habitais exclusivement le premier, en compagnie de mon frère Vital, aujourd'hui professeur de mathématiques au lycée de Belfort, et de ma sœur Françoise. L'appartement se composait de quatre pièces très spacieuses, qui sont désignées sur le plan ci-joint par les lettres A, B, C, D. — A était la cuisine, et en même temps salle à manger; B, ma chambre à coucher; C, la chambre de mon frère; D, celle de ma sœur. E, indique le palier de l'escalier situé au premier.

« La salle d'école ne faisait point partie du presbytère, elle y était simplement adossée; la construction n'en remontait qu'à 1865.

« Le soir, nous nous couchions généralement vers

9 heures, pour nous lever à 6 heures du matin. Avant de me coucher, je fermais avec soin les ouvertures donnant au-dehors, et l'unique porte qui mettait le premier en communication avec le rez-de-chaussée.

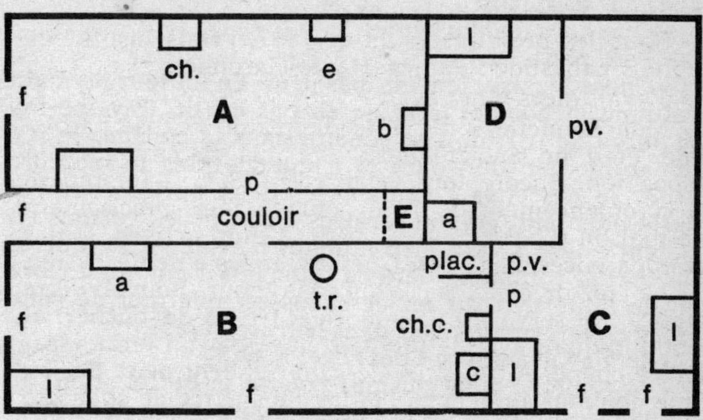

La maison hantée de Labastide-Paumès.
Abréviations: *f*, fenêtre; *p*, porte; *ch*, cheminée; *b*, buffet; *l*, lit; *c*, commode; *t*, table; *t. r.*, table ronde; *e*, évier; *a*, armoire; *ch. c.*, cheminée condamnée; *p. v.*, porte vitrée.

« Je n'avais ni chat, ni chien, ni oiseaux en cage. La maison venant d'être réparée, les bêtes du voisinage n'auraient pu s'y introduire.

« Je dois dire, avant d'entrer dans le cœur du récit, que je ne passe pas pour appartenir à une famille d'illuminés; je livre d'ailleurs mon nom, j'indique en toutes lettres ma résidence actuelle: on peut se renseigner sur mon état mental.

« Or, une nuit d'avril 1867, vers 11 heures, je fus éveillé en sursaut par un bruit singulier: des coups secs. assez violents, étaient frappés sur la table et sur le buffet de la cuisine, comme avec un bâton que l'on tiendrait tantôt horizontalement, tantôt verticalement.

« J'écoute:

« Pan! pan! pan!

« Quelques instants après:

« Pan! pan! pan!

« Chose bizarre, je n'eus pas peur. En un tour de main j'allume la bougie, je saute en bas du lit, traverse ma chambre, le corridor, et pénètre dans la cuisine. Je n'y remarque rien d'insolite et n'entends plus le moindre bruit. Je descends l'escalier: les deux portes dont j'ai parlé plus haut étaient fermées à clef et les verrous en étaient poussés. Nul être humain n'avait pu s'esquiver par-là; car comment, dans sa fuite, eût-il put, du dehors ou de l'intérieur du rez-de-chaussée, refermer de cette façon en laissant les clefs dans leurs serrures?

« Je n'avais pourtant pas rêvé!

« Je remonte à la cuisine; j'ouvre le buffet: rien! Je projette la lumière de la bougie à l'intérieur de la cheminée: les tuiles, posées là pour empêcher la pluie de tomber sur le foyer tout en laissant passer la fumée, étaient à leur place.

« Je traverse de nouveau la cuisine, le couloir et ma chambre à coucher; je pénètre dans la chambre de mon frère, dans celle de ma sœur: ils dormaient profondément.

« Evidemment, me dis-je, j'ai dû rêver! »

« Je me recouche.

« A peine avais-je soufflé ma bougie que le tapage recommençait:

« Pan! pan! pan!

« Puis des assiettes remuaient dans l'évier, des cuillères et des fourchettes sautaient dans un tiroir, les chaises de la cuisine dansaient.

« Cela dura jusque vers 3 heures du matin et se renouvela, les nuits suivantes, pendant deux semaines.

« Cependant chaque matin à mon lever je retrouvais intacts, disposés comme ils l'étaient au moment du coucher, les verres et les assiettes, que leurs furieux cahots eussent dû réduire en miettes!

« Une fois seulement, une chaise fut trouvée renversée: une serviette posée la veille sur le dossier de ce siège avait été projetée à 50 centimètres environ. A cette vue, un frisson me traversa; *pour la première fois* depuis la manifestation du phénomène *je me sentis secoué par une peur absurde, irraisonnée.* Pourquoi ne pas le dire?

« Un soir, avant de me mettre au lit, j'avais bu de l'eau sucrée. La cuillère à café qui m'avait servi à remuer le sucre fut laissée dans le verre, sous lequel j'avais glissé un billet portant ces mots: « Si des esprits font ce vacarme, je les supplie de se tenir tranquilles et de nous laisser dormir. »

« Pendant plus de trois heures, la cuillère tourna dans le verre avec des repos intermittents d'une minute à peine. Une fois au moins, deux fois je crois, le verre sembla rouler sur la table sans tomber sur le dallage de la cuisine où il se fût brisé.

« En me levant, je retrouvai le verre, le billet, la cuillère placés absolument comme la veille!

« Une nuit, trois coups retentirent sur le bois de mon lit: ils paraissaient produits par un bâton tombant perpendiculairement sur le panneau.

« Cette fois, un ami (T. L...) avait consenti à passer la nuit en ma compagnie; il m'apostropha poliment: « — Je crois bien que vous avez quelque pouvoir infernal et que, sans en avoir l'air, c'est vous qui faites le charivari! » me dit-il avec fermeté. On trouvera plus loin une attestation écrite et signée par lui.

« Une autre nuit, ce fut un camarade d'enfance (L.

N...) qui voulut bien venir chez moi : je produis également son attestation. Je donne aussi une déclaration de l'abbé Ruffat qui, l'an dernier encore, en dépit de ses quatre-vingt-six ans, desservait la paroisse de Labastide-Paumès.

« On lira, en outre, le témoignage de mon frère Vital.

« Tous ces témoins vivent encore.

« Une nuit, j'entends marcher dans la cuisine. C'était un pas lourd, pesant, d'homme ou de femme. Je m'y rendis et ne pus constater qu'un silence complet et l'absence totale d'êtres visibles !

« Une autre fois, je m'étais absenté pour rentrer assez tard. Pendant une heure au moins, mon frère avait ouï distinctement des pas dans ma chambre à coucher. Croyant que j'étais rentré, il m'avait à diverses reprises interpellé de son lit, me demandant de le laisser dormir. A mon retour, il cria de nouveau, furieux : « — Vas-tu nous laisser reposer enfin ? Voilà plus d'une heure que tu nous assourdis ! »

« — Mais je rentre, lui répliquai-je, très ému ; je rentre à l'instant même. Pourtant, je conçois ta mauvaise humeur, pour la bonne raison qu'en gravissant l'escalier, j'ai entendu le sabbat dans la cuisine. »

« Et c'était vrai.

« Cet inexplicable vacarme commençait à m'inquiéter, et je me décidai un beau matin à en parler au desservant de l'endroit, le vénérable abbé Ruffat.

« Le digne homme reçut ma déclaration avec plus d'indifférence apparente que d'étonnement ; il me répondit : « — Tout cela est, sans doute, de faible importance. La maison est vieille ; il y a fort longtemps qu'elle n'a pas dû être bénite : si le vacarme se renouvelle, je m'y rendrai, je la bénirai, et comme une prière faite à Dieu est souvent exaucée, peut-être n'entendrez-vous plus rien. »

« Dès ce jour, en effet, le bruit cessa tout à fait.

« Cette coïncidence est bien singulière, si elle n'est pas la plus étonnante des étrangetés que je relate ici. »
« J. Salières,
« Professeur de mathématiques au lycée de Pontivy. »

ATTESTATIONS

I

« J'atteste que tout ce que mon frère déclare sur des faits qui se sont passés, en 1867, à Labastide-Paumès, canton de l'Isle-en-Dodon (Haute-Garonne), dans la maison mise par la commune à la disposition de l'instituteur, sont de la plus rigoureuse exactitude.
« *Signé:* Vital-Salières,
« Professeur de mathématiques au lycée de Belfort.
« Belfort, 25 janvier 1891. »

II

« En 1867, M. J. Salières, instituteur à Labastide-Paumès, m'ayant demandé de passer une nuit chez lui, pour y être témoin de phénomènes extraordinaires, il s'est produit ceci:
« Vers les 11 heures du soir, des coups assez violents ont été frappés, comme avec un bâton tenu horizontalement, sur la table et sur le buffet de la pièce qui servait de cuisine. En même temps, les chaises dansaient, les assiettes remuaient sans se casser, des verres se heurtaient, qui furent retrouvés intacts.
« Vers 1 heure du matin, trois coups distincts, assez forts, furent frappés dans la chambre même où nous nous tenions, sur le bois du lit de M. Salières.
« La maison tout entière était occupée par M. Salières,

un de ses frères et une de ses sœurs. Ceux-ci ne pouvaient, en aucune façon, être les auteurs de ce vacarme qui se produisait exclusivement au premier.

« Toutes les ouvertures donnant sur le dehors, ainsi que l'unique porte qui mettait le premier en communication avec le rez-de-chaussée, étaient soigneusement fermées.

« Nul être humain n'avait pu s'introduire du dehors dans la maison, en pénétrant par l'une de ces ouvertures. D'ailleurs, en fouillant l'appartement, on ne remarquait nulle part rien d'insolite.

« Je tiens comme absolument impossible que ces phénomènes pussent être produits par des êtres vivant de la vie terrestre.

« *Signé:* T. L.

« Labastide-Paumès, le 26 janvier 1891. »

III

« A l'époque où M. Salières, actuellement professeur de mathématiques au lycée de Pontivy, était instituteur à Labastide-Paumès, en 1867, il m'a prié un jour de passer une nuit chez lui pour faire certaines constatations.

« Vers les 11 heures du soir, les portes et les fenêtres qui donnaient sur le dehors étant solidement closes, et la maison ayant été soigneusement visitée par lui et par moi, nous avons entendu frapper très fortement sur la table de la cuisine: Pan! pan! pan! Cela dura bien jusqu'à 3 heures du matin au moins.

« Il fut frappé aussi sur une porte et sur un buffet; le buffet se trouvait dans la cuisine, la porte y donnait accès.

« Une bougie ayant été allumée, un examen minutieux fut fait de l'appartement. Tant que dura notre visite, on n'entendit rien; mais aussitôt la bougie éteinte, le bruit recommença.

« Ne pouvant admettre que des êtres en chair et en os puissent s'introduire dans les habitations par des trous de serrure pour agir invisiblement, je dois avouer que ces faits sont aussi inexplicables qu'incontestables.

« *Signé:* L. N.

« Labastide-Paumès, le 19 février 1891. »

Que prouvent ces observations?

Elles prouvent, comme les précédentes, qu'il y a des maisons hantées, et que ceux qui les nient *ignorent* ces faits ou sont de mauvaise foi. Prendre les observateurs pour des hallucinés n'est pas admissible.

Je ne discute pas l'explication. Je constate la réalité. L'explication à trouver n'est pas aussi simple que cette constatation.

La rareté de ces observations authentiques ne prouve rien contre leur réalité, quoi qu'en pensent certains raisonneurs bizarres.

Quels sont les témoins appelés en justice? Ceux qui ont vu, naturellement.

Que dirait-on de la sentence suivante:

« Attendu que dix hommes ont vu l'accusé commettre son crime, mais que quarante millions ne l'ont pas vu, l'accusé est acquitté. »

Les quarante millions de Français qui n'ont rien vu auraient-ils la moindre valeur négative?

C'est pourtant ainsi que raisonnent souvent les adversaires de nos recherches si loyales.

Dans cet excellent article sur les maisons hantées, le professeur William Barrett a résumé ainsi son impression:

« 1° La fraude et l'hallucination ne suffisent pas pour expliquer tous les phénomènes;

« 2° Les bruits, mouvements d'objets et autres phénomènes physiques, semblent être en quelque rapport avec une intelligence invisible qui, malgré son imperfection, a quelque ressemblance avec notre intelligence humaine;

« 3° Ces phénomènes sont le plus souvent associés à une personne ou à une localité, de sorte qu'un *point d'appui* semble nécessaire à leur production.

« 4° Ces phénomènes sont sporadiques et temporaires, durant de quelques jours à plusieurs mois, apparaissant et disparaissant soudainement, sans cause connue. »

Je pense avec Barrett et Richet que les témoignages sont trop précis pour qu'il soit possible de nier.

Un grand nombre de cas, sévèrement examinés, établissent qu'il y a des mouvements d'objets sans contact, et des bruits dont aucune explication mécanique ordinaire ne peut rendre compte.

Il est absurde de supposer que, pendant des semaines et des mois, plusieurs individus, maîtres d'eux-mêmes, conscients, responsables, surveillant scrupuleusement l'habitation soi-disant hantée, aient vu des choses n'existant pas, aient entendu des bruits retentissants, effrayants, n'ayant eu lieu d'aucune façon. S'il s'agissait d'un seul cas et d'une seule personne, on pourrait respecter l'hypothèse des hallucinations et de l'illusion. Mais c'est là une explication enfantine. On dit hallucination pour se débarrasser, par un mot très commode, d'un fait inhabituel qui trouble notre quiétude. Ce procédé est vraiment par trop simpliste.

Mais ne nous attardons pas à des discussions inutiles et continuons notre étude. Nous pouvons, dans tous les cas, conclure de ce qui s'est passé là à la maison de l'instituteur, comme de ce que l'on a vu plus haut au château du Calvados qu'il y a des êtres invisibles.

★

Les phénomènes de hantise prennent toutes les formes. Il en est qui se montrent d'une inintelligente banalité, quelque peu déconcertante. Il en est d'autres qui se montrent associés avec des trépassés. D'autres paraissent indépendants non seulement de défunts connus, mais encore de défunts quelconques. D'autres donnent des preuves d'intelligence sans que nous y voyions toutefois aucune manifestation d'âmes ayant vécu. Nous sommes en plein monde invisible et inconnu. C'est une raison de plus pour essayer une étude analytique de ces stupéfiantes observations.

Je mettrai ici sous les yeux de mes lecteurs une lettre reçue en 1900 (lettre 898 de mon enquête) de Mme Manoël de Granford, mon collègue de la Société des Gens de Lettres, qui rapporte une observation personnelle fort singulière et incontestablement sincère. Voici cette lettre:

« Paris, 9 rue du Printemps, février 1900.

« Vous savez, mon cher maître et ami, que je suis incapable de vous tromper, comme vous en avez accusé quelquefois certains correspondants que vous ne connaissiez ni d'Eve ni d'Adam. Votre méthode scientifique a beau être sévère, vous ne pouvez douter de moi.

« Sans abuser de votre temps, je me permets de vous envoyer l'histoire personnelle que voici, sûre qu'elle vous intéressera, parce qu'elle est rigoureusement exacte et que c'est à moi-même qu'elle est arrivée.

« Etant très jeune, j'avais une santé extrêmement délicate et il me fut ordonné, un certain hiver glacial, de m'en aller au plus vite dans le Midi où je devais séjourner au moins durant une année. Je partis pour une grande ville du Languedoc que ma mère et ma grand-mère habitaient, et je louai, non loin de chez elles, dans une rue tranquille, une non moins tranquille maison, composée d'un unique rez-de-chaussée avec sous-sol, bâtie entre cour et jardin, le tout entouré de très hauts murs. On n'avait accès chez moi que par une porte faite d'une grille toujours close, même le jour, et par un perron de sept ou huit marches attenant à la façade: il s'ouvrait sur un large vestibule.

« Ces détails sont nécessaires pour expliquer que j'étais bien gardée, à l'abri de toute tentative d'effraction. J'avais à mon service un domestique qui m'avait été donné par Khalil-Pacha, et très recommandé pour son dévouement. Ce brave garçon faisait danser l'anse du panier, dans des proportions extraordinairement développées; mais, sauf cela, il était un excellent serviteur qui se serait fait tuer pour me défendre en un danger quelconque; de plus, j'avais amené ma femme de chambre de Paris et, pour compléter mon service, pris dans le pays une cuisinière.

« Me voilà donc bien installée, avec mes jeunes enfants, dans une demeure que le soleil éclairait depuis l'aube jusqu'au crépuscule, tout embaumée de ces larges violettes doubles qui semblent pâlies par la tremblante intensité du parfum qu'elles dégagent; ni voisins, ni voisines; aucun bruit autour de moi; une paix indicible tombait du grand ciel d'azur qui tendait au-dessus de nous son voile de soie. Je me crus dans un paradis — c'était une erreur.

« La première nuit passée au numéro 9 de la rue de la Croix fut paisible; mais, dès la seconde, je fus brusquement réveillée par un bruit pareil à celui que fait un valet mal dressé en exécutant son service du matin. Je supposais, les yeux encore fermés, que mon vigilant Antoine était déjà à l'œuvre, lorsque la pendule sonnant minuit m'avertit que je me trompais; je me levai tout aussitôt, j'appelai mon domestique, qui m'arriva très endormi, et lui racontant ce que j'avais entendu, je le priai de visiter la maison. Il le fit. Rien d'insolite n'apparut; mais comme il me vit très effrayée, il me demanda un livre (ce fut, je crois, *Monte-Cristo* que je lui donnai), et veilla toute la nuit dans la salle à manger, en lisant le chef-d'œuvre de Dumas.

« Ce fut là le début des manifestations qui, durant une année, n'ont point cessé de se produire dans la maison de la rue de la Croix: tapage, livres jetés violemment par terre, grattage aux portes et dans les rideaux, détonations d'armes à feu, odeur de la poudre, éclats de rires... rien ne nous fut épargné, mais le fait le plus bizarre est celui-ci:

« Tous les soirs — tous les soirs, vous m'entendez bien — entre 10 heures et minuit, on frappait un grand coup de marteau à la porte d'entrée qui donnait sur le perron. Notez qu'il fallait pour arriver là escalader une grille très haute, traverser une cour, et monter les marches de la petite terrasse. Aussitôt le coup frappé, Antoine se précipitait ouvrir... et oncques jamais il ne vit personne! Trompé ainsi plusieurs fois, très humilié d'être berné par un de ces provinciaux qu'il méprisait fort, il résolut de se tenir aux aguets contre la porte elle-même, debout, une main posée sur la targette, dans l'autre un bon bâton d'épines afin d'en châtier le nocturne farceur. Le coup donné, il ouvrirait aussitôt et fondrait courageusement sur lui. Mais ce fut en vain qu'il délaissa les douceurs de son fauteuil et la société de ma blonde femme de chambre dont il était fort amoureux. Jamais le marteau n'ébranla la maison de son bruit strident que lorsque Antoine succombant au sommeil, quittait la serrure, reprenait sa lampe et descendait l'escalier intérieur. Furieux d'être ainsi joué, mon domestique remontait avec la rapidité de l'éclair, son bâton en l'air, se précipitait sur la porte, l'ouvrait, traversait la cour, se jetait sur la grille... rien ne s'offrait à sa vue. Le silence, la paix de la rue n'étaient troublés par aucun pas, par aucune fuite... Tout dormait, même les chiens, même les coqs, dans la tranquille rue de la Croix où j'étais venue chercher le repos.

« Je voulus, une fois que mon frère se raillait de moi et de l'esprit mystérieux, quoique tapageur, je voulus, dis-je, qu'il se rendît compte de ce qui se passait la nuit et je le priai de rester chez moi. Il accepta, avec force sarcasmes décochés à ma faiblesse d'esprit; je le fis coucher dans mon cabinet de toilette, séparé de ma chambre par un petit salon. Quoique cette nuit-là je n'eusse rien entendu moi-même, je fus réveillée au matin par mon frère, lequel, le visage très altéré — il ne s'agissait plus de se moquer de moi — venait me déclarer qu'il partait sur l'heure, sans déjeuner, n'ayant pu fermer l'œil une minute.

« — Tu sais, me dit-il, sur le seuil de ma porte, tu me donnerais cent mille francs pour passer encore une nuit ici que je refuserais...

« Qu'avait-il entendu? Je l'ignore — mon frère n'en ayant jamais voulu rien dire, et de plus se mettant en colère chaque fois qu'on en parlait — mais je suppose que *Coco* (c'est ainsi qu'irrévérencieusement nous nommions notre esprit trop familier) a dû lui jouer quelques tours de sa façon, comme il le fit un soir à ma mère, en frappant à côté d'elle un coup si retentissant qu'elle manqua s'évanouir. Je dus la faire reconduire chez elle par le vaillant Antoine.

« Vous devez vous demander comment avec un tel hôte j'osais demeurer dans la maison. Eh bien! c'est étrange, car je suis très peureuse de mon naturel, je n'avais de *Coco* aucune frayeur, je lui parlais, je le grondais, je lui demandais des services; et je me souviens qu'un soir, m'habillant pour aller au théâtre, je dis à ma femme de chambre que j'attendais une lettre importante et que, si elle devait arriver le soir même par le dernier courrier, *Coco* serait bien gentil de m'en avertir en frappant deux coups contre la glace devant laquelle je me tenais debout. Immédiatement, les deux coups furent entendus, ma femme de chambre laissa tomber le flambeau qu'elle tenait dans sa main et s'enfuit en criant de terreur. La lettre arriva comme cela m'avait été annoncé.

« Et puis... Et puis voilà tout... Au bout d'un an, je quittai cette ville pour revenir à Paris. J'espérais que *Coco* m'y suivrait, mais il ne le fit point. Je n'ai plus rien entendu. J'ai perdu la faculté d'attirer à moi les Esprits auxquels malgré tout ce que je viens de vous raconter, je ne prête qu'une croyance médiocre... J'ai bien de la peine à imaginer que tant d'êtres qui nous furent chers, nous demeurant invisibles, il soit permis à des inconnus de se manifester à nous... Mais de là, je ne conclus rien, parce que je ne sais rien. Je me borne à vous raconter une histoire vraie. »

« Manoel de Granford. »

Quel nom donner à la cause de ces manifestations? J'ai discuté avec ma narratrice l'hypothèse d'un dédoublement inconscient de sa personnalité, de l'extériorisation de son esprit, comme le proposait notre ami A. de Rochas. Mais aucune hypothèse ne nous parut sérieuse. L'observation de son frère s'y opposait particulièrement. Etait-ce un esprit quelconque, un Invisible audible? Une âme de mort? Dans tous les cas, c'est un esprit anonyme.

J'ai reçu des observations de tous les rangs de la société, des plus élevés aux plus inférieurs. Et il y en a partout, pour ceux qui veulent bien se donner la peine de les étudier.

Celle qui suit n'est pas la moins étrange.

6

LA VILLA FANTASTIQUE DE COMEADA-COÏMBRE

A Comeada, banlieue de Coïmbre, ville célèbre du Portugal surtout par son Université séculaire, se sont passés des phénomènes fantastiques dont la relation est bien à sa place ici.

« Au commencement d'octobre 1919, M. Homem Christo, étudiant en droit de première année, expulsé de l'Université pour refus d'obéissance à une coutume religieuse et révolte à main armée, avait loué, à Comeada, une maison composée d'un rez-de-chaussée et d'un premier étage, où il s'était installé avec une jeune femme et deux servantes. Cette dame, dès la première nuit, se plaignit d'entendre dans la maison des bruits étranges. Huit jours après, un de leurs amis, M. Gomes Paredes, étudiant en droit de deuxième année à l'Université, ayant eu à faire à Comeada, vint leur demander l'hospitalité pour une nuit — ce qui lui fut accordé avec plaisir. Après qu'ils eurent passé la soirée ensemble, vers 1 heure du matin, chacun rentra dans sa chambre pour se coucher.

« A peine avait-il éteint sa bougie, que M. Gomes Paredes entendit des coups sur les carreaux de la fenêtre. Il se leva et, rallumant la bougie, ouvrit sa croisée toute grande, ne vit personne. Il se recouche, éteint de nouveau la bougie, mais voilà qu'il entend des pas tout près de lui, et des portes dans toute la maison s'ouvrir et se refermer. Il refait la lumière et se met à regarder partout, sous le lit, sous les meubles, etc. Rien! Personne! Il éteignait, tous les bruits recommençaient. Il rallumait, toujours plus rien! Ne voulant incommoder personne, il supporta cette situation toute la nuit, et le lendemain il demanda à son ami, M. Homem Christo, s'il n'avait rien entendu d'insolite dans la nuit. « — Je n'ai rien entendu du tout », fit-il. « D'ailleurs, ce n'est guère facile, vu que je dors comme une marmotte. Et puis qu'y a-t-il à entendre? Il n'y a pas de voleurs dans la maison, et tous ces bruits sont de la pure fantaisie. » M. Gomes Paredes, connaissant le caractère positiviste de M. Homem Christo, n'insista pas. Il rentra chez lui à Coïmbre et raconta à son père ce qui lui était arrivé chez son ami. Son père l'écouta avec attention et lui dit: « — C'est très singulier! Un autre locataire, avant ton ami, a quitté cette maison à cause de ces bruits, et une femme qui surveille aujourd'hui l'Observatoire météorologique, situé en face de cette maison, y ayant passé une nuit, déclara que plus jamais elle n'y retournerait, car cette maison était ensorcelée. Je te conseillerais de tout bien raconter à ton ami et de le prier de sacrifier une nuit afin d'observer ce que cela peut bien être. »

« M. Gomes Paredes suivit le conseil de son père et pria M. Homem Christo de sacrifier une nuit et d'observer lui-même. Il se moqua de M. Gomes Paredes et se coucha comme d'habitude. Nonobstant, cette nuit-là, il entendit lui-même des rumeurs qui l'intriguèrent et lui firent prendre la décision de veiller la nuit suivante, en priant son ami de lui tenir compagnie. Il faut remarquer que tout le monde couchait au premier étage et qu'au rez-de-chaussée, il n'y avait personne.

« Donc, cette nuit-là, M. Homem Christo, vers 11 heures, fit coucher les deux servantes comme d'habitude. Lui, sa femme et son ami attendirent les événements. Tant qu'il y eut de la lumière, il n'arriva rien d'anormal, mais sitôt qu'elle fut éteinte, de grands coups se firent entendre sur la porte du rez-de-chaussée qui donnait sur le jardin... M. Homem Christo descendit vite les escaliers et se mit près de la porte. Les coups recommencèrent. Il ouvre soudain, et ne voit personne. Il sort pour constater si quelqu'un ne s'enfuyait point par une petite rue voisine. A peine est-il dehors que, derrière lui, la porte se ferme avec fracas et on donne un tour de clef. Dehors il ne vit personne. Pour rentrer chez lui, il dut frapper et sa femme descendit lui ouvrir. M. Homen Christo, fort intrigué, était convaincu qu'il y avait quelqu'un chez lui qui trouvait bon de lui jouer une farce. Il prit son revolver, se disant: « Nous allons voir!... »

« Les portes continuaient de même à être secouées, et dans une petite pièce contiguë à leur chambre à coucher, qui n'avait aucune issue, les bruits étaient encore plus forts. Tout ceci se passait en pleine obscurité, car sitôt qu'on allumait, on n'entendait plus rien. M. Homem Christo, de plus en plus désireux de découvrir le mystificateur, se mit sur le palier de l'escalier qui descendait au rez-de-chaussée, son revolver en main. A peine une allumette qu'il tenait entre ses doigts s'est-elle éteinte qu'il entend tout près de sa figure un formidable éclat de rire se répétant comme un écho par toute la maison, et qu'il voit en face de lui un nuage blanc, tandis que de ses narines sortaient deux filets de lumière blanchâtre... C'en était trop! L'observateur commença à sentir son courage faiblir. Jusqu'à 4 heures du matin, les mêmes phénomènes se produisirent plus ou moins.

« Le jour suivant, M. Homem Christo, ne connaissant ni n'admettant les phénomènes d'ordre psychique, résolut de quérir un agent de police afin qu'il fût témoin de ce qui pourrait se passer cette nuit-là. Il voulait à tout prix prendre le farceur et craignait de perdre son sang-froid et de tuer quelqu'un. On mit à sa disposition un brigadier et deux agents. La nuit venue, le brigadier se posta dehors, dans le jardin, de faction devant la porte d'entrée de la maison, afin de bien voir si quelqu'un entrait ou sortait. Les deux agents restèrent à l'intérieur avec M. Homem Christo, M. Gomes Paredes et un autre ami, M. Henrique Sotto Armas, venu exprès, cette nuit-là, pour assister à ce qui pourrait se passer. Après qu'on eût bien fouillé et regardé partout dans tous les coins de la maison, on éteignit les lumières: aussitôt les coups sur la porte se firent entendre, au rez-de-chaussée. « — Vous entendez? » dit M. Homem Christo aux deux agents. « — Parfaitement », répondirent-ils. Les coups continuèrent et M. Homem Christo ouvrit tout d'un coup la porte, mais comme la veille, il ne vit personne, sinon le brigadier se promenant tranquillement à une petite distance. « — Qui donc a frappé? demanda-t-il au brigadier. « — Mais personne », répliqua celui-ci. « — Et les coups, vous les avez bien entendus? » — « — Pas le moins du monde, je n'ai rien entendu du tout », dit-il encore. « — C'est trop fort, par exemple. Rentrez », dit M. H. Christo. « Et vous les agents, à votre tour de factionner dehors. » Le même phénomène se produisit. Le brigadier entendit les coups, mais les agents ne virent ni entendirent rien. « — Ah! c'est comme ça, dit M. H. Christo, rentrons tous. C'est dans la maison qu'il faut continuer nos recherches. »

« Il envoya un des agents dans la chambre où M. Paredes avait couché, au premier étage. Cet agent voulant s'asseoir sur un banc, celui-ci lui fut retiré si précipitamment qu'il tomba à terre. Les deux amis, M. Paredes et M. Sotto Armas, furent placés au rez-de-chaussée, avec le brigadier. Sa femme resta dans sa chambre et les servantes dans la leur, de même au premier étage. Lui, comme la veille, resta sur le palier de l'escalier qui descendait au rez-de-chaussée. Sitôt l'obscurité faite, les bruits et les coups se succédèrent, surtout dans la petite pièce, où il n'y avait qu'une malle et qui était contiguë à leur chambre à coucher. Cela prenait les apparences d'un défi.

« Tout à coup, dans la chambre de l'ami, un bruit terrible, comme celui d'une lutte affreuse, y attira tout le monde épouvanté, mais persuadé qu'enfin l'agent avait trouvé le farceur! Déception! il n'y avait que l'agent affolé frappant avec un sabre à droite et à gauche, se sauvant devant tout ce monde qui lui apparaissait et rentrant dans un petit boudoir où se trouvait une armoire à glace, que dans sa fureur il cassa. Il a fallu employer la force pour le tenir: le pauvre homme devenait fou! Après cet épisode, on reprit son sang-froid. On éteignit de nouveau. H. Homem Christo reprit sa place sur le palier et reçut en plein sur sa joue gauche un formidable soufflet qui lui fit jeter un cri perçant, car, dit-il, il lui sembla que des doigts s'accrochaient à sa chair comme pour l'arracher. Vite, on ralluma et tout le monde put voir quatre doigts marqués sur la joue gauche de M. Homem Christo, qui était toute rouge, tandis que la joue droite était comme celle d'un cadavre. Il était minuit. Celui-ci effrayé ainsi que sa femme, les bonnes, ses amis, les agents et le brigadier, *ne voulut pas rester une heure de plus* dans cette maison: avec sa femme, ses servantes et ses amis, il s'en alla à l'hôtel passer le reste de la nuit. Les agents, ahuris, rentrèrent chez eux, jurant de ne plus jamais remettre les pieds dans un pareil logement.

« M. Homem Christo sous-loua la maison, mais au bout de deux jours le nouveau locataire s'en fut, déclarant que cette maison était inhabitable. »

Le récit que l'on vient de lire a été donné par mon amie, Mme Frondoni-Lacombe, de Lisbonne, dans les *Annales des Sciences psychiques* de mars 1910. L'observateur, M. Homem Christo, a rapporté lui-même son histoire, en d'autres termes, et plus détaillée, dans l'ouvrage *Le Parc du mystère*, publié en collaboration avec Mme Rachilde, en 1923. J'ai l'honneur et le plaisir de connaître celle-ci depuis une trentaine d'années, et je sais qu'elle ne veut admettre à aucun prix la réalité des phénomènes psychiques, par la raison respectable, mais discutable, que son père et sa mère ont été victimes de médiums.

M. Homem Christo, observateur personnel, a été, au contraire, de plus en plus convaincu de leur authenticité et de leur valeur scientifique, et les a même pris pour bases de sa vie. D'athée il est devenu spiritualiste convaincu. Aussi lira-t-on avec intérêt sa propre relation, que voici, d'après le livre que je viens de citer.

Tout d'abord, l'ami qui était venu passer une nuit dans sa maison lui raconta ceci :

« Comme je m'étais endormi après avoir longuement fumé et que je n'avais plus d'allumettes, je fus réveillé par une sensation de clarté *sous les paupières*, ressemblant à celle dont on est frappé, les yeux clos, par le rayon subit d'une lampe ou d'un feu vif. Je voyais *avant de voir*. Cela s'appuyait sur mes paupières avec une telle intensité que j'ouvris enfin les yeux et que je m'aperçus que les volets, que j'avais bien fermés sur ta recommandation, puisque j'étais au rez-de-chaussée, avaient de l'écartement et que la lumière de la lune me parvenait directement sur le visage. J'étais ou je croyais être sûr de les avoir hermétiquement joints et d'avoir bien enfoncé, toujours sur ta recommandation, leur verrou dans la pierre de l'accoudoir... mais je pouvais m'être trompé. Alors, comme je voulais dormir, n'entendant rien de suspect, et que ce rayon de lune me gênait, j'allai à la fenêtre, je la soulevai, je l'accrochai au ressort qui devait la retenir au-dessus de moi, puis je me penchai pour attirer sur moi les volets écartés: *ils résis-*

tèrent... Or, il n'y avait pas de vent. Au rez-de-chaussée, cela pouvait être quelqu'un venu de la route dans le jardin. Me souvenant tout à coup de tout ce que vous m'aviez dit, toi et ta femme, je murmurai, grognant, pas trop haut pour ne réveiller personne chez vous: « Holà!... s'il y a quelqu'un, au large, ou il va vous en cuire!... »

« Mais, presque instantanément, le ressort qui retenait la fenêtre au-dessus de moi, se déclencha, et je reçus un si furieux coup sur la nuque, mon cher, que je fus pris d'un étouffement et que je fus obligé de me débattre longtemps avant de pouvoir me dégager. Je ne voulais pas vous appeler, craignant le ridicule de ma position. Lorsque je fus hors de ce piège, je rattachai la fenêtre et, pour plus de sûreté, j'allai inspecter les alentours de la porte du jardin. Rien dans ce jardin, rien sur la route, une nuit tranquille, la lune claire, faisant ressortir le moindre détail et les volets de ma fenêtre dans la position où je les avais laissés, n'ayant, bien entendu aucun obstacle derrière eux. L'évidence vous rappelle toujours à l'ordre et vous calme. Il était évident que je m'étais trompé. Les volets n'étaient retenus par aucune main. Quant au déclenchement de la fenêtre: simple accident. J'étais mal éveillé, mes gestes n'étaient pas coordonnés, comme il arrive quand on est réveillé en sursaut. Je refermai très méthodiquement mes volets, laissai retomber ma fenêtre, et j'allai me recoucher; seulement, cette fois, je ne parvins pas à me rendormir. D'abord j'avais très mal derrière la nuque, le sang battait mes artères, j'étais inquiet, oppressé, ça n'allait plus!

« Ce fut, alors, que je pus constater cette chose épouvantable, se passant bien en face de moi, mes yeux bien ouverts sur toutes les réalités possibles: *les volets s'écartèrent de nouveau*, leur verrou se soulevant tout seul (et je me rappelai la peine que j'avais eue à l'enfoncer dans son trou, profondément, sans le faire grincer) puis, je perçus, derrière mon lit, un autre grincement affreux, comme un rire sourd. Quelqu'un, qui? se moquait de moi: « Où êtes-vous, l'homme? » dis-je serrant les poings. Une série de coups violents me répondirent, frappés à la fois dans la muraille, dans le plancher et sur les meubles... des coups qui retentissaient sourdement en moi, comme ne visant que ma personne. Il n'y avait rien, dans ma chambre, ni bête cachée ni gens en révolution, rien que moi, tout tremblant dans un froid rayon de lune... Ma foi, Francis, je ne pris pas le soin d'aller vous prévenir, je ne pris pas, surtout, le temps de réfléchir, je me jetai dans le jardin comme un fou et *je filai droit devant moi*, sans chapeau, sans songer même à refermer aucune porte. Pour rentrer chez mon père, j'ai dû mettre fort peu de minutes, car je courais aussi vite qu'un vent d'orage!... »

« Lorsque mon camarade eut fini de parler, je demeurai un moment silencieux. J'avais vaguement entendu raconter, par nos professeurs, des histoires *d'hallucinations collectives*, mais je ne pouvais pas lui expliquer tant de choses à la fois et, de plus, j'étais frappé par cette circonstance que les actes, ou les bruits suspects, se produisaient dans une ombre relative, la lumière détruisant ces fantasmagories. Je me bornai à le lui faire remarquer: « — Oui, me répliqua-t-il, j'avais épuisé, en effet, mes allumettes en fumant hier soir, mais, j'ai vu, de mes yeux vu, dans la clarté de la lune, les volets qui s'écartaient lentement, comme poussés par deux mains, et quand j'ai voulu les tirer à moi, j'ai senti leur terrible résistance. Celui qui les retenait était plus fort que moi, je t'en réponds! ça, dût la guillotine de ta fenêtre me recouper le cou, j'en jurerais... et puis les bruits que j'ai entendus, ce sont les mêmes bruits dont parle ta femme! Elle t'a dit qu'on marchait dans la chambre *à plusieurs*, en traînant des fardeaux, en secouant tous les meubles comme si on déménageait... et toi, cependant tu n'entendais rien, autre mystère! »

« — Ah! m'écriai-je, m'emportant, tout cela va finir! Je veillerai ici, ce soir, moi-même, j'aurai de la lumière et des armes, de quoi recevoir ces messieurs. Les farceurs seront châtiés, je te le jure à mon tour! »

★

« Pour moi, il paraissait clair qu'après le tapage qu'avait fait mon esclandre à l'Université quelques mauvais plaisants voulaient m'exaspérer: autre brimade entre joyeux étudiants de Coïmbre! Il fallait encore leur faire passer le goût de la plaisanterie macabre, car tout de même, il y avait, là-haut, une jeune femme et un bébé de six semaines.

« La nuit suivante était à peine tombée que je m'installai dans la chambre incriminée, après avoir visité la maison de fond en comble et enfermé les bonnes à clef. Elles pouvaient, jusqu'à un certain point, vu la sournoiserie des domestiques, être de connivence avec les mauvais plaisants. Je fis provision d'allumettes et trouvant la bougie plus commode à rallumer qu'une lampe, j'en pris une dans un chandelier assez haut, me disant qu'on ne me soufflerait sans doute pas cette flamme sous mon nez. Ma femme, tremblant de tous ses membres, malgré qu'elle ne connût pas l'aventure de mon camarade, mit le berceau du bébé aux pieds de son lit, là-haut, après avoir pris toutes les précautions désirables pour surveiller et ce berceau et sa propre porte verrouillée. Elle savait qu'il ne fallait attendre de moi nulle concession *au surnaturel* et que le, ou les farceurs, s'ils se faisaient pincer, seraient brutalement occis. C'était, à présent, la guerre.

« Je commençais à oublier complètement pourquoi je lisais un ouvrage de droit, assis dans un fauteuil au lieu d'être étendu dans un lit, vers 1 heure du matin, lorsque ma bougie se mit à grésiller, la mèche tomba dans un petit lac de cire et s'éteignit. Je n'ai pas besoin de dire que j'avais fermé les volets, assujetti leur verrou soigneusement et laissé reglisser dans ses rainures, bien exactement, la guillotine de ma fenêtre.

« Alors, comme j'allongeais le bras pour prendre des allumettes, je vis... cela se passa automatiquement dès la lumière morte, *je vis les volets s'ouvrir lentement* et la lune introduire dans la fente produite par leur écartement la lame froide et blanche du rayon de son épée...

« D'un bond, je fus sur la guillotine, je la levai, l'accrochai et tendant mes bras en avant sans pencher la tête au-dehors averti par... le premier accident inexplicable, je poussai les volets de toute la force de mes poings: *ils résistèrent!* Ces volets me semblaient s'appuyer sur un monde! Ils devenaient à la fois résistants et élastiques, au toucher, comme des muscles s'opposant aux miens. Je me taisais, craignant d'effrayer celle qui dormait là-haut, mais je me sentais inonder de sueur... je recevais le baptême de l'effroi: une première impression de la peur qui est une colère sans nom, une colère impuissante qui ne peut plus que se répandre en blasphèmes!

« Comme mon ami, je lâchai tout et je courus, en deux bonds, à la porte du corridor donnant sur le jardin. Je l'ouvris brusquement. Je ne mis pas cinq secondes à exécuter ce mouvement. Je constatai qu'il n'y avait aucun être humain derrière les volets de bois, ni une branche d'arbre capable de les arrêter, ni une corde tendue, rien que l'air pur de la nuit! Je fis le tour de la maison en courant et je revins devant la fenêtre: *elle s'était refermée!* Quand je voulus rouvrir la porte du corridor, refermée aussi, pour rentrer chez moi, elle avait sa clef tournée à double tour en dedans. Prisonnier dehors! J'étais le jouet... de quelle force?... Je demeurai un instant étourdi, grinçant des dents et jurant. Il fallait pourtant sortir de cette effroyable farce, très bien exécutée, mais par qui? Alors, donnant à ma voix toute l'assurance possible, j'appelai ma femme. Elle vint tout de suite, toute habillée, à la fenêtre d'en haut, ce qui prouvait qu'elle n'avait pas voulu dormir: « — Veux-tu m'ouvrir, lui dis-je. Comme un sot que je suis, je viens de passer par ma fenêtre dont les volets se sont accrochés tout seuls, et *naturellement*, la porte d'entrée est fermée à clef. C'est idiot... mais après cette petite ronde de nuit, je crois que nous pourrons nous rendormir sur les deux oreilles! »

« Je claquais des dents en parlant quoique nous fussions en été! Elle descendit rapidement l'escalier et m'ouvrit ne se doutant pas encore de mon anxiété. J'allai prendre mon revolver, laissé sur ma table de nuit, et je dis à ma femme, tout en la tenant serrée contre moi de mon bras gauche: « — Je n'ai plus de bougie. Je remonte avec toi pour en chercher une. Si je tire un peu au hasard, ne t'épouvante pas. Il n'y a vraiment personne. Seulement, tu comprends, s'il y avait quelqu'un, ce serait un bon avertissement. » « — Non, je ne comprends pas, fit-elle, très effrayée, encore plus par mon accent que par mes paroles. Est-ce que tu aurais peur, toi aussi? » « — Il n'y a pas de quoi, je t'assure, lui répliquai-je, en essayant de rire. Je vais t'accompagner chez toi, tu me donneras une autre bougie... parce que c'est à cause de la lune qui éclaire mal! » Je divaguais, absolument.

« Comme nous montions l'escalier, serrés l'un contre l'autre, je la sentis tout à coup lourde et me retenant en arrière avec tout le poids de deux corps... Elle se mit à crier et à se débattre: « — Francis! Au secours. Quelqu'un me prend les pieds! »

« Nous étions arrivés sur le petit palier éclairé par une fenêtre donnant sur le jardin, derrière la maison. Sans daigner tourner la tête, tellement j'étais convaincu de ne voir personne, je passai ma main droite au-dessus de mon épaule gauche et je tirai dans cette direction. Le coup retentit effroyablement dans cette maison sonore et ma femme repliée sur mon bras me sembla morte... mais je n'avais pas tué la force mauvaise qui me poursuivait car je reçus, sur la joue, un soufflet violent, appliqué comme par *cinq petits bâtons.*

« Chose singulière, le soufflet me rendit toute mon énergie. Etre battu, c'est se battre et réagir immédiatement. J'arrachai ma femme à l'étreinte affreuse qui cherchait à me la dérober et grâce à la lueur vague de la fenêtre je constatai, encore une fois, qu'il n'y avait personne derrière elle. Nous atteignîmes notre chambre, et j'en claquai la porte fébrilement comme si j'écrasais quelque chose entre les deux montants. Ma femme se sentant sauvée et pouvant croire encore à un malfaiteur ppuisque je me défendais avec un revolver, se précipita vers le berceau de son petit: *le berceau était vide.* Alors elle s'évanouit tout à fait.

« Abruti, guettant, dans le rond de la lumière faible que la lampe émettait autour de moi et de cette femme étendue, la chose ou l'être qui allait sans doute y faire son apparition, j'attendis, les bras croisés. Il devenait inutile de se défendre. Couteau, revolver, tout cela devenait impuissant contre un ennemi insaisissable.

« De loin, les bonnes, ayant perçu le bruit du coup de feu, poussaient des clameurs de chiennes aboyant à la lune. Je ne connais rien de plus démoralisant que des cris de femmes dans la nuit... Seul, le doux vagissement d'un petit enfant semblant sortir de dessous le plancher me tira de mon accablement moral. Il fallait pourtant le chercher, le pauvre être, puisque l'évanouissement de sa mère m'indiquait sûrement que ce n'était pas elle qui l'avait changé de place!

« Et j'eus le courage — il commençait à en falloir beaucoup pour monter et descendre un escalier, dans cette maison — de fouiller tout l'appartement d'en bas, tenant haut la lampe. Je retrouvai l'enfant, tout nu, entièrement dépouillé de ses langes, posé sur le dos au milieu d'une table de marbre, comme un objet sans valeur, que le redoutable bandit vient d'abandonner dans sa hâte à fuir... la lumière.

« Il me fallut, tout le reste de la nuit, calmer les crises de nerfs de la femme et les pleurs du petit enfant... ce ne fut qu'au soleil levant que tout rentra dans l'ordre naturel, que la mère finit par s'endormir, la bouche du bébé collée à son sein.

« Je dois dire que cette horrible aventure me jeta dans un tel marasme que je ne me reconnus plus capable de tenir tête à mon ou à mes ennemis invisibles. Ce dernier tour de passe-passe, cet enfant, transporté d'un étage à l'autre sans qu'on puisse deviner comment il avait traversé l'escalier... ou les murs, non, ce n'était pas explicable, encore moins tolérable.

« Mon cœur s'ouvrait à une crainte nouvelle, celle de céder le pas avant d'avoir compris. Au jour, je résolus de ne pas reculer sans, au moins, avoir mis la police de mon pays au courant de ce qui m'arrivait.

« J'appelle ici toute votre attention, ma chère Rachilde, car vous avez toujours ouï dire que ces sortes d'événements mystérieux se passaient entre une ou deux personnes, plus ou moins de bonne foi, et que dès l'investigation de la police, ils se réduisaient au néant, ces maisons hantées n'ayant pas l'habitude de livrer leurs secrets à la curiosité des agents de l'ordre.

« Or, dans ce cas de délire de la persécution ou de mystification, que je cherchais à m'expliquer comme on démontre un théorème au tableau noir (le tableau était fort noir, en effet!) je ne trouvais pas d'autre solution que de prévenir la police de Coïmbre des agissements singuliers de redoutables cambrioleurs désireux de nous faire évacuer notre maison en pleine nuit pour la pouvoir mieux piller.

« On fut d'abord très incrédule, mais, le congé de nos deux servantes, donné avec ensemble, le lendemain du drame, créa un dernier acte des plus impressionnants. Elles s'en allèrent comme deux poules effarées par le passage d'une automobile, piaillant et caquetant sur tous les tons, et ajoutant des détails d'autant plus circonstanciés qu'elles n'avaient rien vu.

« Mon ami, celui qui avait passé la première veillée sous notre toit, revint avec plusieurs camarades, et l'on organisa une *battue* au fantôme qui ne manqua pas d'amateurs. On espérait dans le clan des ennemis... politiques (j'en avais déjà) que tout tournerait à ma plus complète confusion. Au premier signal du danger, on mit des plantons devant et derrière les portes qui se fermaient à clef toutes seules, et près des volets qui s'ouvraient en dépit des verrous les plus solides.

« *Tous les phénomènes se reproduisirent exactement de la même manière chaque fois que la lumière s'éteignit.* Quand on rallumait, on retrouvait les traces du ou des criminels, jamais l'ombre de leurs bras!

« Un gardien, enfermé dans un cabinet de débarras pour y saisir un malfaiteur invisible qu'on y entendait rire aux éclats, y reçut une si terrible raclée qu'il faillit se tuer lui-même en se battant contre les murs, et il sortit de cet endroit de ténèbres en déclarant qu'il préférait donner sa démission de défenseur de la paix s'il lui fallait recommencer pareille guerre!

« Des malles de linge, point encore déballées, notre installation était encore récente, se trouvèrent en un instant vidées sur le parquet par des mains qu'on ne put pas prendre en flagrant délit. Des coups retentirent dans toute la demeure maudite aux oreilles des protecteurs venus à son secours, des cris et des ricanements éclatèrent autour d'eux sans que jamais ils purent savoir par qui et pourquoi ils étaient conspués.

« Pas de caves, dans cette maison si spécialement hantée, où l'on aurait pu glisser les fils bons ou mauvais conducteurs d'une électricité dangereuse, pas de jardin trop touffu où puissent se dissimuler d'adroits perturbateurs... Non. C'était le mystère prenant possession d'un décor bien moderne et y jouant le drame de la frayeur sans accessoire, sans mise en scène et ne s'adressant plus qu'à la seule mentalité de l'homme incrédule, peut-être pour lui faire mieux comprendre que, quels que soient les temps, les forces inconnues demeurent toujours aussi redoutables, et que l'humble mortel, appelé à devenir leur proie, *est* surtout *coupable de ne pas chercher à s'instruire de ses fins dernières* alors qu'il ignore tout, ou veut tout ignorer, de ses commencements.

« A vrai dire, j'étais plus furieux qu'ému. Je ne pouvais admettre aucune supercherie, mais il me paraissait humiliant de tourner le dos à cet ennemi lâche et malhonnête, frappant anonymement.

« Il fallut, cependant, s'en aller, fuir un endroit inhabitable, la nuit, à cause du petit enfant qui pleurait et de la mère, devenue de plus en plus nerveuse. »

Tel est le récit, telle est *l'histoire vécue* de l'écrivain portugais Homem Christo. Cette observation personnelle méritait, à tous les titres, d'être associée aux précédentes. Elle est, peut-être, plus stupéfiante encore que le château hanté du Calvados. Qu'est-ce que ce monde invisible? Les dénégateurs n'ont qu'un parti à prendre, c'est de qualifier les narrateurs de parfaits menteurs...

Voici, encore, des faits *observés*.

7

QU'EST-CE QUE L'AMBIANCE DES DEMEURES?

Toutes les manifestations de hantise ne présentent pas la même intensité ni les mêmes caractères. Celle que je vais rapporter a pour moi l'intérêt de m'avoir été associée d'assez près; mais elle n'a rien de très dramatique, si ce n'est l'angoisse inhérente à ces sensations.

Reste-t-il quelque chose de matériel dans une demeure après la mort des êtres qui l'ont habitée? Certaines observations sembleraient l'indiquer. Là comme partout, il y a des illusions, des erreurs, de fausses appréciations, et aussi des supercheries. Mais il y a des faits irrécusables. Celle-ci présente une authenticité ne laissant place à aucun doute, quoique l'explication n'en soit pas plus facile que pour les cas précédents.

Ce petit événement s'est produit dans la nuit du 26 au 27 avril 1918, et la nuit suivante, à Cherbourg, rue de la Polle, 13. Cette maison appartient à mon ami le Dr Bonnefoy, alors médecin-chef de l'hôpital de la Marine. J'y étais déjà descendu au mois de septembre 1914, avec ma femme, ma secrétaire Mlle Renaudot, et notre jeune cuisinière, sur l'invitation de Mme Bonnefoy, présidente de la

Croix-Rouge et des Femmes de France, qui nous avait suppliés de nous éloigner de Paris à l'approche des armées barbares. Rentrés à Paris, au mois de décembre suivant, nous étions revenus à Cherbourg au mois d'avril 1918, invités une seconde fois par le Dr Bonnefoy, à la suite des nouvelles menaces de l'offensive allemande vers Paris, et pour éviter les bombardements d'avions et de berthas.

Dans cet intervalle de décembre 1914 à avril 1918, Mme Bonnefoy est morte (le 25 octobre 1916).

Une profonde affection l'attachait à nous. Elle a placé dans cette maison une plaque de marbre rappelant le séjour que j'y ai fait en 1914.

Son mari a réuni dans une chambre devenue une sorte d'oratoire, son lit mortuaire, les vieux meubles qu'elle préférait, ses portraits, ses souvenirs les plus chers.

A notre retour de 1918, il se trouva que cette chambre échut à Mlle Renaudot.

C'est dans cette pièce que se sont produits des bruits inexpliqués: de véritables vacarmes, des mouvements, des auditions de pas. Les témoins sont deux personnes incapables d'avoir été influencées par aucune illusion, et aussi sceptiques l'une que l'autre, quoique de mentalités différentes: Mlle Renaudot, de haute culture scientifique, et la cuisinière en conformité avec son état, et sagement pondérée.

Je les ai priées de rédiger immédiatement leurs impressions avec la plus scrupuleuse exactitude. Elle l'ont fait le 7 mai suivant. Je leur laisse la parole.

Relation de Mlle Renaudot.

« Nous sommes arrivés à Cherbourg, M. et Mme Flammarion, moi et la cuisinière, le jeudi 25 avril. Depuis l'invitation du Dr Bonnefoy, je me demandais comment on nous logerait dans cette maison où nous avions vécu en famille, plus de trois ans auparavant, auprès d'un couple d'hôtes charmants et dévoués jusqu'au sacrifice et où nous allions nous retrouver en des conditions sensiblement différentes, le docteur s'étant remarié. Je ne souhaitais pas que l'on me donnât la chambre et le lit de la défunte, mon ancienne amie, qui m'avait témoigné tant de sympathie et que je regrettais, non sans une profonde tristesse.

« Or, il se trouva que je reçus sinon la chambre de Mme Suzanne Bonnefoy, du moins son lit, transporté du rez-de-chaussée où elle est morte, dans une chambre du premier étage, qui avait été sa chambre de jeune fille. C'est un grand lit breton, très ancien, en bois sculpté, fort beau, surmonté d'un dais garni de tapisserie. Toute la chambre est meublée de vieux bois artistiques, table de nuit, bonnetière, pupitre d'église; en face du lit un portrait de Mme Bonnefoy, agrandissement photographique d'une ressemblance frappante.

« J'en fus assez impressionnée. Le souvenir du passé me revenait constamment. Je revoyais notre amie, alors qu'elle semblait si heureuse d'une vie à la fois active et harmonieuse, entièrement consacrée au bien, et je me l'imaginais aussi telle qu'elle devait être sur ce même lit qui avait été pendant deux jours et trois nuits son lit mortuaire.

« La première nuit, du 25 au 26 avril, je ne dormis pas, songeant à elle, à son passé et au présent actuel de sa maison. J'étais, d'ailleurs, un peu souffrante.

« Le lendemain, 26 ou 27 avril, je me promis une bonne nuit. Vers 11 heures du soir, je m'endormis, chassant mes anciens souvenirs.

« A 4 heures du matin, le 27, un bruit formidable

m'éveilla; à gauche du lit des craquements terribles se faisaient entendre dans le mur. Ils se propageaient dans la table de nuit et autour de la chambre. Et puis des craquements plus doux, semblables à ceux d'une personne se retournant dans un lit, se produisirent à plusieurs reprises. Le bois de mon lit grinçait aussi. Enfin j'entendis un bruit de pas léger et glissant partant à gauche du lit, le contournant au pied et allant s'évanouir dans le salon à droite où Mme Bonnefoy avait l'habitude de se tenir en écoutant son mari jouer de l'orgue ou du piano, en excellent musicien.

« Ces bruits m'impressionnèrent tellement que mon cœur se mit à battre à m'étouffer, et j'avais la mâchoire serrée.

« Dans mon émotion, je me levai, j'allumai une bougie et je m'assis sur un panier se trouvant contre la porte d'entrée de la chambre donnant sur le palier. Là, je cherchai à me rendre compte de la production de ces bruits. Or, ils continuèrent avec plus de force encore, mais il me fut impossible de rien voir.

« A 5 heures, en proie à une terreur irraisonnée et n'y tenant plus, je montai chercher la cuisinière, Marie Thionnet, qui couchait au troisième. Elle descendit avec moi. Dès son arrivée, nous n'entendîmes plus rien. Il n'est peut-être pas inutile de remarquer que le caractère de la cuisinière ne s'accordait pas du tout avec celui de Mme Bonnefoy.

« A 6 heures moins un quart, le docteur, au second étage, s'est levé et est allé dans son cabinet de toilette: les bruits qu'il fit en se levant et en marchant ne ressemblaient nullement à ceux que j'avais entendus une heure auparavant.

« Dans la journée, je cherchai l'explication du phénomène: chats, rats grimpant le long des murs... j'examinai le mur à gauche du lit: très épais, garni extérieurement d'ardoises, sans aspérités, donnant sur une cour. Mauvais terrain pour chats ou rats, de même pour le mur de façade donnant sur la rue de la Polle. D'ailleurs, ces bruits étaient très différents de ceux qui auraient pu être produits par ces animaux.

« Le samedi 27 avril, je me couchai à 11 heures moins un quart, inquiète et nerveuse.

« A 11 heures, les bruits recommencèrent comme le matin. Aussitôt, en proie à la plus vive émotion, je montai chercher la cuisinière. Elle descendit et s'étendit sur le lit à côté de moi. Nous laissâmes nos bougies allumées. Pendant une demi-heure, les bruits continuèrent, formidables craquements dans le mur de gauche. Coups frappés dans le portrait de Mme Bonnefoy ou derrière ce portrait, et ces coups étaient si forts que nous craignions de voir tomber ce cadre. En même temps, des pas glissants parcouraient la chambre. La cuisinière entendit tout cela comme moi et en fut aussi impressionnée. Elle est âgée de vingt-six ans.

« A 11 h 30, les bruits cessèrent.

« Ces manifestations étant extrêmement désagréables, surtout parce que l'on sait que l'on a affaire à une *cause inconnue,* incompréhensible, je me recueillis dans la journée du lendemain, et, supposant que la morte pouvait y être associée, puisque cela se passait chez elle, je la suppliai de m'en épargner la douloureuse émotion.

« Nous sommes restés dans cette maison jusqu'au samedi 4 mai. N'ayant plus rien entendu et étant redevenue plus calme, j'ai alors prié la morte de se manifester et de me faire savoir d'une manière quelconque ce qu'elle pouvait désirer.

« Mais je n'ai rien observé depuis, malgré mon désir (mêlé d'effroi) de pouvoir mieux contrôler le phénomène et d'obtenir, si possible, l'explication de cette étrange manifestation.

« Gabrielle Renaudot.
« Cherbourg, 7 mai 1918. »

Récit de la cuisinière

« Le samedi matin, 27 avril 1918, vers 5 heures, Mlle Renaudot est venue me chercher pour constater des bruits qu'elle entendait dans sa chambre. Je suis descendue et n'ai rien entendu.

« La nuit suivante, dans la soirée du 27 avril, un peu après 11 heures, Mlle Renaudot est revenue me chercher pour constater les mêmes bruits qui se renouvelaient. Je suis descendue avec elle et voici ce que j'ai observé :

« Bruits derrière la table de nuit, comme si quelqu'un grattait le bois. Et de là comme si quelqu'un glissait très vite sur le parquet, de la table de nuit à la porte du salon, et aussi comme si quelqu'un avait frappé des coups très violents derrière le portrait de Mme Bonnefoy. Ces bruits ont duré environ une demi-heure. J'avoue que j'ai eu très peur et que je n'ai pu surmonter cette peur, au point de claquer des dents.

« Il y avait deux bougies allumées dans la chambre, et nous étions parfaitement éveillées, constatant à haute voix et localisant les bruits à fur et mesure qu'ils se produisaient.

« La nuit suivante, à la demande de Mlle Renaudot qui n'osait plus rester seule dans sa chambre, tant elle avait été impressionnée, je suis redescendue et me suis couchée auprès d'elle. J'ai encore entendu quelques faibles bruits, mais j'ai eu beaucoup moins peur. Nous dormîmes d'ailleurs très bien. Puis tout cessa.

« Il semblait, du reste, que ma présence nuisait aux bruits, car ils se sont atténués après mon arrivée et ont cessé ensuite.

« Néanmoins, je ne les ai que trop bien entendus. Ils étaient très impressionnants et m'ont été extrêmement désagréables.

« J'ai encore couché dans le lit de Mme Bonnefoy, auprès de Mlle Renaudot, les nuits de lundi, mardi et mercredi, mais nous n'avons plus rien entendu. Heureusement car, pour mon compte, je ne voudrais pas repasser par la demi-heure du 27 avril.

« Marie Thionnet.
« Cherbourg, 7 mai 1918. »

Il est utile de faire remarquer que Mlle Renaudot, jeune astronome à l'Observatoire de Juvisy, mathématicienne distinguée, alors secrétaire du Conseil de la Société astronomique de France, et directrice de son Bulletin mensuel pendant la guerre, membre de l'Association des Journalistes parisiens, rédacteur à plusieurs revues scientifiques, est accoutumée aux sciences exactes, pas impressionnable du tout, très sceptique en ce qui concerne les phénomènes psychiques, et qu'elle ne peut avoir été dupe d'aucune illusion. Or, elle qui n'a jamais connu la peur, qui passe des nuits entières dans la solitude des observations astronomiques, sous la coupole silencieuse, traverse seule à minuit les avenues solitaires d'un parc et les rues obscures, a, la seule fois de sa vie, subi cette nuit-là une peur épouvantable!

Quelle peut être l'explication de cette aventure? Aucune cause normale connue ne la donne, ni voisins, ni chats, ni rats, ni souris, ni quoi que ce soit d'imaginable.

Que la décédée y soit associée d'une manière quelconque est extrêmement probable, pour ne pas dire certain, attendu que ces faits se sont passés dans sa maison, dans sa chambre de jeune fille, habitée par elle pendant plus de vingt ans, dans son milieu personnel, près de son lit mortuaire, et que dans une centaine de cas analogues (que j'ai réunis et comparés) les mêmes coïncidences sont constatées. Mais on conviendra que ces bruits ne riment à rien et sont d'une banalité indigne d'un esprit cultivé tel que celui que nous avons connu à Mme Bonnefoy.

Le caractère essentiel de cette manifestation est d'avoir pénétré les deux observatrices d'une véritable sensation d'horreur et d'angoisse, ce qui est le cas des manifestations analogues, car ceux qui les ont senties ne souhaitent à aucun prix les voir se renouveler. Cela ressemble à une farce de mauvais goût, extrêmement désagréable et d'ailleurs incompréhensible.

Cette émotion pénétrante et angoissante n'avait jamais été ressentie par l'une ni par l'autre des deux observatrices.

Manifestation vulgaire et bizarre, sans résultat pratique.

Il est juste de constater aussi que la continuation n'en était pas désirable et eût pu être très fâcheuse pour le système nerveux des deux jeunes femmes. L'expérience montre que l'être humain n'est pas toujours assez fort pour supporter sainement ces intrusions d'un autre monde, quelle que soit leur nature.

Aucune hypothèse explicative ne paraît applicable.

Ne pourrions-nous, sans trop de hardiesse, supposer que les vivants laissent après eux certains reliquats de force, de fluide vital, imprégnés dans l'appartement, lesquels, au contact de la présence effective d'une sensitive peuvent subir une revification susceptible de produire ces étranges phénomènes?

Partout où nous avons passé,
Quelque chose de nous demeure

assure une doctrine professée par Paracelse et par Jacob Böhme.

Un ami très cultivé, M. Léon Morel, auquel je racontais cette histoire, en cette même année 1918, m'a rapporté, à son tour, celle que voici:

« Je me souviens d'avoir éprouvé moi-même, il y a dix-sept ou dix-huit ans, une émotion semblable dans ma chambre de jeune homme, chez mon père, un an ou deux après la mort de ma mère. Un vacarme effroyable se produisant dans une grande armoire à glace, me tint éveillé durant plusieurs nuits. Ce n'était certainement pas le bruit du bois qui joue, mais celui, excessivement violent, de fortes détonations (on eût dit d'armes à feu). Quoique naïvement athée à l'époque, j'éprouvai, cependant, un fameux trac. Bien entendu, je me gardai de parler de ces bruits à mon père, qui se fût moqué. Ce phénomène ne s'est pas renouvelé, mais j'ai toujours éprouvé, depuis, une appréhension insurmontable à coucher dans cette chambre. Ma mère était très austère, très prude, fort pieuse; je possédais à ses yeux les défauts d'un libertin, qu'elle ne m'a d'ailleurs pas pardonnés à son lit de mort. Je me suis souvent demandé, depuis, si ces manifestations n'avaient pas été, d'après l'hypothèse ci-dessus, le réveil de son mécontentement resté imprégné de son vivant dans cette chambre où j'ai longuement souffert en sa présence, moralement et physiquement.

« Nous sommes là en plein inconnu, en plein mystère.

« Il n'y a rien de bien téméraire à admettre que des

effluves indéterminables subsistent après nous. Tout le monde a pu constater que pendant bien des années, des parfums restent attachés à des cheveux coupés, à des fleurs fanées, à certains vêtements. Remarquons aussi que des causes, en apparence légères, peuvent produire de grands effets. Une cartouche peut déclencher une formidable décharge d'artillerie, un frottement d'allumette peut produire un incendie immense. »

Les pages qui précèdent ont été écrites quelques mois après le curieux épisode rapporté plus haut, et à Cherbourg même, dans une autre maison ayant vue sur la mer (septembre 1918). Souvent j'allais m'asseoir sur la plage, au bord de l'onde qui arrivait. Chaque jour, la marée descendante ou montante recule ou avance les flots devant nos yeux. Nous connaissons aujourd'hui les heures de la haute et de la basse mer, calculées par la position de la Lune, et nous pouvons même évaluer le poids du liquide soulevé par l'attraction de notre satellite associée à celle du Soleil; car le phénomène des marées est maintenant entièrement expliqué. Or, je me demande, à propos des maisons hantées sur lesquelles nous ne possédons aucune théorie scientifique explicative, ce que pouvaient penser des marées nos ancêtres avant la découverte newtonienne de l'attraction universelle.

Ils avaient remarqué, il y a deux ou trois mille ans déjà, la corrélation des marées avec le mois lunaire, ils y associaient donc forcément la Lune. Cependant, Galilée, encore, s'est moqué de Képler qui enseignait cette association. Mais tout ce que l'on pouvait imaginer sur la nature de l'action de l'astre des nuits était inévitablement faux. Il en serait de même de tout ce que nous pourrions imaginer actuellement pour expliquer le phénomène des maisons hantées. Et avant d'avoir découvert que la Lune est le principal facteur des marées, quelles hypothèses fantaisistes n'a-t-on pas appliquées au flux et au reflux des mers, toutes aussi erronées les unes que les autres? Les phénomènes dont nous parlons ici sont, de même, complètement en dehors de toute explication.

Que des effluves, des reliquats de forces, de fluide vital, restent imprégnés dans les chambres autour des objets et se réveillent au contact d'une personne qui les ranime en quelque sorte, c'est tout à fait admissible. Les murs, les meubles peuvent conserver l'empreinte des événements auxquels ils ont été associés. Parlez dans un phonographe: que l'on conserve la plaque, le son de votre voix sera reproduit chaque fois que le phonographe sera mis en mouvement, que vous soyez mort ou vivant. La propriété occulte dont je parle reste généralement latente et n'est perçue que par certains sensitifs qui, dans quelques cas, décrivent même en détail toutes les circonstances associées. D'autre part, la morte a pu penser à sa demeure terrestre, à ses souvenirs, à ses amis, exciter ces effluves, produire des vibrations.

Mais, encore une fois, notre science actuelle n'est pas assez avancée pour nous autoriser à imaginer une théorie quelconque qui puisse être considérée comme définitive. Continuons d'observer, de constater les faits.

Pour en revenir à notre épisode de Cherbourg, Mme Bonnefoy était une spiritualiste convaincue. D'après ce que je savais de cette amie, appréciant ses opinions à la fois spiritualistes et anticléricales, et la sachant d'une part très attachée à sa maison, il était tout naturel de présumer qu'elle pouvait être l'auteur de la manifestation qui nous occupe ici, et que sans doute elle aurait quelque chose à dire. Je me suis adressé, dans le but d'élucider la question, aux meilleures Sociétés spirites pour demander l'évocation de son esprit. J'ai eu le regret de constater que sur dix médiums réputés lucides, interrogés, tous n'ont donné que des réponses ne se rapportant en rien à Mme Bonnefoy, ni à son mari ni à la situation. Les esprits évoqués se sont montrés comme étant le reflet d'autosuggestions quelconques, et je m'étais adressé aux sociétés spirites les plus importantes, qui se sont mises avec un dévouement absolu à mon entière disposition. Non seulement aucune preuve d'identité dans les réponses n'a été donnée, mais encore il y a eu là de fantastiques divagations, comme si les médiums avaient imaginé tout ce qui pouvait se passer par leur tête, en une ignorance complète de la réalité.

Le Dr Bonnefoy m'a assuré qu'il aurait ardemment désiré recevoir lui-même les moindres indices de la survivance de sa femme, mais n'a jamais rien pu obtenir, malgré les prières qu'il adressa pendant les cinq premiers mois de son veuvage devant une sorte de tabernacle où, quoique matérialiste convaincu, il avait placé son portrait et leurs plus chers souvenirs. Il y avait là aussi associé mon nom, espérant que ce serait là un élément d'activité de plus. Un certain soir, cependant, il lui sembla voir glisser une ombre qui le pénétra d'un sentiment d'effroi qu'il n'avait jamais éprouvé, mais il a aussitôt attribué cette impression à un jeu de lumière possible.

D'après l'hypothèse exposée tout à l'heure, la matière inanimée aurait la propriété d'enregistrer et de conserver à l'état potentiel toutes sortes de vibrations et d'émanations physiques, psychiques et vitales, de même que la substance cérébrale a la propriété d'enregistrer et de conserver à l'état latent les vibrations de la pensée, d'où résulte que les facultés télesthésiques de la subconscience auraient la propriété de retrouver et d'interpréter ces vibrations et émanations, de même que les facultés mnémoniques de la conscience ont la propriété de retrouver et réévoquer les vibrations latentes de la pensée. Nous pouvons remarquer avec Bozzano que l'analogie est complète et que rien, au point de vue scientifique, ne s'opposerait à ce que la matière brute puisse posséder des propriétés identiques à celles de la substance vivante. Dans ces cas, nous verrions s'opposer au mécanisme mnémonique cérébral une autre sorte de mécanisme congénère infiniment plus étendu: la mnémonique cosmique. Et les propriétés d'expansion investigatrices spéciales aux facultés télesthésiques de la subconscience se trouveraient avec la mémoire cosmique dans un rapport identique à celui où les propriétés investigatrices des facultés psychiques normales se trouvent avec la mémoire cérébrale. Il n'y a là aucune contradiction avec les lois physiques ou physio-psychiques connues.

Certains phénomènes de hantise peuvent-ils provenir des habitations? Les murs, les meubles d'une maison peuvent-ils s'imprégner de vibrations et présenter aux sensitifs une ambiance spéciale, comme l'enseigne la psychométrie? Le Dr Luys me l'a plus d'une fois affirmé à l'hôpital de la Charité où j'ai assisté à ses expériences, et le Pr d'Arsonval m'a paru admettre cette hypothèse. Dans son livre: *Supramundan facts in the life of the Rev. J. B. Fergusson*, le Dr Nichols rapporte le fait suivant qu'il avait appris personnellement:

« Une dame de ma connaissance devint soudain très malheureuse par le simple fait d'avoir été habiter une maison qui pourtant était agréable et commode, et le sentiment de dépression morale qui l'envahissait atteignait le suprême degré lorsqu'il lui arrivait de pénétrer dans la meilleure chambre de cette maison; et si elle persistait à y rester, elle sentait une impulsion irrésitible à se jeter par la fenêtre. Par contre, dès qu'elle sortait et arrivait dans la rue, le sentiment de désolation éprouvé, avec sa suite de sombres pensées et l'impulsion au suicide, disparaissait entièrement, mais pour se réveiller brusquement quand elle remettait le pied chez elle. Dans une pareille obsession, cette dame fut obligée de déménager.

« Je fus informé du fait et, désireux d'éclaircir le mystère, je commençai une enquête sur les précédents habitants de la demeure: et je ne tardai pas à savoir qu'elle avait été habitée par un monsieur dont la femme, affectée de la manie du suicide, s'était jetée tête première par la fenêtre de la meilleure chambre, et était morte sur le coup. Peut-on en conclure qu'il se serait produit une espèce de saturation de l'ambiance, capable d'être transmise à la personne occupant ensuite la même chambre, jusqu'à provoquer en elle la répétition des mêmes souffrances et de la même impulsion au suicide?

« Or, la nouvelle locataire étrait étrangère à la ville et ne savait rien des habitants qui l'y avaient précédée. »

Cette relation du Dr Nichols ne peut manquer de frapper notre attention, associée à toutes les remarques similaires.

Voici un autre cas, recueilli par Podmore, et que chacun peut lire aux *Proceedings of the Psychical Society*. Mme Ellen Wheeler, personnellement connue de cet écrivain, raconte ce qui suit:

« Pendant l'été de 1874, nous nous installâmes dans l'appartement que nous habitons encore (106, High Street, Oxford). Nous avions loué la maison plusieurs années auparavant, mais nous avions à notre tour cédé à d'autres l'appartement en question. Nous choisîmes la chambre qui se trouvait au-dessus de la porte cochère pour en faire notre chambre à coucher. La première nuit que nous y dormîmes, je m'éveillai en sursaut à minuit 45 (les quarts sonnaient en cet instant à l'horloge de l'église), me sentant envahie par l'impression des plus pénibles que dans le plafond de la chambre devait se cacher quelque chose d'affreux. Je n'avais pas l'idée nette de ce que ce pouvait être, mais l'impression obsédante m'empêchait de dormir; si bien qu'après une heure d'agitation, je me décidai à réveiller mon mari pour le mettre au courant de mon état. Il s'imagina qu'en me faisant boire un petit verre de liqueur, il dissiperait ce trouble, mais je n'arrivai en aucune façon à chasser l'étrange impression, et je ne pus me rendormir. Je sentais que l'ambiance de cette chambre devenait pour moi intolérable, et je me rendis au salon où je restai jusqu'à 8 heures. Loin de la chambre à coucher, toute impression désagréable disparaissait.

« La nuit suivante, je m'éveillai pour la seconde fois à minuit 45 précises; et, durant plusieurs semaines de suite, il m'arriva chaque nuit la même sensation, avec persistance de l'insomnie jusqu'à 5 heures et incapacité de chasser l'idée qui m'obsédait à propos de quelque chose d'horrible caché dans le plafond.

« Par suite de cet état d'âme et des nuits d'insomnie fort agitées, ma santé finit par être sérieusement ébranlée; ce qui m'obligea à m'éloigner de la maison et à me rendre chez mon frère, qui habitait Cambridge.

« Tandis que je m'y trouvais, je fus informée que le plafond de notre chambre s'était effondré et que le lit de la chambre située au-dessus était tombé sur le nôtre. Je trouvai donc suffisamment justifiées les impressions subjectives que j'avais éprouvées, et je n'y songeai plus. Cependant, plusieurs semaines plus tard, on m'apprit que dans l'effondrement du plafond on avait trouvé le petit cadavre momifié d'un enfant, avec la tête violemment tordue. Evidemment on avait caché là un nouveau-né bien dissimulé. »

Ajoutons à ce tableau assez tragique que le mari de la narratrice a attesté l'authenticité de toute cette curieuse histoire, et que M. Podmore a retrouvé dans les journaux de l'époque l'incident du petit cadavre découvert dans le plafond. En dehors de cette chambre, la percipiente n'éprouvait rien.

Un certain nombre d'observations conduisent à établir ainsi une sorte d'association des demeures avec divers phénomènes de hantise. Dans son ouvrage *Seen and Unseen*, Miss Katherine Bates rapporte, de son côté, une curieuse observation personnelle communiquée par elle à la Société psychique anglaise et publiée dans le *Journal*. En voici le résumé:

« Le 18 mai 1896, écrit-elle, je m'étais rendue à Cambridge et j'avais logé Trumpington street n° 35. Miss Wales, mon amie, était absente, et j'étais restée seule pour la nuit. Quand elle fut de retour, le lendemain, je lui appris que j'avais passé une nuit horrible, hantée de rêves persistants et répétés se rapportant à un homme que je n'avais plus vu et dont je n'avais plus entendu parler depuis bien des années, mais qui, jadis, avait été longuement et intimement lié à mon existence. Dans mon rêve, je le voyais près de moi, me reprochant de ne pas l'avoir épousé, ne m'épargnant pas des allusions ironiques au fait que, l'ayant repoussé, je me trouvais comme déplacée dans la vie. Plusieurs fois je m'étais réveillée et rendormie; mais toujours le même homme avait surgi dans mes rêves, et il avait toujours proféré les mêmes paroles. Durant un intervalle d'insomnie, je sentais avec tant de force sa présence que je lui criai: « — Allez-vous-en, laissez-moi tranquille. Je ne garde pour vous que des sentiments généreux; mais vous aimez me tourmenter, prouvant ainsi que j'aurais été malheureuse si je vous avais épousé. Au nom de la Sainte-Trinité, je vous ordonne de me laisser en repos. » Après cette apostrophe, il sembla que l'influence maléfique s'était atténuée et je parvins à me rendormir, mais d'un sommeil pénible et agité. J'éprouvai donc un soulagement quand la fille de la maîtresse de maison vint m'apporter le thé.

« Deux fois encore, dans la même semaine, je refis le même rêve, et j'en restai si angoissée que je dis à Miss Wales: « — Cette chambre est comme hantée par cet homme, et je voudrais en connaître la cause. Est-ce que par hasard le collège de Peterhouse se trouverait dans le voisinage? Je vous le demande, parce qu'il y a trente ans cet homme était élève d'un collège de ce nom. » J'obtins une réponse affirmative, et Miss Wales ajouta que ce collège était proche.

« La dernière fois que je rêvai de lui, je pensais: « Je ne puis comprendre pourquoi il doit hanter cette chambre à ce point, y aurait-il donc habité? » Commencer une enquête pour en trouver les traces semblait une entreprise impossible après vingt-huit ans; néanmoins je demandai à Miss Hardrick depuis combien de temps sa mère avait pris cette pension. — « — Depuis dix-sept ans, répondit-elle. — Et avant vous, qui l'avait? — Un couple qui a quitté la ville, et je les crois morts maintenant. — Et avant eux? » — Tout en parlant ainsi, j'expliquai que je désirais retrouver les traces d'un homme qui avait habité dans le voisinage lorsqu'il était étudiant à Peterhouse. Miss Hardrick répondit qu'avant les époux en question, la pension avait appartenu à un certain M. Peck, maintenant pharmacien dans la rue voisine.

« Je me rendis chez ce pharmacien, sous prétexte d'acheter de l'acide borique, et je lui demandai si, par hasard, il y a une trentaine d'années, il n'avait pas habité Trumpington Street, n° 35. Il me répondit affirmativement. Je lui demandai alors s'il ne se rappelait pas avoir logé un étudiant de Peterhouse de tel nom.

« Le pharmacien répondit qu'il s'en souvenait et que ce jeune homme avait habité sa pension pendant dix-huit mois. Il en avait conservé un clair souvenir et me le prouva en me montrant une photographie de lui où il est représenté en compagnie d'un grand chien que je connaissais bien, nommé Léo; et M. Peck se rappelait aussi ce nom. Je lui demandai alors quelle chambre occupait ce jeune homme, et il me répondit: « — La grande chambre au-dessus de la cuisine, avec le petit salon contigu. » Or, je dors dans cette même chambre, et je me sers du même petit salon.

« Je déclare qu'auparavant, je n'avais jamais mis les pieds dans la ville de Cambridge, que je n'avais aucune idée de la localité où cet homme avait passé ses années d'étudiant, et que j'ignorais même s'il avait été interne ou externe. Je savais seulement qu'en 1867 et 1868, il avait été élève de Peterhouse. A cette époque, je le connaissais bien peu, et il était naturel que je ne fusse pas informée de ce qui se rapportait à sa vie d'étudiant. »

(Suivent les témoignages du pharmacien M. Peck et de l'amie de la narratrice, Miss Mildred Wales.)

Ainsi, la réalité de l'influence, de l'ambiance sur les sensations de hantise paraît établie par des observations indépendantes et concordantes.

Nous avons la même impression en connaissant ce qui s'est passé dans la maison turque de Pierre Loti à Rochefort, qui, pour lui, était mystérieusement hantée. Je n'ai jamais pu avoir rien d'absolument détaillé sur ce point, le sensitif poète ayant une telle peur de la mort qu'il était impossible d'en disserter avec lui. Je n'ai connu le fait qu'assez tard, à une époque où ses facultés étaient déjà endormies dans une sorte de rêve, et lorsque, depuis plusieurs années déjà, ces manifestations avaient été constatées dans sa demeure, au milieu des souvenirs orientaux qui y étaient rassemblés.

Pierre Loti est mort le 10 juin 1923. C'est au mois de février 1922 que m'entretenant, un jour, de ces phénomènes avec le célèbre écrivain Courteline, alors à Monte-Carlo comme moi, il me rapporta ce qu'il tenait personnellement de l'auteur de *Pêcheurs d'Islande*, et que voici: « Plusieurs fois Loti a été réveillé, pendant la nuit, par des coups frappés dans la porte de la mosquée construite au premier étage de sa maison de Rochefort, et il en a été de même pour plusieurs amis ayant été ses hôtes dans cette maison. Pierre Loti ajoutait que parmi les faits observés il avait lui-même remarqué à diverses reprises, sur les dalles de ladite mosquée, des traces très nettes de pieds d'enfant. »

En me rapportant ces faits, Courteline m'assura qu'il n'était pas possible de douter de ces affirmations.

Ambiance des objets? Emanations subtiles? Action subconsciente du voyageur oriental lui-même? Mânes réveillés? Il y a quelque chose. Quoi? Cette étude nous fait vraiment pénétrer dans tout un monde inconnu.

8

CLASSEMENT DES PHÉNOMÈNES

L'excursion que nous venons de faire parmi les maisons hantées a déployé devant nos yeux une série de tableaux très variés qu'il serait intéressant de classer dans notre esprit pour notre instruction personnelle. Nous allons l'essayer. Peut-être arriverons-nous à découvrir les causes en action et à approcher de l'explication cherchée depuis si longtemps.

Dans ce classement, nous aurons à constater des productions de forces physiques qui ne paraissent associées en aucune façon au problème de la survivance, tandis que d'autres manifestations s'y rattachent incontestablement, comme déjà nous l'avons constaté au chapitre précédent (entre autres le premier cas). Cette correspondance nous a frappés, d'ailleurs, en bien des circonstances, et nous sommes d'autant mieux préparés à l'accepter que nous avons eu des preuves expérimentales de la survivance solidement établies. Nous commencerons ce classement par les phénomènes de hantises alliés à des trépassés, réservant les autres au chapitre suivant.

Ne nous aveuglons pas plus dans un sens que dans l'autre. Il y a des phénomènes qui se montrent clairement associés à des intentions de défunts et il en est d'autres qui se présentent comme entièrement indépendants.

La théorie anthropologique exclusive a été réfutée dans cet ouvrage même par des observations directes. Ces observations montrent clairement l'insuffisance de cette théorie. Nous sommes, en conséquence, conduits à nous décider entre les manifestations, extérieures à nous, de mourants ou de morts.

Avant tout, souvenons-nous que dans tous les temps et dans tous les pays, ces phénomènes imprévus ont été attribués à des défunts. N'y a-t-il eu là qu'une illusion de l'ignorance et de la peur? Tout nous prouve le contraire.

Il serait superflu de revenir sur ce qui a été dit au chapitre précédent. Chacun des exemples signalés pourrait être continué en plusieurs analogues. Et des coïncidences trop fréquentes pour être fortuites, des morts inconnues sont instantanément marquées par des phénomènes physiques. Les glaces cassées ne sont pas très rares et ont, d'ailleurs, créé toute une légende traditionnelle. On n'y peut invoquer ni l'autosuggestion ni l'illusion. Voici encore sur ce sujet une lettre récente (30 avril 1922):

« Je suis compositeur-typographe. Je travaillais alors 20, rue Turgot. En face de moi travaillait une jeune fille de dix-sept ans, Ida Schaub; or, un jour, à midi, cette jeune fille, au moment de partir, se mettait de la poudre de riz en se regardant dans une petite glace qu'elle tenait dans sa main gauche à hauteur des yeux. Etant assez libre avec elle, comme du reste avec toutes celles travaillant dans la maison, je la « chinais » sur sa poudre et sa coquetterie et, par conséquent, la regardais, quand sa glace se brisa en mille miettes dans sa main et sans qu'elle eût fait aucun mouvement. « — Ah! ma mère! » s'écria-t-elle.

« Elle rentra chez elle, rue Trézel, à une demi-heure de chemin, et trouva sa mère morte, couchée en travers de la porte: elle avait succombé à une embolie et était encore chaude.

« Auguste Pautré,
« 31, rue Mazarine. »

C'est bien là un fait matériel, objectif. Pas d'illusion possible. S'il a été produit par l'organisme de la jeune fille, la coïncidence avec *la mort subite* de sa mère est indéniable. Le Hasard, suppose-t-on encore! Non, ce petit dieu a vraiment trop bon dos.

Encore un autre fait (entre mille, également).

M. G. Brochenin, habitant 2, rue de Conflans (place des Ecoles), à Charenton, m'écrivait, le 25 février 1922:

« Puisque, dans l'intérêt de l'humanité, vous continuez votre vaste et laborieuse enquête sur les mystères d'outre-tombe, je me fais un devoir de vous signaler un fait qui entre dans le cadre de vos études.

« Voici de quoi il s'agit:

« Dans ma maison, Mme Colassot, âgée d'environ soixante ans aujourd'hui, m'a rapporté un fait dont elle se souvient exactement, bien qu'il se soit passé il y a trente-trois ans (il est vrai qu'il y a chez elle le témoignage matériel). Elle soignait alors, avec le dévouement d'une mère passionnée, un bébé de vingt-deux mois gravement malade. Ce bébé mourut, malgré les soins empressés de la famille. C'est ici que se produisit le fait remarquable: au moment de la mort, un bruit très fort se fit entendre, et Mme Colassot constata que le plateau de son buffet de salle à manger, long de plus d'un mètre et épais de plusieurs centimètres, était fendu sur toute sa longueur. Le fait l'avait d'autant plus frappée, qu'il correspondait à la mort de ce fils et qu'elle crut y voir du surnaturel impossible à expliquer.

« Mme Colassot était une femme aimante, et même exagérée pour les siens, serviable à l'excès pour tout le monde. Abîmée avec intensité dans sa douleur, n'aurait-elle pas, à son insu, projeté hors d'elle-même un fluide comparable, toutes proportions gardées, à la foudre, qui aurait été assez puissant pour fendre un meuble de cette force?

« Excusez-moi, cher maître, si presque ignorant en cette matière, je me permets d'émettre une hypothèse aussi risquée. »

Cette hypothèse de l'électricité est celle qui vient naturellement à tout esprit chercheur.

Nous avons là, comme dans le cas du petit miroir brisé entre les mains de la jeune fille dont nous parlions tout à l'heure, un fait bien matériel *coïncidant avec une mort.*

Voici un autre genre de mouvement matériel.

J'ai signalé dans *L'Inconnu* le fait suivant, qui m'a été rapporté par un artiste estimé:

« Il y a un an et demi environ, mon père, une cousine en séjour chez nous et ma sœur causaient dans la salle à manger. Ces trois personnes étaient seules dans l'appartement, quand, tout à coup, elles entendirent jouer du piano au salon. Très intriguée, ma sœur prend la lampe, va au salon et voit parfaitement quelques notes se baisser toutes ensemble, faire entendre des sons, et se relever.

« Elle revient et raconte ce qu'elle a vu. On rit au premier moment, de son histoire en imaginant une souris au bout de l'affaire, mais comme la personne est douée d'une vue excellente et qu'elle n'est pas superstitieuse le moins du monde, on trouvera la chose étrange.

« Or, huit jours après, une lettre venant de New York nous apprenait la mort d'un vieil oncle habitant cette ville. Mais, chose plus extraordinaire, trois jours après l'arrivée de cette lettre, le piano se remit à jouer.

« Comme la première fois, une annonce de mort nous arrivait huit jours après: celle de ma tante.

« Mon oncle et ma tante formaient un couple parfaitement unis; ils avaient gardé un très grand attachement à leurs parents et à leur Jura, leur lieu d'origine.

« Jamais le piano ne s'est fait entendre de lui-même, depuis lors.

« Les témoins de cette scène vous certifieront la chose quand vous voudrez; nous habitons à la campagne dans les environs de Neuchâtel, et je vous assure bien qu'ici nous ne sommes pas des névrosés.

« Edouard Paris,
« artiste peintre. »

Victorien Sardou m'a raconté une observation identique faite par lui sur son piano lorsqu'il habitait au cinquième étage de la maison située à l'angle du quai des Grands-Augustins et de la place Saint-Michel: il a vu de ses yeux les touches se baisser, en correspondance avec les sons émis, et a attribué cet incident à sa sœur décédée depuis peu.

Nous venons d'entendre le son de touches de piano non touchées. Voici un couvercle de piano qui se soulève seul au moment d'une mort. Le

6 juillet 1922, un étudiant de Paris, dont il me paraît discret de ne pas donner le nom, m'écrivait qu'habitant un bâtiment de l'Etat, où demeurait aussi un garçon de la Sorbonne, ils jouaient, un soir, du piano et dansaient, tandis qu'à une centaine de mètres ce garçon était à l'agonie et mourait. Leur bruit ne pouvait pas être entendu à cette distance.

« Nous étions cinq au salon, deux dansaient, une jouait, moi, j'étais derrière cette personne, et sa sœur se trouvait à côté d'elle. Or, le couvercle de ce lourd piano à queue se souleva devant mes yeux, à une dizaine de centimètres, et plusieurs objets placés là n'ont pas glissé (1) ; le couvercle n'a fait que se lever et se baisser. Nous apprîmes la mort du garçon. Nous avons pensé que le mourant avait voulu nous manifester par là son mécontentement. Je suis jeune, je l'avoue, seize ans, mais je n'invente rien, je vous dis ce que j'ai vu. Excusez un écolier sincère de vous faire connaître ce qu'il a vu, pour vous aider dans votre recherche de la vérité. »

Ces faits sont des observations directes et inattendues. Je puis imaginer des mensonges, des illusions, mais les enquêtes m'ont toujours prouvé la véracité des faits communiqués. Pour les expliquer, nous songeons encore aux transmissions électriques.

Qu'est-ce que l'électricité? Nous n'en savons rien.

(1) Cette observation, en contradiction avec les lois de la pesanteur, n'est pas très rare. J'ai plusieurs fois constaté moi-même cette absence de glissement.

Qu'est-ce que l'élément magnétique qui, parti du Soleil, à 150 millions de kilomètres d'ici vient faire mouvoir l'aiguille de la boussole? Nous l'ignorons avec la même ampleur.

Qu'est-ce que la transmission de la télégraphie et de la téléphonie à travers l'atmosphère, les montagnes et les mers et pouvant être saisie au passage dans une chambre bien fermée? Même mystère.

Soyons donc modestes dans nos négations d'aveugles et de sourds.

Des phénomènes subjectifs peuvent devenir objectifs. On a pu lire aussi dans *L'Inconnu*, au chapitre des manifestations de mourants, une lettre d'un habitant de Valabre (Vaucluse), qui m'avait écrit ceci *(Lettre 714):*

« Je pouvais avoir une douzaine d'années. Mon pauvre père, un des héros de Sidi-Brahim, avait passé la nuit et une partie de la journée au chevet de sa mère dangereusement malade. Il était revenu. Vers les 4 heures du soir, un de mes oncles vint le chercher, en lui disant qu'elle était plus mal et manifestait le désir de voir les deux petits. Mon père voulut nous mener. Mon frère plus jeune obéit, mais moi je résistai tellement, que rien ne put ébranler ma résolution, tout cela parce que j'avais une peur très grande des morts.

« Je restai donc seul à la maison avec ma mère qui, après le souper, voulut me faire coucher, ce que je refusai, la peur me tenant toujours. Alors elle me mit dans son lit, me promettant de venir bientôt me tenir compagnie.

« Vers les 7 heures 1/2, je reçus *une gifle d'une violence extraordinaire*. Je me mis à crier; ma mère vint immédiatement à mes cris, me demandant ce que j'avais. Je lui répondis que j'avais été battu, la joue me faisant mal; du reste, ma mère constata que j'avais la joue rouge et enflée. Inquiète de ce qui venait de se passer, elle languissait après le retour de mon père et de mon frère. Ce ne fut que vers les 9 heures que mon père entra. Ma mère lui fit part de ce qui m'était arrivé, et quand elle lui dit l'heure, mon père répondit: « — C'est précisément à cette heure que sa grand-mère a rendu le dernier soupir. »

« J'ai conservé sur la joue droite pendant plus de six mois l'empreinte d'une main droite qui était très apparente, surtout après avoir joué, quand la figure est plus rouge, constatation qui fut faite par des centaines de personnes; la trace de la main était blanche.

« A. Michel,
« teinturier à l'usine de Valabre. »

Cette claque mémorable reçue par ce gamin ayant refusé obstinément d'aller voir sa grand-mère mourante est sans doute burlesque; mais on conviendra qu'elle est assez logique et apparemment justifiée. Quant à l'expliquer, c'est plus difficile. N'y aurait-il pas là un effet d'autosuggestion, produit par le remords ou la crainte? phénomène subjectif devenant vraiment objectif!

Que de morts se manifestent, à l'heure même du décès, par des incidents inattendus et inexplicables, tels que visions, auditions, mouvements, bruits, sensations diverses, j'en ai publié depuis longtemps des centaines de témoignages. Nous avons vu la remarquable chute de portrait observée à l'évêché de Monaco, coïncidant avec une mort, et les observations suivantes. Nous avons mentionné dans *L'Inconnu*, (manifestations de mourants) la lettre d'un professeur de Saint-Pétersbourg, signalant qu'à l'heure de la mort de sa sœur, le portrait de cette sœur était tombé, quoique solidement attaché, sans que le clou fût arraché, et que la pendule avait été arrêtée. Ces observations sont significatives, car le hasard a beau être grand, il a des limites.

En voici encore une digne d'attention.

« Je tiens d'une source absolument certaine un fait extraordinaire et authentique. Mes parents avaient été appelés au chevet d'un voisin à l'agonie. Ils s'y rendirent et se réunirent à quelques amis rassemblés là, qui attendaient en silence le triste dénouement. Soudain, dans une horloge suspendue au mur, et qui n'avait plus marché depuis des années, il se fit entendre un vacarme inouï, un bruit assourdissant, semblable à des coups de marteau frappés sur une enclume. Les assistants se levèrent effrayés, en se demandant ce que signifiait ce tapage: « — Vous le voyez bien », répondit quelqu'un, en désignant le moribond. Peu après, celuici rendit le dernier soupir.

« H. Faber,
« Ingénieur agronome à Bissen (Luxembourg).

A annexer aux observations données plus haut. Une autre communication de la même époque (1899) me signalait un fait non moins curieux, quoique subjectif. M. Ferdinand Estève, à Marseille, m'écrivait:

« J'avais seize ans. J'étais en villégiature au hameau des Gavots. Mon cousin, nouveau marié, me logea dans une maison voisine, chez une vieille parente qui crut me faire beaucoup d'honneur en me donnant la chambre *dans laquelle son mari était mort*.

« C'était une vaste pièce dépourvue de porte. Du lit, on apercevait l'immense cage de l'escalier. Je me couchai sans même fermer la fenêtre, car c'était par une chaude soirée d'août, et je m'endormis profondément.

« Soudain, je fus éveillé par un vacarme infernal, par un bruit épouvantable de casseroles renversées, de vaisselle brisée, d'assiettes volant en éclats dont j'entendais les débris rebondir sur le parquet en ciment de la cuisine. On eût dit un régiment de chats démantibulant la maison. Cette dernière idée me rassura. Cependant le vacarme dura plus d'une heure, avec des intermittences. Quand le silence se rétablit, j'entendis monter précipitamment vers moi du fond de l'escalier, et je vis une sorte de bête que je pris pour un chat sauter d'un bond sur mon lit et d'un autre par la fenêtre, où elle disparut.

« J'allai immédiatement fermer la fenêtre. Quel ne fut pas mon étonnement de constater qu'elle l'était à l'extérieur par une toile métallique aux mailles d'un centimètre. Ma stupéfaction redoubla encore lorsque, le jour venu, je vis tout en place dans la cuisine, sans un atome de vaisselle brisée!

« Trois jours après, ma mère coucha dans la même chambre et fut témoin des mêmes phénomènes. »

Hallucination! On n'en voit vraiment pas la cause chez ce jeune homme de seize ans, qui observe aussi tranquillement. Tout cela est fort complexe. Oui, nous sommes d'abord portés à ne voir là que des hallucinations. Mais la gifle reçue par M. Michel n'en était pas une, et si le chat de M. Estève n'a été qu'une illusion, comme le vacarme de vaisselle non brisée dans sa cuisine, comment sa mère a-t-elle reçu la même impression, et quelle est la cause de ces sensations?

Nous pouvons voir dans ces derniers cas des impressions subjectives, et néanmoins produites par des causes externes, la première par l'aïeule mourante et courroucée, la seconde par les mânes du parent mort.

Ces bruits incompréhensibles nous rappellent les nombreuses observations du même ordre que nous avons étudiées précédemment. Ces constatations sont innombrables. En voici encore une assez frappante.

« M. Baeschly, de Saverne, âgé de vingt ans, est seul avec son père dans la maison, quand vers minuit, on entend un terrible fracas. Le père et le fils se lèvent, n'y comprenant rien. Une seconde fois le même fracas recommence. Le père et le fils, après s'être recouchés, se relèvent et se rencontrent de nouveau devant la porte ouverte. Une troisième fois la porte se rouvre violemment. Alors ils la lient avec une grosse corde. Quelque temps après, une lettre leur annonce que le frère de M. Baeschly était mort en Amérique, précisément le jour de ce tapage, à 1 heure de l'après-midi. Il paraît que le mourant, s'étant éveillé d'un coma prolongé, avait dit: « — Je viens de faire un grand voyage, j'étais chez mon frère à Brumath. »

Oui, il est incontestable que des mouvements matériels sont associés, de loin comme de près, au phénomène physique et psychique de la mort.

Ces bruits constatés au moment de la mort sont du même ordre que ceux des maisons hantées et doivent avoir la même cause. Il y a bien d'autres exemples.

La lettre suivante m'a été adressée le 11 février 1899 par Mme de La Garde:

« Pour vos recherches si intéressantes, je me fais un devoir de vous signaler qu'une manifestation remarquable s'est produite lors de la mort de Mgr du Lau. Toutes les fenêtres de son château de la Cotte, commune de Biras, Dordogne, se sont ouvertes à la fois, ce qui fit dire aux bonnes gens du pays, témoins de ce phénomène, que le saint évêque venait de mourir.

« Effectivement, ils apprirent plus tard, qu'à cette même date, leur maître, qu'ils n'avaient pas vu depuis de très longues années, avait rendu son âme à Dieu. Je crois que Mgr du Lau a été martyrisé. Sa vie a été écrite par un prêtre du Périgord, M. Pecout (curé-doyen de Hautefort, en ce moment). Il y fait mention de ce fait étrange qui lui a été rapporté par les habitants de Biras, témoins de l'incident. »

Voici encore une communication de la même époque (reçue le 3 juin 1899).

« Aux innombrables lettres qui vous sont envoyées pour votre travail si utile, vous pourrez ajouter celle-ci:

« Dans les derniers jours du mois de février 1868, je dus me rendre à Taulignan, grosse commune de la Drôme, non loin de Montélimar, où m'appelait ma mère à la veille de mourir. J'arrivai à temps pour recueillir son dernier soupir.

« Le jour même de son inhumation, 1er mars, j'étais dans sa chambre mortuaire, seul avec sa servante et l'enfant de cette servante. Il ne faisait pas de l'air à remuer une feuille. Tout d'un coup la porte de cette chambre, grande ouverte sur le palier, se ferma avec une violence inouïe. Nous l'ouvrîmes à l'instant pour voir si quelqu'un se trouvait dans l'escalier: nous ne vîmes personne. Ma mère occupait seule sa maison. La servante, affolée de peur, se précipita à genoux en s'écriant: « C'est sûrement votre mère qui veut des prières! » Et elle se mit à égrener un chapelet. L'enfant poussait des cris et appelait « sa maman Alançon », j'étais, comme vous pensez, ému au-delà de ce que je puis vous dire. Cette scène m'est restée gravée et, en vous lisant, elle s'est ravivée dans mon souvenir, me demandant si l'au-delà n'existe pas.

« Votre lecteur assidu et respectueux.

[*Lettre 726*]

« Alançon,

« Agent de la Compagnie l'Union, à Moulins. »

Ici, le phénomène était bien objectif, comme dans le cas précédent.

C'est évidemment par la comparaison de tous les faits observés que nous pouvons arriver à une opinion. (Remarquons, en passant, ces associations religieuses si fréquentes.)

Autre lettre, qui m'a été adressée de Poitiers le 7 juin 1922:

« Cher Maître, après avoir lu votre trilogie psychique, je tiens à vous apporter une modeste contribution à vos recherches sur l'au-delà.

« L'événement suivant a été constaté par ma femme et par sa tante, qui l'attestent ci-dessous.

« Quelques jours après le décès du grand-père maternel de ma femme, François Coudreau, survenu le 30 septembre 1889, des bruits se firent entendre dans la maison mortuaire. Ma femme, alors toute jeune fille, était couchée avec sa grand-mère. Sa tante, actuellement Mme veuve Roy, venait de se coucher dans la même pièce.

« Il était 10 heures du soir. Elles entendirent toutes

trois comme un bruit de cailloux, qu'on aurait jetés dans les vitres des fenêtres. Comme il n'y avait ni vent, ni orage, elles crurent à une farce de mauvais plaisant. La grand-mère cria: « — Qui est là? » Personne ne répondit.

« Le bruit continua pendant dix minutes environ, par intermittences. Elles entendirent aussi comme le bruit d'une pelle, avec laquelle on aurait brassé le tas de charbon se trouvant dans la cour, et qu'on aurait jeté contre le mur de la maison.

« Il faut vous dire que le défunt avait l'habitude, durant sa vie, de puiser dans ce tas.

« De plus, le loquet de la porte semblait se mouvoir avec bruit, comme si quelqu'un avait voulu entrer.

« Prises de peur, les trois femmes priaient, croyant à la présence de l'âme du défunt. Finalement la tante de ma femme dit à haute voix: « — Si c'est toi, Père, parle-nous. » Aussitôt les bruits cessèrent.

« Le lendemain matin, elles constatèrent que tout était intact à l'intérieur de la maison. Aucune trace sur les fenêtres, ni sur les murs. La pelle était toujours sur le tas de charbon en question.

« On fit dire des messes. Les bruits ne se renouvelèrent pas.

« Détail peut-être important: le jour où se produisit l'événement, la grand-mère avait trouvé dans une malle du défunt, que celui-ci avait toujours défendu d'ouvrir, une superbe natte de cheveux provenant de sa première femme qu'il avait beaucoup aimée. Elle avait brûlé cette natte de cheveux.

« Les témoins de cet événement affirment qu'il ne peut pas être dû à une plaisanterie, car les vitres auraient été brisées, si réellement on avait jeté les projectiles avec une telle violence. (Les fenêtres ne comportaient pas de persiennes.) De plus, personne ne pouvait pénétrer dans la cour pour jeter du charbon sur le mur, et d'ailleurs on ne remarqua aucune trace d'aucun genre le lendemain matin.

« Daignez agréer, etc.

« Pouillart. »

ATTESTATIONS.

« *Nous attestons le récit ci-dessus de M. Pouillart et affirmons qu'il a fidèlement décrit ce qui nous est arrivé.*

« E. Pouillart. Veuve Roy. »

Supposer que tout cela a été inventé n'a aucun sens. Nous ne pouvons nous empêcher de remarquer, toutefois, la vulgarité de ces manifestations; mais le devoir de celui qui cherche est de tout étudier. Ces bruits étaient purement subjectifs et n'ont correspondu à aucun mouvement réel.

Il en a été de même pour l'observation rapportée par un étudiant de Buckingham, M. René Gautier, dont voici le résumé:

« Mon père vivait dans un château isolé, au milieu des bois. Nous étions dans la salle à manger, causant longuement après souper, attendant mon grand-père absent qui devait revenir. La nuit s'écoulait sans fatigue pour personne, lorsque, à 2 heures, *tout le monde présent dans la salle à manger* (y compris mes oncles, deux soldats sceptiques) *entendirent distinctement* la porte du salon se fermer avec une violence qui les fit tous bondir sur leurs chaises. Il n'y avait pas d'erreur, la porte qui se fermait ainsi, ou du moins que ma famille entendait se fermer, était une porte voisine. C'était bien le bruit d'une porte, et d'une porte intérieure. Ma mère me dit souvent: « — Nous entendîmes la porte se fermer comme si une énorme bouffée de vent était entrée dans la maison et avait violemment frappé la porte. » Cette bouffée de vent, absolument *irréelle*, avait cependant ceci de *réel* que mes parents la sentirent plus ou moins sur leur visage et qu'elle leur laissa en passant une sorte de sueur glacée comme on en sent dans un cauchemar. La conversation s'arrêta. Ce bruit violent de porte leur semblait étrange, et leur causa à tous une sorte de malaise absolument indéfinissable. Bientôt mon oncle se prit à rire en voyant les figures piteuses de sa mère et de ses sœurs. Vite une chasse amusante est organisée. Mon oncle, en homme courageux, prend la tête, on court voir la porte du salon, *celle qui dans l'esprit de tout le monde s'était certainement fermée. On trouve cette porte fermée à clef et verrouillée.* Toutes les portes et toutes les fenêtres étaient fermées, nul courant d'air dans la maison à aucun étage.

« Mon grand-père revient le lendemain matin et annonce la mort de son beau-frère. « A quelle heure est-il mort? — *A 2 heures du matin.* — A deux heures? — *A 2 heures précises.* » Le bruit de porte avait été entendu par sept personnes *à deux heures précises* du matin. »

Impressions subjectives, causées par un décès inconnu.

Il est fort étrange et incompréhensible que la mort d'un être produise à distance la sensation d'un coup de vent qui ouvre une fenêtre. Cependant l'observation en a été faite maintes fois. En voici encore une, que je n'ai pas encore publiée, quoiqu'elle m'ait été communiquée depuis longtemps (Budapest, 16 avril 1901):

« Cher frère,

« Si je me permets de vous écrire sous ce titre, c'est

parce que je me sens votre frère dans l'idée commune que nous avons sur les facultés encore occultes de l'âme humaine et sur l'importance de leur étude.

« Je crois qu'il est de mon devoir de vous faire part d'un phénomène appartenant à la catégorie de ceux dont vous vous occupez, qui m'est arrivé il n'y a pas longtemps.

« Mon père était malade, depuis plusieurs semaines, d'une forte névralgie qui l'affaiblissait tellement, qu'à son âge de soixante-quinze ans sa mort était à craindre. Moi et ma femme nous étions dans un état d'inquiétude continuelle, lorsque la nuit du 4 au 5 avril, nous nous éveillâmes en sursaut par un terrible coup de vent ouvrant avec un grand fracas la fenêtre de la chambre voisine que nous avions entendu fermer le soir par la servante.

« Nous avons senti le courant d'air entrer à travers le bas de porte fermée qui sépare ces deux chambres.

« Au moment du réveil, j'ai eu tout de suite la sensation que mon père pouvait être mort en ce moment.

« J'allumai et constatai que 3 heures étaient passées de quelques minutes.

« Je ne dis rien à ma femme pour ne pas troubler son repos; mais quand le lendemain nous reçûmes par un télégramme la nouvelle fatale de la mort de mon père, ma femme m'avoua qu'elle aussi a eu au moment de notre réveil une sensation semblable, mais plus positive que la mienne, c'est-à-dire que, tandis que moi j'ai senti la possibilité de la fin, elle en a été sûre.

« J'ajoute encore que le coup de vent était d'une force exceptionnelle, n'a duré qu'une ou deux minutes et s'est terminé en un souffle léger qui dura jusqu'au matin.

« Quand nous arrivâmes au lieu où habitait mon père (Trencien, en Hongrie, à 175 kilomètres d'ici en ligne droite), une de mes premières questions fut de savoir l'heure de sa mort; la réponse que je reçus de ma sœur, jeune fille de vingt et un ans, qui avait veillé près de lui, fut que mon père est mort quelques minutes après 3 heures.

« Permettez-moi d'ajouter que je suis d'une nature réfléchie, ingénieur mécanicien et électricien, habitué à observer minutieusement, à se faire des idées nettes et à n'être pas trop prompt dans ses conclusions.

« Je vous donne ma parole d'honneur que je n'ai rien ajouté et rien omis aux circonstances qui me paraissent essentielles pour le jugement du fait raconté et, en même temps, je vous autorise à le publier avec mon nom et mon état.

« Vous pouvez avoir des renseignements sur moi chez M. Désiré Borda, directeur du Service électrique de la Compagnie Fives-Lilles à Paris, rue Caumartin, et chez M. Maurice Lœwy, directeur de l'Observatoire de Paris.

« Veuillez agréer, cher frère, l'expression la plus sincère de ma considération profonde.

[*Lettre 988.*] « Léopold Stark.

« Budapest, Covohaz, 34 »

Renseignements pris, ce récit doit être accepté comme digne de foi. L'auteur est un homme de caractère tout à fait scientifique. En réalité, ce phénomène était subjectif: la fenêtre ne s'est pas ouverte; il y a eu sensation, impression.

Mais, quoi qu'on puisse en penser, cette sensation a été incontestablement éprouvée.

Voici maintenant un cas assez bizarre de hantise correspondant à une date anniversaire d'exécution capitale, qui m'a été signalé en 1899.

« Une personne de mes amies avait loué un appartement, pour changement d'air, dans une maison de campagne.

« Cette maison avait plusieurs locataires. Un matin, à 4 heures, tout le monde est réveillé par des bruits extraordinaires; dans une salle, les meubles semblent rouler avec bruits de chaînes; c'est un vrai vacarme! Tous les locataires étaient des femmes; l'une d'elles tombe en crise de nerfs. La servante de mon amie couchait dans une pièce à côté de sa chambre. Elle arrive, tremblante, et affirme qu'un homme chaussé de lourds souliers n'a cessé de marcher autour d'elle-même avant les bruits.

« Mon amie, effrayée, descend en ville, et, le soir, elle raconte le fait. Plusieurs personnes disent en même temps: « Mais c'est la date de la mort de Sainlouis, exécuté à 4 heures du matin, il y a un an. »

« Cette servante de mon amie avait été la concubine de Sainlouis. Elle l'avait quitté pour se convertir et lui, furieux, avait décidé de la tuer. Il lui envoya une balle — qui alla tuer une autre personne.

« Sainlouis, condamné à mort, avait été exécuté à la même date et à la même heure où se produisirent les bruits insolites dans la maison où habitait son ancienne amie.

« J'oubliais de vous signaler que la chambre en question a été trouvée complètement fermée, et tous les meubles en place.

[*Lettre 614 ter.*] « H. Cotel. »

Dans les phénomènes des maisons hantées, les uns, avons-nous dit, sont objectifs, matériels, extérieurs aux percipients, tandis que d'autres sont subjectifs, perçus par l'esprit, et cependant aussi réels que les premiers, produits par une cause télépathique plus ou moins lointaine, généralement une mort inconnue. Il importe de consacrer une attention spéciale à ces bruits singuliers, dont on n'a encore aucune explication, et que l'on est porté à révoquer en doute.

Il me semble qu'aucun de mes lecteurs ne conteste plus la réalité des transmissions télépathiques à toutes les distances, car il n'y aurait pas d'excuses à cette incrédulité; mais quelle variété dans ces transmissions! L'observation suivante, faite en des conditions parfaites de sécurité, est des plus remarquables.

M. A. Riondel, avoué à Montélimar, écrivait le 23 mai 1894 au Dr Dariex:

« J'avais un frère beaucoup plus jeune que moi (il est mort dans sa quarantième année, le 2 avril dernier) qui était employé des lignes télégraphiques à Marseille, et agent des Messageries Maritimes. Anémié par un assez long séjour dans les colonies, mon pauvre frère était atteint de fièvres paludéennes auxquelles il a d'ailleurs succombé, sans que rien fit prévoir un dénouement aussi rapide et aussi foudroyant. Le dimanche 1er avril dernier, je recevais une lettre de lui, m'informant que sa santé était excellente. Eh bien! dans la nuit de ce jour, c'est-à-dire du dimanche au lundi, je fus éveillé soudain par un bruit insolite et violent, semblable au jet d'un *pavé roulant sur le parquet de ma chambre* que j'occupe seul, et qui est fermée à clef. Je constatai que mon réveille-matin marquait 2 heures. A mon lever, je cherchai, sans le trouver, l'objet qui m'avait réveillé, et causé, en même temps, un singulier sentiment de terreur:

« Eh bien! cette nuit-là, mon frère était mort, sans agonie, sans souffrances, sans proférer un seul mot. Je m'enquis de l'heure exacte de sa mort auprès de l'ami dans les bras duquel il avait expiré. C'était bien à 2 heures moins un quart qu'il avait rendu l'âme.

« Pour compléter les renseignements que je viens de vous donner, je dois ajouter que notre vieille mère, complètement aveugle depuis quinze ans, a ouï, elle aussi, des bruits nocturnes violents frappés à la porte de sa chambre à coucher. Je crois devoir vous déclarer que j'ai laissé ignorer cette mort à ma mère, et à l'heure où je vous écris, elle l'ignore encore.

« Sous l'impression des *bruits par elle entendus*, ma mère est venue me trouver; j'arrivais de l'enterrement de mon frère, et, en présence de ma femme, elle me dit brusquement: « J'ai eu, il y a deux ou trois nuits, un avertissement touchant la santé de ton frère. Il te faut partir tout de suite pour Marseille, car il doit être plus malade et l'on te cache son état. Va l'assister! »

« Je calmai les appréhensions et les pressentiments de ma pauvre mère, en les traitant de chimériques, de rêves et de cauchemars.

« Tels sont les faits que j'ai l'honneur de vous signaler. S'ils entrent dans votre cadre, vous pouvez imprimer mon nom carrément, ou mettre mes initiales avec mon adresse. Ces faits ne peuvent être attribués à l'imagination. Ils sont tangibles.

« Je n'ai pas besoin de répéter qu'à l'heure actuelle ma mère croit toujours que son benjamin est de ce monde. Mon devoir est de la laisser dans cette ignorance tant que cela me sera possible. Cette funèbre nouvelle la tuerait sur le coup, tant sa faiblesse est extrême et sa santé déplorable.

« A. Riondel,
« avoué. »

Ce sont là des faits d'observation précise, mais qui restent incompréhensibles. Comment ces coups peuvent-ils être produits? Pavé roulant sur le parquet! Imaginer, 1° une hallucination auditive d'un pareil coup, et 2° une coïncidence fortuite avec cette mort imprévue, est une hypothèse difficile à soutenir. Et la sensation télépathique de la mère? Ces phénomènes sont trop fréquents pour ne pas devoir entrer dans le cadre de la science moderne. Il est peut-être temps de chercher à les expliquer.

Nous avons déjà connu l'impression du pavé roulant au château hanté du Calvados.

Ce cas est si remarquable et en représente tant d'analogues que je ne dois pas me borner à le publier sans commentaire, sans un essai d'explication. Ce mourant était particulièrement attaché à son frère. Au moment suprême, un courant psychique s'établit entre lui et ce frère et se traduit dans le cerveau de celui-ci par la sensation d'un bruit parfaitement entendu, comme si un pavé avait roulé sur le pavé de sa chambre, et ce bruit est accompagné d'une sensation d'angoisse. Voilà *le fait.* Nous en connaissons beaucoup d'autres semblables, notamment ceux qui ont été publiés au tome II de *La Mort et son mystère*, au chapitre *Morts annoncées par des bruits*. Ces transmissions télépathiques sont incontestables: on entend des bruits qui diffèrent selon l'état de réceptivité du percipient, bruits subjectifs, non matériels. Il y a projection entre la cause et l'effet, entre le mourant et celui qui perçoit, et nous sommes conduits à penser que, dans ces cas, ce ne sont pas des ondes sphériques allant au loin en s'élargissant, comme celles du son ou de la lumière. Ce n'est probablement pas une onde de cet ordre qui est partie de Marseille pour aller partout et a été saisie, en passant à Paris, par le frère du mourant; nous devinons plutôt là un courant psychique, rappelant le courant magnétique qui se produit entre une barre de fer et une aiguille aimantée.

Ce courant psychique nous rappelle celui qui s'était établi entre le capitaine Escourrou tué au Mexique, le 29 mars 1863, et sa mère, habitant Sèvres, près Paris, qui, ce jour-là, a vu sur son portrait un de ses yeux crevé et le sang coulant sur son visage. En publiant ce remarquable fait télépathique, je n'ai pas accompagné ce récit des attestations nombreuses et des actes officiels qui témoignent de son irrécusable authenticité (la place manque pour la reproduction de tous ces témoignages), mais les lecteurs, que cette vérification intéresserait, peuvent recourir aux *Annales* des sciences psychiques de 1891: ils pourront constater qu'aucun doute n'est possible. Or, ici comme dans l'observation de M. Riondel, il y a évidemment phénomènes *subjectifs*. Le portrait n'a pas eu l'œil crevé et du sang n'a pas coulé sur lui; mais au moment de sa mort l'officier a projeté sa dernière pensée vers sa mère, et ce courant psychique s'est traduit sous une forme visuelle par l'aspect du portrait. Ces transmissions sont si nombreuses et si irrécusablement établies qu'elles doivent être inscrites désormais dans le cadre de la science positive.

Ecoutons maintenant l'histoire que voici.

Un homme se manifeste à deux personnes, dans deux pièces différentes, au moment de sa mort. Mlle Tverdianski, à Dormelles (Seine-et-Marne), écrivait au Dr Richet en novembre 1881:

« Je venais de m'installer dans un petit village du département de Seine-et-Marne pour y passer l'été. Mon hôtesse, une excellente vieille, m'avait cédé sa propre chambre et, comme son lit était fort bon, j'y passai la première nuit de la meilleure façon, dormant ferme, et réveillée tard par la bonne dame qui m'apportait une tasse de lait tout chaud.

« Tel ne fut pas le cas de la seconde nuit. A peine m'étais-je endormie que je fus réveillée par un choc formidable; c'était la fenêtre qui, malgré les volets fermés, s'ouvrit avec fracas. Cette fenêtre donnant sur une route isolée, je crus un moment que des malfaiteurs, qui savaient que la maison n'était habitée que par des femmes, avaient fait sauter les ressorts des volets pour entrer dans la chambre. D'un bond je fus près de la fenêtre pour la fermer, ainsi que les volets, le plus solidement possible.

« Mais je ne pus plus m'endormir. Il me semblait que quelqu'un était entré par la fenêtre, et je crus entendre ce quelqu'un ou ce quelque chose pendant toute la nuit.

« Le soleil était à peine levé que j'entendis les pas de mon hôtesse dans la cuisine. Je l'appelai pour m'apporter au plus vite ma tasse de lait.

« — Ah! lui dis-je, lorsqu'elle vint me l'apporter, je crois que quelque grand oiseau nocturne a ouvert cette nuit la fenêtre de ma chambre, en se heurtant contre les volets et peut-être des chauves-souris y sont entrées à ce moment, car je vous assure que j'ai entendu remuer toute la nuit autour de moi. Je n'ai pas fermé l'œil.

« — C'est comme moi, répondit-elle en souriant — elle était d'une nature gaie et aimait à plaisanter. Moi, j'ai été réveillée par la visite de mon méchant voisin, le fermier Dufour. Je vous raconterai un jour comment il s'y est pris pour me voler toute ma fortune sans que les lois puissent le punir. Eh bien! ce vilain monsieur, que je ne vois plus depuis des années, est venu me rendre visite cette nuit. L'ai-je rêvé? Je parierais que j'ai été réveillée par sa voix, qu'il était là devant mon lit et qu'il me disait: « Pardon Victoire! » Voyez-vous cette impudence! M'appeler par mon petit nom. Ah! j'ai assez pleuré en réalité à cause de lui pour ne plus me fâcher contre lui dans mes rêves.

« Juste à ce moment, quelqu'un frappa à la porte et nous annonça que ce voisin venait de mourir cette nuit même.

« Julia Tverdianski. »

Ce récit était accompagné, comme documents complémentaires que je ne puis reproduire ici faute de place, d'autres lettres de Mlle Tverdianski, de Mme veuve Petit, et de l'attestation du maire de Dormelles sur le décès de Dufour (Edme-Firmin), le 10 avril 1891 à 4 heures du matin.

Attribuer au hasard cette double, cette triple coïncidence des deux impressions ressenties indépendamment l'une de l'autre par les observatrices et de la mort de cet individu me paraît une hypothèse aussi inacceptable que celle de nier le cas dont nous avons été si frappés au tome III de *La Mort*: J. Lewis tué sous un train et annonçant lui-même son décès. Ce fait nous a conduits, sans solution de continuité, de la « télépathie entre vivants » à la « télépathie entre morts et vivants ».

Le défunt Lewis, désireux de voir son cadavre identifié, a tenté de communiquer avec les personnes préposées aux funèbres tâches, n'y a pas réussi, et a cherché ailleurs, et trouvé dans une famille les sensitifs susceptibles d'être influencés télépathiquement de façon à lui permettre d'atteindre son but.

Penser que toutes ces narrations sont fausses est inadmissible. Nous ne pouvons les expliquer; mais notre devoir est d'affirmer leur réalité. C'est le commencement, puisque jusqu'ici on continue d'en douter. Nous réunissons des pierres avec lesquelles l'édifice de la science future sera construit.

L'astronomie, cette science nouvelle, nous offre des exemples souvent applicables à d'autres études. En voici un, que j'ai signalé il y a longtemps. Certaines nébuleuses en spirales, photographiées à l'aide d'instruments puissants, montrent des étoiles symétriquement distribuées le long de leurs spires gazeuses, en faisant soupçonner le secret de la formation de ces astres. Les coïncidences sont si nombreuses et si concordantes qu'elles ne peuvent pas être attribuées au hasard et que nous sommes conduits à reconnaître dans ces aspects une association de causes à effets. Il en est de même dans les coïncidences de mort avec les manifestations et les apparitions. Le hasard n'est pour rien ici.

Mais avouons que l'explication est difficile. L'âme humaine n'est pas encore disséquée.

Platon écrivait dans *Phèdre*: *ψυχης οὐν φυσιν ἀξιως λογον κατανοησαι οἰει δυνατον εἰναι, ανεν τησ τον ολον φυσεως α.*

« Penses-tu que la nature de l'âme puisse être suffisamment connue si l'on ignore la nature du Tout? »

On pourrait appliquer cette maxime à tous les raisonnements de la vie. Les jugements émis sur les êtres humains par leurs semblables sont presque toujours faux, parce qu'on ignore les causes directes (ou indirectes) de tous les actes. Les études que nous faisons ici ont une immense portée.

★

Les facultés psychiques et physiques de l'âme humaine pendant la vie et après la mort sont presque entièrement à découvrir, et l'observation des phénomènes de hantise nous apporte sur ce sujet des clartés inattendues.

Ainsi, des mouvements bien constatés d'objets qui ne sont touchés par personne, se montrent, en certaines circonstances, dus à des âmes de morts. En voici un exemple à peine croyable et d'apparence romanesque, mais scrupuleusement étudié par Fr. Myers et Mme Sidgwick, et publié dans les *Proceedings* de la Société psychique d'Angleterre. La relation est longue et je n'en rapporterai, avec Bozzano, que les passages essentiels.

Les faits se sont passés dans le village de Swanland, aux environs de Hull, en Angleterre, dans une boutique de charpentier, où M. Bristow travaillait comme apprenti. Voici ce qu'il écrit:

« Le matin où se produisirent les phénomènes, je travaillais au banc près du mur, d'où je pouvais observer tous les mouvements de mes deux compagnons et surveiller la porte d'entrée. Tout à coup, l'un d'eux se tourna brusquement en s'écriant: « — Amis, vous feriez mieux de garder pour vous les morceaux de bois et de travailler. » Nous demandâmes des explications, et il répondit: « — Vous savez très bien ce que je veux dire: l'un de vous m'a lancé ce morceau de bois »; et ce disant, il montrait un petit morceau d'environ quatre centimètres carrés. Nous protestâmes tous deux que nous ne l'avions pas lancé; et quant à moi, j'étais certain que mon autre compagnon n'avait jamais cessé de travailler. L'incident allait être oublié, quand quelques minutes plus tard, l'autre camarade se retourna brusquement comme le premier, s'écriant à mon adresse: « — C'est toi, maintenant, qui m'a lancé ce morceau », montrant à ses pieds un morceau de bois en pointe de la grosseur d'une boîte d'allumettes. Ils étaient maintenant deux à m'accuser, et mes dénégations ne servaient à rien; de sorte qu'en riant, j'ajoutai: « — Comme ce n'est pas moi, je suppose que si quelqu'un vous a visés, c'est maintenant mon tour. » Je n'avais pas achevé la phrase qu'un autre morceau vint me frapper à la hanche. Je m'écriai: « — On m'a touché; il y a un mystère à résoudre; voyons un peu ce qui se passe! »

« Nous fouillâmes tous les coins à l'intérieur et à l'extérieur, sans pouvoir rien découvrir. Ce cas étrange et embarrassant nous fit beaucoup causer; mais à la fin, nous nous remîmes à l'ouvrage.

« J'avais à peine commencé, que des persiennes, conservées en haut sur des poutres rattachées au mur, se mirent à s'agiter avec un tel fracas, qu'il semblait qu'elles dussent se réduire en miettes. Nous pensâmes aussitôt: « Il y a quelqu'un là-haut. » Je saisis une échelle, je grimpai rapidement et avançai la tête, mais je constatai que les persiennes étaient immobiles et couvertes d'une couche de poussière et de toiles d'araignées. Comme je descendais, et que je me trouvais avec la tête au niveau des poutres, je vis un petit morceau de bois gros comme deux doigts s'avancer en sautillant sur une planche, et avec un dernier bond de deux pieds venir passer près de mon oreille. Je sautai à terre en criant, abasourdi: « — Il ne s'agit pas de rire! Il arrive des choses surnaturelles. Qu'en dites-vous? » L'un de mes compagnons m'approuva; l'autre continua de soutenir que quelqu'un se moquait de nous. Pendant cette petite dispute, de l'angle extrême de la boutique, un morceau de bois prit son vol et alla frapper mon contradicteur sur son chapeau. Je n'oublierai jamais l'expression de son visage devenu subitement tout penaud.

« De temps en temps, un morceau de bois taillé un instant auparavant et tombé sur le sol, sautait brusquement sur les établis, et se mettait à danser au milieu des instruments; et ceci est remarquable, que malgré nos innombrables tentatives, nous ne parvînmes jamais à mettre la main sur un morceau en mouvement, car ils éludaient adroitement tous nos stratagèmes. Ils paraissaient animés et intelligents.

« Je me rappelle un morceau qui, du banc, sauta sur un chevalet éloigné à trois mètres de là, d'où il bondit sur un autre meuble, puis dans un angle de la boutique, où il s'arrêta. Un autre traversa la boutique comme une flèche, à la hauteur d'un mètre du sol.

« Tout de suite après, un autre morceau prit son vol en ligne ondoyante. Un autre vola en ligne oblique, pour se poser ensuite tranquillement à mes pieds... Tandis que le chef de fabrique, M. Clarck, m'expliquait les détails d'un dessin, et que nous tenions tous deux le doigt dessus, de manière qu'entre le doigt de l'un et celui de l'autre il pouvait y avoir une distance de deux centimètres, un morceau de bois pointu vint frapper la table en passant entre nos deux doigts.

« Cet état de choses se continua avec plus ou moins d'intensité pendant six semaines, et toujours en plein jour. Quelquefois, on jouissait d'une tranquillité relative pendant un jour ou deux, durant lesquels se produisaient une ou deux manifestations, mais alors suivaient des jours d'activité extraordinaire, comme si on avait voulu rattraper le temps perdu. Dans une de ces périodes, tandis qu'un ouvrier réparait une persienne sur le banc voisin du mien, je vis s'élever un morceau de bois de quinze centimètres carrés et trois d'épaisseur, qui décrivit les trois quarts d'un grand cercle en l'air, et alla frapper avec force la persienne au point où travaillait mon camarade. C'est le plus gros morceau de bois que j'aie observé en l'air; les dimensions de la plupart ne dépassaient pas celles d'une boîte d'allumettes ordinaire, bien qu'ils fussent de formes variées. Le dernier morceau volant que je vis était de chêne et avait environ six centimètres carrés, sur deux et demi d'épaisseur. Il tomba sur moi de l'angle extrême du plafond et décrivit dans sa course une ligne hélicoïdale, à la façon d'un escalier en tire-bouchon d'un diamètre de cinquante centimètres environ. Il n'est pas inutile d'ajouter que tous ces objets, sans exception, provenaient de l'intérieur de la boutique et qu'aucun n'arriva par la porte.

« L'une des singularités les plus étranges des manifestations consistait en ceci, que les morceaux de bois taillés par nous et tombés par terre se faufilaient dans les coins de la boutique, d'où ils s'élevaient jusqu'au plafond *d'une façon mystérieuse et invisible*. Aucun des ouvriers, aucun des visiteurs qui accoururent nombreux dans ces six semaines de manifestations ne parvinrent à en surprendre un seul en train de s'élever. Et pourtant, les morceaux de bois, en dépit de notre surveillance, trouvaient bien vite le chemin d'en haut, pour tomber ensuite sur nous d'un point où rien n'existait un moment auparavant. Peu à peu, nous avions fini par nous habituer à la chose, et les mouvements des morceaux de bois, qui semblaient vivants et en certaines circonstances même intelligents, ne nous surprenaient plus et n'attiraient presque plus notre attention. »

En réponse à une question de Myers, M. Bristow écrit à la date du 19 juillet 1891:

« Aucun rapport n'existait entre les manifestations et les personnes. Les ouvriers de la boutique travaillaient souvent en des maisons privées, et nous trois, qui fûmes présents le premier jour des manifestations, nous travaillâmes à maintes reprises et alternativement dehors pendant la période où ils se déroulèrent, et plus d'une fois nous fûmes absents tous les trois. Il en est de même des autres ouvriers, qui s'absentèrent tous successivement pendant les six semaines de hantise. Malgré cela, les phénomènes ne cessèrent jamais.

« Sauf en des cas spéciaux, les projectiles tombaient et frappaient sans aucun bruit, bien qu'ils arrivassent avec un élan tel qu'en conditions normales ils auraient dû produire un choc assez fort.

« *Personne ne vit jamais un projectile au moment où il partait*: on eût dit qu'on ne pouvait les apercevoir s'ils n'avaient parcouru d'abord au moins 15 centimètres du point initial. Ce qui porte à considérer un autre des aspects du mystère, c'est que les projectiles ne se mouvaient que lorsque personne ne les regardait, et lorsqu'on s'y attendait le moins (1)... Parfois l'un de nous surveillait attentivement un morceau de bois pendant un grand nombre de minutes, et le morceau ne bougeait pas; mais si l'observateur cessait de regarder, ce même morceau sautait sur nous... Nous n'avons jamais pu constater si les morceaux commençaient leur vol d'une manière invisible, ou s'ils profitaient au contraire d'une seconde de distraction de notre part. Quelquefois, la direction des projectiles était rectiligne, mais le plus souvent elle était ondulatoire, rotatoire, hélicoïdale, serpentine ou sautillante.

« ... De nombreux visiteurs furent profondément impressionnés par les manifestations, mais le plus frappé

(1) Ce n'est pas là un cas unique. On peut en voir d'autres exemples dans *La Magie*, de Charles Du Prel: projectiles ne devenant visibles qu'au moment où ils arrivent. C'est là un fait souvent observé dans ces phénomènes, aussi inexplicable que le reste, et que les dénégateurs exploitent inconsidérément.

de tous fut le propriétaire du magasin. Mr. John Gray, pour une raison particulière. Il avait perdu un frère, mort dans des conditions économiques embarrassées. Ce frère avait laissé un fils, nommé John Gray comme son oncle, qui fut adopté comme apprenti dans le magasin, mais mourut peu de temps après, de consomption. Dans le pays, on murmurait que les créanciers de son père n'avaient pas reçu tout l'argent qui leur était dû (environ 100 livres sterling) et que l'oncle était responsable du fait. En outre, on vint à savoir que le dernier désir du neveu avait été que son oncle payât les dettes de son père. Cependant l'oncle n'avait pas exaucé le désir du mort.

« Je puis personnellement témoigner, ajoute encore M. Bristow, de l'excessive terreur dont il fut saisi lorsque se déclarèrent les manifestations. Un jour il me fit venir avec lui pour certains travaux et, chemin faisant, il commença à me parler des phénomènes, en paraissant désirer m'entendre dire qu'ils pouvaient s'expliquer naturellement. Son maintien était celui d'un homme pétrifié par la terreur; et je me persuadai qu'il avait fait, pour son compte, des observations personnelles sur lesquelles il restait muet.

« Un jour on apprit qu'il avait payé les créanciers de son frère: les manifestations *cessèrent immédiatement.* Aucune pierre sépulcrale n'avait été placée sur la tombe du neveu; mais quand les phénomènes se déclarèrent, l'oncle s'était empressé d'accomplir aussi ce devoir; la pierre existe encore dans le cimetière de Swanland: on peut y voir une tombe portant le nom de John Gray, mort à vingt-deux ans, le 5 janvier 1849. »

J'ai publié cette observation si curieuse dans tous ses détails, malgré sa longueur, car ils sont vraiment instructifs à tous les points de vue. J'ajouterai encore, avec Myers:

« On ne trouve dans ce cas aucune manifestation intellectuelle, mais seulement des projections de morceaux de bois dans toutes les directions, par actes intentionnels, dans le but d'attirer l'attention sans causer de mal à personne. Les témoins des faits s'accordaient en principe pour les juger provoqués par un défunt dans le désir de frapper l'attention d'un vivant et de l'amener à accomplir un devoir de conscience. Le but a été atteint. Si l'on considère ce point de vue comme plausible, et si l'on tient compte des preuves concomitantes d'autre nature, on doit en conclure que l'allure en apparence indéterminée et l'absurdité si banale des manifestations ne s'érigent plus en objections, car personne ne peut vraiment juger de quels pouvoirs dispose une entité désincarnée. En tout cas, il est certain que les mouvements d'objets tels qu'ils s'effectuèrent étaient en rapport avec le métier exercé pendant sa vie par l'agent supposé et, de l'aveu des témoins, ces actes se sont montrés efficaces. Pour l'obtention du but désiré il est fort remarquable aussi que la manifestation des phénomènes semblait indépendante de la présence de personnes spéciales.

« Ces observations, judicieusement poursuivies, ont mis en évidence le bien-fondé de l'hypothèse de l'intervention d'entités désincarnées en certaines manifestations matérielles, quelque vulgaires qu'elles paraissent. »

Cette interprétation est parfaitement admissible. Elle concorde avec ce que nous avons conclu plus haut: 1° *qu'il y a des êtres invisibles*, 2° que ces êtres peuvent être des humains ayant vécu, et 3° qu'ils peuvent ne pas différer beaucoup de ce qu'ils étaient pendant leur vie.

Les forces qui agissent là ne sont pas inconscientes, comme la gravitation, la pesanteur, la chaleur; ce sont des *forces pensantes*, qui agissent intentionnellement. Les preuves réunies ici sont nombreuses et démonstratives.

Nous avons vu que dans le château hanté du Calvados, la châtelaine, entendant remuer dans une chambre hantée, où tous les meubles se déplaçaient et où des bruits formidables ébranlaient le mur, veut entrer dans cette chambre, avance la main droite pour ouvrir la porte lorsqu'elle voit la clef s'en détacher, tourner dans la serrure et venir la frapper à la main gauche avec un coup assez fort pour que la trace en soit restée visible pendant deux jours. Il y avait un témoin auprès d'elle, l'abbé précepteur de son fils. C'était le mercredi 29 décembre 1875.

Observation précieuse. Aucune illusion, pas plus que dans les projectiles divers lancés en d'étroites ouvertures, comme nous l'avons vu. L'évêque Guillaume d'Auvergne assurait, dès le XIIIe siècle, que les jets de pierres par hantise blessent rarement. Ces preuves d'actes intelligents des Invisibles sont tellement connues qu'il est presque enfantin d'y insister.

9

ESPRITS TAPAGEURS. POLTERGEIST

Nous avons réuni, au chapitre précédent, un certain nombre d'observations montrant une association de décédés aux phénomènes, un but plus ou moins défini conduisant à admettre des intentions, des promesses à exécuter, des actes posthumes. Déjà nous en avions remarqué quelques-uns dans notre excursion générale. Mais, en même temps, nous avons constaté l'existence de phénomènes singuliers, ne laissant soupçonner aucune indication d'origine ou de but. Notre impression a été que ces faits mystérieux sont extrêmement variés, sont loin d'avoir tous la même explication, et nous mettent aux frontières de tout un nouveau monde à découvrir. Dans le chapitre actuel, nous classerons exclusivement les phénomènes sans indication de trépassés. Je ne dis pas, à l'opposé du chapitre précédent, *sans association* de morts, car nous n'en savons rien, tout ce monde extraterrestre étant à étudier, et les révélations précédentes nous invitant à une extrême prudence, mais je dis *sans indications* apportées.

Déjà, dans notre « Premier aperçu du sujet », dans les pierres lancées rue des Noyers, à Paris et dans un certain nombre d'observations, nous avons constaté l'absence de toute indication d'ordre psychique. Nous n'en avons pas trouvé non plus à travers la fantasmagorie des phénomènes fantastiques du château hanté du Calvados, ni dans le presbytère aux bruits mystérieux, etc. Quoique des intentions posthumes inattendues aient été souvent suggérées en bien des cas, il semble qu'il y ait là autre chose.

Depuis longtemps, d'ailleurs, toute une classe de phénomènes de hantise ont été réunis sous le titre d'*esprits tapageurs,* étudiés notamment en Allemagne sous la désignation de *poltergeist* (*polter* « faire du bruit », et *geist* « esprit »), bruits, tapages, vacarmes, auditions variées, coups frappés, pas, remuements, murmures, gémissements, etc., produits par des causes indéterminables.

Au premier aperçu que nous avons donné plus haut, nous avons assisté à des spectacles bizarres de lancements de pierres, de bouleversements de mobiliers, dont la vulgaire banalité nous a stupéfiés, et nous nous sommes demandés quelles pouvaient être les causes et les buts de pareils agissements. Les exemples typiques exposés ensuite nous ont montré que ces phénomènes sont aussi variés que fantastiques.

S'il en est, comme les exemples du chapitre précédent, qui révèlent l'action occulte de trépassés, il en est d'autres, tels que les suivants, qui paraissent entièrement différents. Ils méritent un chapitre distinct. Quelles peuvent être leurs causes? Facultés inconnues de l'être humain, animisme, vitalisme, agents psychiques non humains, fragments de l'âme du monde, entités inconnaissables?

Ne perdons pas de vue, dès ces premières lignes, les constatations irrécusables publiées plus haut, tel les phénomènes de la rue des Noyers, à Paris, en 1860, et toutes les observations analogues, dans lesquelles aucune source n'est indiquée, tapageurs anonymes, poltergeist. Réunissons spécialement ici et comparons entre elles quelques-unes de ces relations. L'observation que voici, fort singulière assurément, m'a été adressée de Cherchell (Algérie), le 17 juillet 1922:

« En 1913, quand nous habitions le Tonkin, nous allâmes, ma femme et moi, nous reposer pendant quelques semaines dans la ville de Mong-Zen (Chine Younan). Nous habitions, dans une sorte de camp constituant la concession française, une villa isolée, la plus rapprochée étant éloignée d'environ 20 mètres. Nous étions accompagnés de notre boy, jeune Annamite d'environ seize ans.

« Un jour ou deux après notre arrivée, pendant le silence de la nuit, nous fûmes surpris par un bruit formidable paraissant extérieur et se répercuter sur la toiture; je pensai à un coup de tonnerre: je regardai le ciel, il était limpide, sans un souffle, sans un nuage. Nous avions cependant constaté, pendant notre séjour au Cambodge, que des coups de tonnerre sans vents et sans nuages perceptibles ébranlaient parfois l'atmosphère, et je ne me préoccupai guère plus de ce fait que pour interroger, le lendemain matin, mes voisins, qui affirmèrent n'avoir entendu ni bruit ni tonnerre.

« A quelques jours de là, également en pleine nuit, nouveau bruit: impossible de dormir; nous passâmes la nuit à attendre le jour, j'ai donc bien pu analyser le caractère de cette audition. Je l'attribuai à une roche détachée de la montagne voisine, et ayant roulé, ou à un léger tremblement de terre (si fréquents dans cette région). Pourtant, cette explication ne me satisfaisait pas pleinement, car le bruit, quoique très fort, était, si je puis dire, sourd et unique: il aurait fallu pour que mon opinion fût fondée, supposer une roche tombant à plat, sur un terrain nivelé, ce qui est absurde. Une fois encore, personne dans la concession n'avait rien entendu, et l'on n'avait pas enregistré de secousse sismique.

« Ces deux manifestations auraient pu être oubliées, si un troisième fait du même ordre ne s'était produit. Toujours vers la même heure de la nuit, dans les mêmes conditions météorologiques, de calme parfait: un bruit, cette fois formidable, retentit dans la toiture. En une seconde, nous fûmes debout, et notre boy (Dieu sait si les Annamites ont le sommeil dur!) qui couchait dans la pièce voisine, porte ouverte, se dressa subitement, en proie à la stupéfaction.

« Je croyais ne plus voir une seule tuile sur le toit; je pensai à un cyclone imprévu; je sortis; or, rien de la maison n'était déplacé, le calme était partout. Voyant de la lumière chez mes voisins, je les appelai, leur demandant: « Avez-vous entendu? » Ils parurent étonnés, nous répondirent qu'ils lisaient tranquillement et n'avaient été dérangés par aucun bruit.

« Je ne doute plus maintenant, en présence de ces circonstances et après avoir lu les diverses relations sur cette matière, que des entités devaient hanter cette maison.

« La villa étant chaque année louée pour un ou deux mois à des personnes de passage, il est extrêmement difficile de savoir si des manifestations semblables avaient frappé de précédents occupants.

« La cause de ces bruits inexpliqués est à découvrir.

« Max Roussel,

« Receveur des Domaines à Cherchell. »

Phénomène subjectif. Comment? Pourquoi? Nous ne devinons là aucune indication d'association avec des âmes de morts.

Aucune illusion n'est admissible. Audition certaine.

Comme nous l'avons vu à notre excursion générale, ces observations sont nombreuses et variées, et faites dans tous les pays. En voici une autre, plus bizarre encore que les précédentes.

Une chute de pierres énigmatique tout à fait inexplicable a été décrite à la Société anglaise des Recherches psychiques (*Journal*, XII, p. 260) et reproduite par Bozzano dans ses *Phénomènes de hantise*. Je la donne, d'après une relation de M. Grottendieck, de Dordrecht, en Hollande:

« En septembre 1903, il m'arriva d'assister à un phénomène anormal, que j'ai pu observer avec le plus grand soin dans tous ses détails.

« J'avais accompli la traversée de la « jungle » de Palembang à Djambi (Sumatra), avec une escorte de cinquante indigènes javanais, dans un but d'exploration; et en revenant au point de départ, je trouvai mon habituelle résidence occupée. Je dus donc transporter mon sac-lit dans une autre cabane encore inachevée, construite avec des poutres adhérentes entre elles, et couverte de grandes feuilles desséchées et superposées de « kadjang ».

« J'étendis le sac-lit sur le plancher de bois, je disposai tout autour la moustiquaire, et je m'endormis bientôt. Vers 1 heure du matin, je me réveillai au bruit d'un objet tombé près de mon oreiller, en dehors de la moustiquaire. Je regardai autour de moi, j'aperçus des cailloux noirs, d'une longueur de deux centimètres environ. Je me levai, je pris la lampe déposée au pied du lit, et, me mettant en observation, je constatai que des pierres tombaient du plafond, décrivant une parabole, et arrivaient près de mon oreiller.

« J'allai dans l'autre chambre réveiller le jeune garçon malais que j'avais avec moi, lui ordonnant de sortir pour inspecter la jungle autour de la cabane; et tandis qu'il s'exécutait, je l'aidai dans sa recherche en éclairant le feuillage avec une lampe électrique. Pendant ce temps, les cailloux n'avaient pas cessé de pleuvoir à l'intérieur. Quand le garçon revint, je l'envoyai de garde dans la cuisine, et pour mieux surveiller la chute des pierres, je me suis mis à genoux près de l'oreiller, essayant de les saisir au vol; mais mon entreprise était irréalisable, car les pierres semblaient sauter en l'air dès que je bondissais pour les saisir. Alors je grimpai sur une palissade et, examinant le plafond au point d'où elles provenaient, je constatai qu'elles sortaient de la couche de feuilles de « kadjang », laquelle, cependant, n'était absolument pas trouée: je tentai à nouveau de les saisir au passage de là-haut, mais toujours inutilement.

« Quand je descendis, le garçon entra pour me dire qu'à la cuisine il n'y avait personne. J'étais convaincu qu'un mauvais plaisant devait se cacher quelque part, et m'armant de mon fusil je fis feu cinq fois de ma fenêtre vers la jungle, obtenant ce beau résultat qu'à l'intérieur de la cabane les pierres commencèrent à pleuvoir avec plus de fougue qu'auparavant.

« J'obtins cependant ainsi de réveiller complètement le garçon qui, avant les coups de feu, semblait lent et somnolent. Mais dès qu'il vit tomber les pierres, il cria que c'était le diable qui les lançait, et fut saisi d'une telle épouvante qu'il s'enfuit en courant vers la jungle, en pleine nuit. Dès qu'il disparut, la pluie de pierres cessa; mais le garçon ne revint plus et je le perdis pour toujours. Les pierres ne présentaient par elles-mêmes rien de particulier, si ce n'est qu'en les touchant on les sentait plus chaudes qu'elles n'auraient dû l'être normalement.

« Quand le jour parut, je retrouvai les pierres sur le parquet, et j'aperçus sous la fenêtre les cinq cartouches que j'avais tirées. Je voulus examiner encore le plafond au point d'où la pluie de pierres avait jailli, mais je ne découvris rien, pas même l'ombre d'une fêlure dans la couche de feuilles. Pendant le temps si court qu'avait duré le phénomène, une vingtaine de pierres étaient tombées. J'en mis plusieurs dans ma poche, et je les conservai. Je crus d'abord qu'il pouvait s'agir de pierres météoriques, puisqu'elles étaient chaudes au toucher; mais comment s'expliquer le fait qu'elles ont traversé le plafond sans le trouer?

« Pour conclure: le pire de l'aventure pour moi, c'est que la fuite du garçon m'obligea à me préparer moi-même mon déjeuner et à renoncer au pain grillé et à l'habituelle tasse de café. »

En réponse aux questions que lui adressa le conseil directeur de la Psychical Society, M. Grottendieck ajouta des éclaircissements, parmi lesquels nous noterons les suivants:

« Je me trouvais seul avec le garçon dans la cabane, qui était complètement entourée par la jungle.

« Au point de vue de la fraude, le garçon est hors de soupçon, car lorsque je me penchai sur lui pour le réveiller (il dormait sur le parquet près de ma porte), deux pierres tombèrent l'une après l'autre, et je les vis et les entendis tomber, la porte étant ouverte.

« Les pierres tombaient avec une lenteur remarquable; de sorte que même en supposant la fraude, il y aurait encore là quelque chose de mystérieux à expliquer. On aurait dit qu'elles s'attardaient en l'air, décrivant une courbe parabolique et frappant le sol avec force. Même le bruit qu'elles produisaient était anormal, car il était trop fort relativement à la lenteur de la chute.

« J'ai dit que le garçon m'avait semblé somnolent jusqu'au moment où les coups de feu le réveillèrent, et son état se devinait à ses mouvements empreints d'une lenteur anormale. Il s'était levé, et il était entré dans la jungle et en était revenu en se comportant d'une façon extraordinairement lente. La lenteur de ses actes avait produit en moi l'identique et étrange impression éprouvée par la lenteur de la chute des pierres. »

Tels sont les points essentiels des relations envoyées par M. Grottendieck.

« Dans une autre circonstance, en Sicile, au mois de juin 1910, et en plein jour, M. Paolo Palmisano, qui en a été témoin, signale des pierres qui arrivaient lentement, ne causaient aucun dommage, et que l'une d'entre elles, près d'un endroit où se tenait assise une jeune sourde-muette, fille du paysan, se détacha du mur, et décrivant avec lenteur un demi-cercle en l'air, vint se poser dans la main d'un ami. Nous nous regardâmes abasourdis, écrit-il, mais la pluie de pierres continua (*Giornale di Sicilia* du 7 juin 1910).

« A propos des projectiles qui sortent d'un point où n'existe aucune ouverture, et de leur chaleur anormale, on doit noter que quoique ces faits soient incompréhensibles, ils se répètent néanmoins dans les observations de poltergeist. »

Nous ne pouvons nous refuser à ces constatations.

Remarquons, dans ces trois cas, de Mong-Zen, Sumatra et Sicile, la présence d'un jeune être humain inconscient.

En cherchant à découvrir les causes de ces mystérieux agissements, nous ne voyons aucune indication d'actes de décédés, et pourtant, il y a certainement là des marques d'intentions, d'adresse, d'intelligence. Sont-ce là des êtres invisibles différents de l'humanité? Il me semble que cette hypothèse n'est pas nécessaire. Si nous admettons la survivance, il doit exister des millions d'esprits moyens ou inférieurs capables de s'amuser de la sorte.

S'amuser! Le mot peut paraître bizarre. Pourtant, il s'approprie singulièrement aux observations, dans leur innombrable variété, mais avec la complication des mouvements inexpliqués.

Au mois de février 1913, j'ai reçu plusieurs journaux de Belgique, entre autres *Le Sincériste* d'Anvers, *l'Etoile belge* de Bruxelles, *La Fraternité, Le XXe siècle*, etc., me donnant le récit, sous diverses formes, d'une maison hantée à Marcinelle. La meilleure relation est celle qui a été publiée dans les *Annales des Sciences psychiques* de 1913. Je la mets sous les yeux du lecteur:

« Tous les journaux du pays ont rapporté les faits singuliers de jets de pierres sans auteur connu, qui se sont produits à Marcinelle, près Charleroi, dans la maison occupée par M. Van Zanten, rue César-de-Paepe.

« Ces manifestations, qui ont commencé le jeudi 30 janvier, ont pris fin le dimanche 2 février et n'ont duré que quatre jours. Elles ont mis en mouvement la police locale, ainsi que la gendarmerie; elles ont provoqué une descente du parquet; mais toutes les investigations sont restées sans résultat. Nous nous sommes rendus sur place, le 5 février; la maison où ces événements ont eu lieu est la dernière d'une série de constructions analogues; à côté d'elle, en façade sur la rue, se trouve un grand jardin bien ombragé, qui s'étend jusqu'au coin de la première rue transversale, et entoure également le fond des cours et clos des petites habitations dont la maison Van Zanten termine la file.

« Peu après notre arrivée, nous avons pu lier conversation avec un agent de l'autorité qui a pris une part considérable à l'organisation de la surveillance.

« Ce qui l'avait le plus frappé, dans les circonstances dont il avait eu à se préoccuper, c'était la singulière précision du tir, les projectiles frappant, semblait-il, exactement à l'endroit choisi à l'avance par l'auteur du délit.

« — J'ai vu, me dit-il, une pierre arriver au milieu d'une grande vitre, puis une série d'autres frapper en spirale autour du premier point d'impact, de façon à briser méthodiquement toute la feuille de verre; j'ai même vu, dans une autre fenêtre, un premier projectile retenu par les débris de verre dans l'ouverture qu'il venait de produire, être chassé à son tour par un second passant exactement au même point.

« Les pierres ne peuvent venir, d'après nos observations, que d'une maison située sur la face opposée du quadrilatère, à 150 mètres environ du but. Pour obtenir une pareille rectitude dans ses projectiles, il faut que le coupable dispose d'une catapulte assez puissante et parfaitement réglée. »

« — Ceci, lui fis-je observer, ne résout pas le problème; les objets lancés, différant d'après ce que vous venez de me dire de poids, de forme, de grandeur et de densité, chaque projectile devrait suivre une trajectoire différant considérablement l'une de l'autre, par suite des effets inégaux de la résistance de l'air. De plus, le vent devrait agir encore d'une façon notable pour dévier les pierres, tantôt d'un côté, tantôt de l'autre; de sorte que l'on peut affirmer qu'un tir aussi précis, avec des projectiles aussi variés, est au-dessus des facultés humaines. »

« Quelques instants après, j'eus l'occasion de voir M. Van Zanten qui, avec une très grande complaisance, consentit à me montrer l'immeuble, les dégâts commis, les projectiles conservés, et répondit en outre de la façon la plus détaillée aux questions que je crus devoir lui poser. Je lui ai parlé d'abord de ce que m'avait dit l'agent de la force publique.

« — Le premier fait est parfaitement exact, me répondit-il: la première pierre est effectivement venu frapper avec précision au milieu de cette vitrine, et les suivantes ont touché systématiquement en spirale autour du premier trou.

« Mais ce qui nous a le plus étonnés, c'est qu'aucune des 300 pierres jetées n'ait touché personne; le premier jour, mon petit garçon était au jardin, ma petite fille dormait au premier, dans son berceau près de la fenêtre ouverte; ils n'ont été incommodés en aucune façon; la bonne a reçu, il est vrai, un quart de brique sur la tête, mais elle n'en a presque pas souffert, mon beau-père a été touché au bras et il s'est écrié: « Tiens, je n'ai rien senti! »

« — C'est là un des signes, dis-je, auquel on peut le mieux, d'après ce qu'en dit la théorie, distinguer les projectiles de hantise de ceux dus à une intervention humaine. »

« Comme à ce moment la domestique rentrait précisément, je l'interrogeai également. On sait combien il est fréquent de rencontrer, dans les maisons hantées, une personne de sexe féminin, arrivée à l'âge de la crise prothémique; celle-ci ne me parut pas avoir quinze ans; les phénomènes semblaient s'attacher à elle, car les projectiles ne commençaient guère que lorsqu'elle était levée; la bonne me montra l'endroit de sa tête où la pierre l'avait touchée; aucun chignon ni bonnet ne protégeait ce point. « — Avez-vous beaucoup souffert, dis-je? — Oh! oui, car j'ai encore pleuré de mal pendant la journée. — Cependant cela n'a pas saigné, vous n'avez pas eu de gonflement, de bosse? — Non, rien de semblable. » Le projectile avait le volume d'un quart de brique. Il me semble vraiment peu naturel qu'il ait produit si faible effet, venant de si loin et devant par conséquent retomber de haut.

« En vertu d'un mandat de perquisition, la police de Marcinelle, après avoir relevé la direction approximative des projectiles, a visité de fond en comble quatre maisons que l'on soupçonnait vaguement de servir de camp retranché à l'ennemi.

« Rien n'a été trouvé, et les locataires des maisons en question paraissaient aussi stupéfaits que M. Jacob Van Zanten lui-même. »

Tel est le récit du directeur du journal d'Anvers.

Remarquons avec Bozzano, qui a également rapporté ce cas de Marcinelle, que l'on doit considérer tout d'abord la quantité des projectiles invitant à conclure en faveur de l'origine supranormale des phénomènes, si l'on tient compte qu'un opérateur humain, qui aurait lancé trois cents projectiles sans changer de place, n'aurait pas manqué de se faire cueillir en flagrant délit par les gendarmes.

A noter, en outre, que lorsque les projectiles frappaient les personnes, ils ne leur causaient aucun mal, ou en causaient beaucoup moins qu'ils n'auraient dû le faire normalement, alors qu'en frappant les objets ils produisaient les dommages correspondant à leur volume et à leur poids. Nous savons cela depuis sept cents ans, depuis l'évêque Guillaume d'Auvergne.

Cette particularité curieuse constitue la règle

dans les manifestations de « poltergeist » et nous invite à admettre l'existence d'une intention et d'une volonté occultes réglant les manifestations. Ces actes intentionnels suggèrent une autre observation se rattachant à un commentaire qui a suivi le cas de Sumatra, à propos de certains exemples où l'on parlait de projectiles ayant parcouru avec une lenteur relative leur parabole en l'air; phénomène théoriquement intéressant, mais fort rare, de projectiles inoffensifs pour les personnes et produisant leur effet maximum en frappant les fenêtres, les portes et les meubles.

★

Des observations du même ordre ont eu lieu un peu partout. Le professeur Perty, de l'Université de Berne, a publié en 1863 un opuscule sur « la maison hantée du conseiller national Joller » de Niederdorf, près de Stans, canton d'Unterwalden. En voici le résumé:

« Au mois d'août 1862, du 15 au 27, des tables et des chaises ont été renversées par une main invisible; des coups furent frappés contre les portes et contre les planches, des portes s'ouvrirent et se fermèrent d'elles-mêmes; à la fin, le bruit devint terrible, les verrous sautèrent et l'on craignit la démolition de la maison. Pour les personnes qui se trouvaient dans la chambre, les coups venaient de la cave sous le plancher; pour celles qui étaient en observation dans la cave, ils venaient de haut en bas; en même temps, des coups étaient frappés comme avec un marteau, sur les tables et les chaises. Malgré les recherches les plus minutieuses, on ne put trouver à tout cela une cause visible. Ce qui n'empêcha pas, quelques jours après, un journal de Lucerne, *Der Eidgenoss*, de prétendre que la chose était expliquée par les preuves les plus palpables: on avait trouvé les instruments frappeurs ayant servi à faire du bruit dans le but de déprécier la maison et d'amener son propriétaire à la vendre à l'encan.

« Le conseiller Joller répondit à cette affirmation, dénuée de tout fondement, dans le *Bund* du 4 septembre, en déclarant formellement que cet étrange phénomène, malgré l'enquête officielle et les mesures prises, n'a pu être expliqué par aucune cause rationnelle. Le vacarme dura, en se concentrant en un cercle plus petit, jusqu'au 27 août, et cessa alors pour quelque temps.

« Ce fut, comme on pense, pour une nombreuse famille, des jours d'indicible terreur qui eurent de cruelles conséquences.

« Les sceptiques prétendirent donner une explication mécanique, et les dévots virent là l'œuvre du diable. L'aventure fit beaucoup de bruit dans la presse, et on parla, comme toujours, d'illusions et de supercheries, etc. Dans l'*Allgemeine Zeitung* du 28 septembre, un correspondant de Berne assure que le fin mot a été trouvé; que la cause de ce vacarme n'est autre que le fils, âgé de dix-huit ans, de M. Joller. Celui-ci aurait appris près des bohémiens toutes sortes de tours, et se serait exercé à celui-là pour effrayer ses parents et s'amuser lui-même. Sur ma demande d'information, M. Joller m'a écrit ce qui suit à la date du 2 octobre:

« En réponse à votre honorée du 30 septembre, je vous informe tout d'abord que les phénomènes mystérieux, sans toutefois la violence tumultueuse du début, continuent toujours dans ma maison, et que les journaux dont vous me parlez ne contiennent *pas un mot de vrai* à ce sujet. »

« Après avoir regretté que la commission d'enquête n'ait pas entendu, pour rédiger un procès-verbal, les nombreuses et honorables personnes qui ont été témoins oculaires et auriculaires de ces étranges phénomènes, M. Joller ajoute:

« Exposé d'une part au feu croisé d'une populace grossière et fanatique, de l'autre à celui de la presse incrédule, calomniatrice et moqueuse, je fus avec une nombreuse famille abandonné à mon malheur, et aujourd'hui la santé ébranlée de ma femme et de mes enfants me force à changer de domicile. J'ai voulu d'abord garder le secret; mais le tapage devint si fort que je ne pus me taire plus longtemps.

« Les phénomènes, dont bien malgré moi il fallut me convaincre, au grand jour, pendant six semaines, sont de natures très diverses.

« Au commencement se firent entendre des coups frappés contre les murs, les planches, et surtout contre les portes de la maison. Parfois, ces phénomènes étaient si violents que les portes s'ouvraient et se refermaient, arrachées avec force des loquets. Ces bruits diminuèrent ensuite pour se changer en un léger cahotement. Des tables, des chaises, des vaisselles furent renversées, tantôt avec bruit, tantôt sans bruit; des tableaux furent enlevés des murs, des vases ôtés des tables et des commodes, puis posés renversés sur le plancher; toutes sortes d'objets ont été bizarrement pendus aux clous; finalement *des tableaux ont été retournés sous nos yeux contre les murs*, des pierres, des fruits, des habits, etc., ont été jetés de tous côtés et cachés dans des endroits sombres, malgré serrures et verrous.

« Souvent des pierres ont été jetées dans la cheminée. Rien ne fut brisé ni endommagé, et, remarque surprenante, les pierres qui, venant de la cheminée, atteignirent l'un ou l'autre de mes enfants leur causaient un choc à peine sensible. Nous avons eu à subir le contact d'une main glacée et de l'extrémité de doigts, et nous avons senti un courant d'air froid produit comme par un rapide battement d'ailes, ce qui a été perçu par tous les habitants de la maison. On imitait aussi avec une perfection singulière le bruit d'une montre que l'on remonte, d'un banc à bobines, du bois que l'on fend, de l'argent que l'on compte, de frottements, de chants et de sons articulés comme par une langue humaine. En général, ces bruits, souvent très forts, avaient quelque rapport avec le travail et la conversation des gens de la maison; avant-hier soir, vers 8 heures, une pierre humide de rosée fut jetée par-dessus l'escalier presque devant la porte de l'appartement. Il y a sept semaines, ces racontars m'auraient fait sourire et hausser les épaules, mais aujourd'hui il me faut bien les affirmer de toutes les forces de mon être. »

« Le professeur Perty ajoute: « M. le Conseiller national Joller, qui est partout considéré comme un homme loyal, éclairé, ami de la vérité, se consolera de l'ennui et de l'inquiétude que lui ont causés ces phénomènes mystérieux, en pensant qu'ils contribuent à élargir l'horizon de l'esprit, en ouvrant des vues sur un nouvel ordre de choses, et que le faux jugement porté sur lui par quelques-uns ne provient que de l'ignorance. »

Nous pourrions penser, avec le professeur Perty et avec Bozzano qui le commente, et répéter ce que nous avons dit plus haut, que ces manifestations banales, vulgaires, matérielles, analogues à tant d'autres que nous avons eu à constater dans cet ouvrage, sont opérées par voie de moindre résistance (comme les phénomènes de la foudre) et peuvent être dirigées par des intelligences invisibles, avec le but d'impressionner les témoins, en secouant leur indifférence et en les invitant à méditer sur la possibilité de l'existence d'une âme survivant à la mort avec toutes les conséquences morales et sociales qui en dérivent. Si l'on admet cette interprétation, on admet par cela même qu'un but très noble est atteint par des moyens fort modestes, ce qui s'adapte à la nature trop souvent vulgaire de l'homme, car il faut bien avouer que la plupart des êtres humains ne connaissent que la vie matérielle, restent sourds devant les argumentations philosophiques ou psychologiques, n'étant frappés par les faits brutaux? Un violent coup de poing dans le dos les touche plus qu'une dissertation de Platon, de Bouddha, ou de Jésus-Christ.

Constatons maintenant que dans l'ensemble des phénomènes de hantise, les poltergeist ou esprits tapageurs indépendants, sans association avec des humains disparus, sont beaucoup moins nombreux que les exemples d'une association quelconque, telle que celle étudiée au chapitre précédent. Toutefois, les relations que j'ai en ce moment sur ma table représenteraient bien une trentaine de pages. Elles ressemblent à toutes celles que nous avons publiées.

Qu'il y ait des intelligences invisibles en action dans les phénomènes de poltergeist, c'est incontestable. Des projectiles frappent des cibles choisies, se ralentissent pour ne pas blesser les spectateurs, décrivent des trajectoires capricieuses, tombent on ne sait d'où, passent à travers des fentes étroites ajustées, et même pénètrent dans des pièces hermétiquement fermées: ce sont là des actes appartenant à un monde supranormal. Attribuer ces actes raisonnés à des facultés bizarres du subconscient me paraît une hypothèse difficilement soutenable.

Nous avons fait remarquer que la banalité et la

vulgarité des manifestations peut s'expliquer par le simple but d'attirer l'attention et par la facilité d'agir suivant la moindre résistance. Il peut aussi exister là des esprits vulgaires, comme il en existe dans notre monde vivant, et même selon toute probabilité un fort grand nombre. Pourquoi n'y aurait-il pas, de l'autre côté de la barrière comme de ce côté-ci; de mauvais plaisants — et même des imbéciles et des méchants?

Une laborieuse statistique faite par Ernest Bozzano l'a conduit au résultat suivant:

« Sur 532 cas de phénomènes de hantise comparés, il y en a 374 appartenant à la catégorie des « phénomènes de hantise par défunts », et 158 qui concernent les tapageurs anonymes ou « poltergeist »; ces derniers sont ainsi dans la proportion de 28 % par rapport aux premiers. Si l'on examine séparément les catégories, on constate que, dans celle des phénomènes de « poltergeist », on note 46 cas de « pluies de pierres », 39 cas de sonnettes se faisant entendre spontanément, 7 cas d'incendies et 7 autres cas auditifs dans lesquels des voix humaines inconnues ont été entendues.

« Dans les « phénomènes de hantise proprement dite »; 374 sur un total de 532, c'est-à-dire 72 % montrent une connexion avec quelque événement de mort — la plupart du temps tragique — s'étant produit dans les locaux ou les localités hantés.

« Les 374 cas en question peuvent être divisés en plusieurs groupes très distincts et fort suggestifs. Ainsi, par exemple, dans un premier groupe de 180 cas — et sur la base de renseignements presque toujours sûrs — l'origine de la hantise coïnciderait avec un événement tragique s'étant produit là. Dans un autre groupe de 27 cas, l'absence de documentation serait remplacée par la découverte de restes humains enterrés ou murés dans ces lieux: indice manifeste de drames de sang ignorés. Dans un troisième groupe de 51 cas, on remarque des décès associés au local, et dans un quatrième groupe de 26 cas, la personne décédée qui se manifeste ne serait pas morte dans les locaux hantés, mais y aurait vécu longtemps.

« Dans 304 cas sur un total de 374, on relève ainsi un événement de mort coïncidant avec la hantise. Resteraient 70 cas dans lesquels aucun précédent mortuaire n'existerait ou, pour être plus exact, dans lesquels on n'en aurait pas découvert. Cette majorité énorme de cas avec précédence de mort paraît suffisante pour légitimer l'hypothèse de l'existence d'un lien entre les causes des deux ordres de faits. »

La conclusion de tout ce qui vient de passer devant nos yeux est que ces faits extraordinaires et inexplicables sont certains, malgré les difficultés d'observation et les illusions spéciales inévitablement associées à leur étude. Ils sont aussi certains que l'existence du soleil et de la lune. Mais il est plus facile de les constater que de les expliquer. Nous devons cependant consacrer un dernier chapitre à chercher cette explication. Toutefois, un arrêt encore: les fausses maisons hantées.

10

LES FAUSSES MAISONS HANTÉES

Les fausses maisons hantées sont aussi nombreuses que les vraies. Ce sujet prête infiniment aux supercheries, aux tricheries, aux farces, ainsi qu'aux illusions, aux hallucinations, aux tromperies des hystériques, aux mensonges des enfants des deux sexes. J'ai eu la patience de réunir et d'examiner des centaines de relations, entre autres celles qui ont été discutées, depuis longtemps déjà, par les Sociétés psychiques d'Angleterre, des Etats-Unis, de France et d'Italie, ainsi que dans les diverses publications françaises et étrangères. Ces relations variées représentent un volume presque aussi considérable que celui-ci, et il me semble tout à fait inutile de les publier spécialement. J'y ai consacré beaucoup de temps, et j'épargnerai ce temps à mes lecteurs. Ceux qui voudraient s'en rendre compte n'ont qu'à feuilleter la collection des *Annales des Sciences psychiques*, de Paris, celle des *Proceedings of the Society for Psychical Research*, de Londres et de New York, ainsi que la Revue *Luce e Ombra,* de Rome, principaux périodiques copieusement documentés sur ce sujet.

Les faits et gestes associés, de près ou de loin,

au spiritisme sont particulièrement exposés aux illusions, aux erreurs d'interprétation, et surtout aux supercheries des imposteurs. Malgré l'infamie des faux médiums qui spéculent cyniquement sur la douleur des êtres en deuil avides de consolations, ces vils imposteurs sont nombreux, et l'on ne saurait trop s'en méfier. Pour ma part, j'en ai dévoilé plus d'un, en des conditions telles qu'ils ont dû être chassés des pays exploités sans scrupules par leur grossière mentalité. Il ne manque pas de personnes douées de facultés psychiques réelles qui n'hésitent pas à y ajouter ce que l'on appelle le coup de pouce lorsqu'ils sont à bout de forces. Les hommes d'étude, qui n'ont pas de temps à perdre, ont eu souvent à se plaindre de ce manque d'égards. — Comme on l'a vu entre autres, dans une lettre de l'éminent astronome Schiaparelli que j'ai publiée autrefois, on comprend fort bien que malgré leur désir de s'instruire, des savants se soient découragés, au grand détriment de la science. Les hommes d'esprit scientifique sont naturellement francs et sincères, et ne comprennent pas le mensonge.

Il est plus intéressant et plus important pour nous d'essayer de découvrir les causes des réalités observées.

Constatation irrécusable: les maisons hantées sont de tous les temps et de tous les pays.

11

RECHERCHE DES CAUSES

« Ceci est un livre de bonne foi. »
Montaigne.

Felix qui potuit rerum cognoscere causas! Heureux celui qui peut connaître les causes, proclame Virgile depuis deux mille ans, dans ses admirables *Géorgiques*, en signalant le bonheur de ceux dont l'esprit vigoureux pénètre les secrets de la nature et s'élève au-dessus des idées vulgaires. La documentation réunie dans le présent travail nous permet-elle d'arriver à ce bonheur?

Dans cette documentation, libre et indépendante, affranchie de tout préjugé (*prae-judicium*, jugement anticipé), mes lecteurs savent que je n'ai pas eu d'autre but que de m'instruire moi-même et de leur présenter le résultat de ces investigations. Qu'ils me permettent donc de leur rappeler que mon étude personnelle de ce monde occulte a commencé au mois de novembre 1861, en compagnie d'Allan Kardec, fondateur du spiritisme moderne et sans contredit l'homme le plus documenté de cette époque, et que, depuis ces années déjà lointaines jusqu'à l'époque actuelle (1923) je me suis trouvé en situation de connaître à peu près tous les travaux effectués dans le monde entier sur ce sujet. Je suis donc, je l'avoue, singulièrement surpris de voir ces phénomènes niés par des hommes qui paraissent intelligents, instruits et pondérés.

Comme je l'ai déjà dit, il est, en général, de très bon ton de professer un scepticisme absolu à l'égard des faits qui font l'objet du présent ouvrage. Pour les trois quarts des citoyens de notre planète, tous les bruits inexpliqués des maisons hantées, tous les déplacements sans contact de corps plus ou moins lourds, tous les mouvements de tables, de meubles, d'objets quelconques déterminés dans les expériences dites spirites, toutes les communications dictées par des coups frappés ou par l'écriture inconsciente, toutes les apparitions, partielles ou totales, de formes fantomatiques, sont des illusions, des hallucinations ou des farces. Nulle explication n'est à chercher. La seule opinion raisonnable est que ce sont là des erreurs, que tous les « médiums », professionnels ou non, sont des imposteurs, que ces phénomènes n'existent pas, et que les témoins sont des imbéciles.

Assurément, le sujet est complexe et le problème à résoudre est une équation à plusieurs inconnues. Mais la science en a résolu bien d'autres, depuis les équations du premier degré jusqu'aux fonctions transcendantes du calcul intégral. Il y a tout d'abord ici deux éléments en présence: des facultés humaines à analyser, à déterminer, et un élément psychique invisible extérieur à nous.

On a pu lire dans *Les Forces naturelles inconnues:*

« En fait de spiritisme, le champ est ouvert à toutes les hypothèses explicatives. On remarque que les communications dictées par les tables sont en rapport avec l'état d'esprit, les idées, les opinions, les croyances, le savoir, la littérature même des expérimentateurs. C'est comme un reflet de cet ensemble.

« En préjugeant ce qui est à démontrer, le nom de *médium* est tout à fait impropre; il suppose que la personne douée de ces facultés est un intermédiaire entre les esprits et les expérimentateurs. Or, en admettant que ce soit quelquefois le cas, ce ne l'est certainement pas habituellement. La rotation d'une table, son soulèvement, sa lévitation, le déplacement d'un meuble, le gonflement d'un rideau, les bruits entendus sont causés par une force émanant de cette personne ou de l'ensemble des assistants.

« Nous ne pouvons vraiment pas supposer qu'il y ait toujours là un esprit pour répondre à nos fantaisies. Et l'hypothèse est d'autant moins nécessaire que ces prétendus esprits ne nous apprennent rien. Notre force psychique agit sûrement la plupart du temps. La personne qui exerce l'action principale dans ces expériences serait plus justement appelée *dynamogène,* puisqu'elle engendre de la force. Ce serait là, me semble-t-il, le terme le mieux approprié à cet état. Il exprime ce qui est constaté par toutes les observations. »

C'étaient là des invitations à la *méthode* scientifique.

Nos études sur ces sujets exigent une circonspection plus grande peut-être que toutes les autres. Déjà, en 1869, dans le Discours que j'ai prononcé sur le cercueil d'Allan Kardec, j'ai fait remarquer que le spiritisme ne doit pas être considéré comme une religion, mais comme une science à étudier, et que les causes en action sont d'espèces diverses et plus nombreuses qu'on ne suppose.

Nous ne connaissons pas toutes les facultés humaines. Le précepte du temple de Delphes *γνῶθι τεκυτον*, Connais-toi toi-même, est toujours de saison. Nos propres puissances entrent certainement pour une part dans la production des phénomènes étudiés ici. Fidèle serviteur de la méthode expérimentale, je pense que nous devons examiner toutes les hypothèses naturelles avant de recourir aux autres.

Lorsque j'ai essayé, dans *L'Inconnu* (1900), un premier classement méthodique de ces observations si diverses, j'ai commencé par les transmissions télépathiques les mieux prouvées et par les manifestations de mourants, de vivants, susceptibles de vérifications par des témoins accrédités inspirant entière confiance.

Il m'a toujours semblé que nous ne saurions apporter trop de prudence dans l'interprétation des faits, surtout lorsqu'il s'agit d'établir scientifiquement les preuves de la survivance de l'âme, car notre impression normale est que l'âme est intimement associée au cerveau, à son évolution et à sa fin. Il s'agit de prouver l'erreur de cette apparence. Certains phénomènes produits au moment de la mort l'ont-ils été avant ou après ce moment? J'ai d'abord supposé, naturellement, qu'il était possible qu'ils l'eussent été par la force psychique du vivant, tout en admettant que cet examen pouvait nous conduire à la preuve de l'action après la mort. On m'a reproché cette prudence.

M. A. Erny a écrit dans les *Annales des Sciences psychiques* de 1900:

« C'est une *erreur complète*, de la part de M. Flammarion, de croire que ce sont des *mourants* qui peuvent se manifester et non des *morts*.

« *Un mort* peut se manifester d'une façon plus ou moins objective, *parce qu'il est dégagé*, et que son corps psychique peut agir momentanément, et se transporter à des distances énormes, comme le fluide électrique.

« De plus, ce n'est presque *toujours qu'à des parents ou à des amis* qu'un *mort* se manifeste, parce que l'affection qui les unissait sur la terre, les attire une dernière fois vers ceux qui les ont aimés.

« Quant aux *mourants*, il leur est impossible de se manifester, pour l'excellente raison qu'au moment de la mort, tous les éléments psychiques luttent péniblement pour se dégager du corps physique, et ce n'est pas dans cette crise suprême qu'il leur est possible d'agir d'une façon quelconque. Le *mourant* est dans une sorte *d'état comateux* où il semble souffrir beaucoup, mais, en réalité, il est *insensibilisé par et pendant sa crise*. Je me souviens personnellement que lorsque mon père était mourant, il semblait souffrir énormément dans son agonie, aussi lui dis-je ceci:

« — On croirait que tu es douloureusement affecté, mais *si tu ne souffres pas, serre-moi la main...* » Quoique ne pouvant pas parler, mon père me serra légèrement la main que je tenais dans la sienne. Preuve évidente et palpable qu'il ne souffrait pas, et que son état ne devait pas être pénible; mon père croyait fermement à l'immortalité de l'âme, et après sa mort, sa figure *contractée par la maladie*, prit un air de grandeur et d'élévation qui nous frappa beaucoup, ma mère et moi. »

Je n'ai jamais dit, ni pensé, que les morts *ne pouvaient pas* se manifester, et je n'ai fait aucune hypothèse d'analyse théorique. Je crois, au contraire, que cette manifestation est aujourd'hui prouvée par les faits d'observation et que nous devons l'admettre, mais à la condition de n'être pas dupes d'illusions et d'erreurs.

M. Erny interprétait là surtout, en 1900, mon ouvrage *L'Inconnu*, qui venait de paraître et qui, en effet s'occupe principalement de la télépathie et des manifestations de mourants. C'est par-là que notre étude devait commencer. Il cite les cas que j'ai publiés, du général Parmentier, de René Kraemer, de Mme Féret, de Clovis Hugues, du baron Deslandes, de la baronne Staffe, et conclut que je suis dans l'erreur en attribuant ces phénomènes à des mourants ou à des hallucinations, tandis que, selon lui, ils sont certainement produits par des morts.

Je le désire autant que mon contradicteur, mais je suis plus difficile que lui sur les preuves. Nous ne le serons jamais trop. La méthode scientifique est inexorable. Je vogue assez souvent entre deux écueils, entre les dénégateurs qui nient tout et les croyants qui acceptent tout.

Ne pouvons-nous même pas nous demander si nous ne sommes pas tous deux dans l'erreur, si ces phénomènes ne sont produits ni par des mourants ni par des morts, mais simplement par nous-mêmes, par des facultés de l'être humain encore inconnues? C'est une question qui se pose tout naturellement. Le fait permanent qu'un médecin est nécessaire pour la production des phénomènes spiritoïdes n'est pas une indication négligeable. Comme je le rappelais tout à l'heure, j'ai autrefois qualifié les médiums du nom de *dynamogènes*?

Très certainement, l'homme ne se connaît pas lui-même.

Les études comparatives d'Aksakoff ont montré que plus d'un phénomène de hantise peut être mis sur le compte d'une action à distance produite par la force psychique des vivants. Dans bien des cas, c'est même tout à fait probable; Kerner nous raconte du poète Lénan ce qui suit:

« Je vais mentionner un événement qui prouvera combien son corps éthéré était peu attaché à son corps physique. Un jour qu'il dînait avec nous et qu'au dessert nous causions ensemble, il devint subitement silencieux, pâlit et resta immobile sur sa chaise. Mais dans la chambre voisine, où il n'y avait personne, nous entendîmes les verres s'entrechoquer et des bruits se produire comme si quelqu'un les eût fait vibrer. Nous l'appelâmes par son nom en lui demandant une explication! Il se réveilla comme sortant d'un sommeil magnétique, et quand nous lui racontâmes ce qui s'était passé, il répondit: « Cela m'est arrivé assez souvent, mon âme est alors comme hors de mon corps. »

Sans nous occuper, pour le moment, de la théorie du « corps éthéré », constatons seulement que l'être humain est doué de propriétés encore inconnues.

Dans ses recherches si ingénieuses sur les phénomènes physiques attribués par sa femme Gisèle (excellent médium) à une morte, à la mère même de Gisèle, le Dr W. de Sermyn fait, en conclusion, les curieuses remarques suivantes:

« Comme les bruits qui se produisaient dans la maison continuaient à avoir lieu de temps en temps, je profitai, une nuit, pendant que Gisèle dormait et que j'avais été réveillé par des sons qui imitaient des pas et des meubles renversés, j'en profitai, dis-je, pour convertir en hypnose son sommeil ordinaire. Elle me répéta, après beaucoup d'hésitations et de recherches, ce qu'elle m'avait déjà dit lorsqu'elle personnifiait sa mère. Je lui ordonnai alors de se souvenir le lendemain à son réveil de tout ce qu'elle venait de me dire en dormant, de faire célébrer une messe pour le repos de l'âme en peine, et de la prier de nous débarrasser de sa présence.

« Je ne sais pas si Gisèle fit ou non célébrer une messe, mais je sais que depuis lors les bruits ne se produisirent plus.

« Les bruits attribués par Gisèle à l'esprit d'un mort étaient évidemment produits inconsciemment par elle. Il existe un médium dans toutes les maisons hantées. La nôtre l'était décidément. On tirait souvent les couvertures de mon lit, des mains invisibles me palpaient par-dessus ces couvertures. Une fois, j'ai clairement senti, pendant que j'étais réveillé et assis sur mon lit, une main qui est venue saisir une des miennes et la serrer fortement. J'entendais parfois distinctement quelqu'un monter l'escalier, arriver à la porte de notre chambre et chercher à l'ouvrir. Les meubles semblaient se déplacer et se renverser, sans l'être en réalité. C'étaient des sons imitatifs, mais d'une perfection remarquable.

« Je pense que la subconscience de Gisèle était mue par le désir de me convertir au spiritisme. Mon incrédulité la faisait souffrir; et elle avait employé, pour parvenir à ses fins, ce moyen absurde, emprunté aux croyances populaires. »

Malgré le titre de dynamogènes que j'ai donné autrefois aux médiums, je ne pense pas que nous puissions être aussi exclusifs. Les facultés inconnues de l'être humain agissent; mais elles ne suffisent pas pour expliquer certaines manifestations posthumes. Cependant, ne les perdons jamais de vue.

M. Erni m'a opposé, entre autres, en faveur de la certitude des manifestations de *morts*, l'observation que voici:

« Alfred Ohagen m'a communiqué le récit d'un phénomène arrivé à un de ses amis, M. H..., matérialiste convaincu que la mort était la fin de tout. Cette croyance fut ébranlée par ce qui lui arriva à la mort de son beau-frère *qu'il affectionnait beaucoup et qui partageait ses opinions matérialistes.* M. H... était assis près du lit où reposait son beau-frère *quelques heures après sa mort.* La porte était entrouverte et il n'y avait qu'une bougie brûlant près de cette porte. Il posa la main sur le front rigide du mort et dit à haute voix: « *Albert, ne pouvez-vous pas me dire s'il y a survie ou non?* » A peine avait-il prononcé ces mots que *la porte entrouverte battit, et la bougie s'éteignit.* M. H... se leva tranquillement et, nullement convaincu que c'était un phénomène, ralluma la bougie en pensant qu'un courant d'air avait pu très bien faire battre la porte et éteindre la lumière. Mais pour savoir exactement à quoi s'en tenir, il alla chercher *un morceau de craie,* puis s'assura que la porte n'avait aucune tendance à se fermer d'elle-même par suite d'une inclinaison, ni qu'aucun courant d'air n'existait dans les pièces à côté, *dont les portes et fenêtres étaient fermées.* M. H... mit plusieurs fois sa bougie devant la porte, et la lumière ne vacilla pas; alors il replaça la porte dans la même position, et fit avec sa craie une marque sur le plancher pour la constater exactement... il attendit, et la porte ne bougea pas. Alors il répéta son appel: « *Albert, si c'est réellement un signe venant de vous, fermez de nouveau la porte.* » Aussitôt, celle-ci *battit* comme la première fois. Sa sœur, qui reposait sur un sofa dans la pièce à côté, lui demanda, d'un air agacé, *pourquoi il avait tapé la porte deux fois avec tant de violence*? Il lui demanda si elle avait jamais remarqué qu'elle se fermât d'elle-même. *Jamais*, répondit sa sœur. Le lendemain, il fit encore quelques expériences sur la porte, *qui ne se referma jamais* d'elle-même. De plus, son domestique effaça devant lui les marques de craie sur le plancher, *ce qui prouvait bien qu'il n'avait pas rêvé*, et le fait que sa sœur avait été *troublée deux fois* dans sa douleur, par ce tapage, lui prouva aussi qu'il n'avait pas eu d'hallucination. »

« Ce cas, des plus caractéristiques, a été rapporté dans le *Light* du 27 février 1894, d'où je l'ai traduit. J'engage M. Flammarion à le méditer, car l'expérience venant d'un matérialiste, n'en est que plus frappante. »

Eh bien, ce cas remarquable ne me paraît pas absolument probant. Qui nous prouve que la personnalité de l'expérimentateur n'a pas pu, inconsciemment, produire le phénomène? L'acte du défunt est, assurément, hautement *probable*. Mais est-il *certain*?

Je suis loin d'être opposé à l'admission des manifestations de morts; tout au contraire. Si j'ai commencé par celles des mourants, des vivants, c'est qu'il m'a semblé qu'il fallait d'abord prouver la réalité de celles-ci, et que nous serions ensuite naturellement conduits à discuter celles des défunts en continuant l'ordre méthodique qui s'impose à des affirmations de cette importance. N'oublions pas que, pour notre conviction personnelle, nous devons neutraliser par des observations psychiques positives l'objection capitale du parallélisme entre la naissance et le développement de l'intelligence de l'enfant et l'évolution matérielle de son cerveau.

Non, ne perdons pas de vue les facultés physiologiques et psychologiques de l'être humain, les dédoublements possibles. Personne n'ignore la belle découverte faite à Bordeaux par le Dr Azam, des deux états mentaux alternatifs de Félida (1).

Lorsque nous connaissons ces exemples, nous devinons combien est vaste l'étendue inexplorée du monde psychique et physiologique humain, et nous sommes disposés à lui attribuer une part importante dans la production des phénomènes

(1) On se souvient que, née en 1843, cette jeune fille éprouva, en 1858, des accidents hystériques violents qui firent craindre la folie et pour lesquels on appela le Dr Azam en consultation. On la vit ensuite tomber dans des sommeils cataleptiques qui duraient quelques minutes, à la suite desquels elle se réveillait dans un tout autre état, étant une autre personne, gaie au lieu de triste, de caractère enjoué, et cet état second, qui d'abord durait quelques heures, finit par partager la vie en deux périodes à peu près égales, pendant lesquelles le second état formait une vie continue entièrement distincte du premier, à ce point que dans ce second état elle devint amoureuse d'un voisin, eut une grossesse... et accoucha (sans en rien savoir dans son état normal), d'un enfant qui, en 1875, avait seize ans lorsque le Dr Azam rédigea son étude. La condition seconde s'était graduellement allongée au détriment de la première, et avait même fini par occuper l'existence presque entière. Naturellement, on n'accueillit cette histoire qu'avec un sourire général; on accusa la demoiselle d'avoir joué une comédie, et l'éminent observateur d'avoir été dupe. Celui-ci, répondant à l'ignorance habituelle, publia ses observations sous le titre: *Hypnotisme, double conscience, et altération de la personnalité*. Félida avait alors quarante-quatre ans, était depuis longtemps mariée avec le mystérieux père de son premier né, et à la tête d'une ravissante famille, le second état ayant fini par dominer absolument le premier.

que nous étudions ici. Tout cela s'accorde avec ce que nous avons montré au tome Ier de *La Mort et son Mystère* sur l'existence de facultés humaines inconnues. Nous ne sommes qu'au vestibule de la connaissance; nous ne savons rien. Disons avec Millet, dans son beau livre *En lisant Fabre*: « Je ne sais rien, mais j'espère savoir. »

Au Congrès international des Recherches psychiques tenu à Copenhague du 28 août au 2 septembre 1921, dont nous devons un excellent compte rendu à M. Carl Vett, le Dr Schrenck-Notzing a exposé, sous le titre de *Der Spuk in Hopfgarten*, une constatation judiciaire de phénomènes de télékinésie dont mon savant collègue M. Louis Maillard, a donné, dans la revue *Psychica*, un résumé scientifique qui montre combien l'explication des faits de hantise est encore incertaine.

« Ce cas de hantise offre ce double intérêt, d'abord d'engager certaines hypothèses au sujet des causes auxquelles il est possible de l'attribuer, chose généralement assez rare en semblable matière, et ensuite d'avoir été l'objet d'une enquête judiciaire, ce qui établit de manière indiscutable l'authenticité.

« Voici le fait: à Hopfgarten, près de Weimar, demeure un horloger nommé Sauerbrey, marié en secondes noces et possédant un fils de son premier mariage. Ce dernier, qui habite une localité voisine et s'occupe de sciences occultes, rend visite à son père vers le 10 février 1921 et trouve sa belle-mère alitée par suite d'une maladie chronique dont elle souffre depuis longtemps. Essaya-t-il de la soigner par des procédés hypnotiques, ou se contenta-t-il, comme des témoins le rapportèrent, de lui tâter le pouls et poser la main sur son front, c'est ce que l'enquête ne put établir. Toujours est-il qu'après son départ, la patiente se plaignit de douleurs céphaliques.

« Le 17 février, l'état de celle-ci empire: elle a des hallucinations, prétend voir constamment les yeux de son beau-fils fixés sur elle. Le soir, vers 11 heures, des coups se font entendre dans la pièce où elle est couchée, sur les murs, la table, les portes, le plafond, etc... Ils durèrent jusqu'au matin, puis cessèrent le lendemain et les nuits suivantes.

« Ils recommencent quelques jours après; divers objets se meuvent sans contact: les chaises, la table; une tasse est précipitée à terre et se brise, etc... Ces différents phénomènes ont lieu à la lumière d'une lampe électrique, mais augmentent d'intensité dans l'obscurité.

« Les habitants de la maison, troublés dans leur sommeil, préviennent la police à Weimar, et, le 24 février, le commissaire, suivi de huit agents, se transporte sur les lieux et distribue ses hommes dans l'immeuble afin de démasquer le mauvais plaisant supposé. Mais devant les policiers les mêmes phénomènes se déroulent et le commissaire ne peut que le constater dans son rapport. L'un d'eux ayant placé différents objets à environ 2 mètres de la malade, les voit se mettre en mouvement sans que personne les ait touchés. Les autres agents, une garde-malade, un voisin sont également témoins de ce spectacle. Le chien de la maison, ordinairement très vif, se montre fort déprimé pendant la durée des phénomènes. Une horloge s'arrête (1), bien que Sauerbrey constate qu'elle n'est nullement détériorée.

« Enfin, le 28 février, on fait venir un médecin aliéniste de Weimar. Celui-ci traite la malade par la suggesticn, lui persuade qu'il possède une volonté plus forte que celle dont elle subit l'influence. Les efforts sont couronnés de succès et la patiente s'écrie qu'elle est

(1) Comparer avec les arrêts d'horloges signalés plus haut.

délivrée. A partir de ce moment, tous les phénomènes ci-dessus décrits prennent fin.

« Sur ces entrefaites, on poursuit Sauerbrey fils sous l'inculpation de blessures par imprudence, à raison des manœuvres hypnotiques qu'il est soupçonné d'avoir pratiquées. Il est traduit devant le tribunal échevinal de Vieselbach et comparaît le 19 avril 1921; l'inculpation n'étant pas suffisamment établie, il est d'ailleurs acquitté, mais le procès-verbal de l'audience relatant, bien entendu, les dires des différents témoins, comme aussi le procès-verbal du commissaire de police, et enfin un rapport dressé par le président du tribunal établissent de façon péremptoire la matérialité des faits et l'impossibilité où se trouvait la malade d'en être l'auteur, sa faiblesse extrême la mettant hors d'état de quitter son lit.

« L'état hypnoïde de la malade paraît bien être la condition nécessaire des phénomènes observés, puisque ceux-ci l'accompagnent, puis cessent précisément lorsque cet état prend fin. Et l'auteur de la brochure qui vient d'être résumée en conclut que l'hypothèse animiste rend parfaitement compte de ces manifestations, qui, d'ailleurs, ainsi qu'il le remarque, n'ont, à aucun moment, revêtu un caractère religieux ou spiritoïde.

« Mais, s'empresse-t-il d'ajouter, cette explication est loin d'être valable pour toutes les manifestations de cette nature: il en est de nombreuses qui se produisent en l'absence de toute personne pouvant être considérée comme en étant l'agent, ou qui semblent en rapport plutôt avec certaines localités qu'avec telle ou telle personne déterminée, etc...

« Si donc dans l'exemple actuel on peut, en quelque sorte, saisir sur le vif le mode de production du phénomène, il ne faut point se hâter de généraliser. Il est plus exact de reconnaître que l'étiologie des faits de hantise est encore, sauf en des circonstances spéciales, entourée d'un profond mystère. »

Ce raisonnement de M. Maillard est exact et judicieux, conforme avec les nombreuses observations exposées dans cet ouvrage. L'être humain vivant entre pour une part notable dans la production des phénomènes. Mais ils ne sont pas expliqués.

Nous ignorons, comment ils se produisent. Il y a, sans contredit, de fantastiques lancements de pierres et de véritables démolitions d'immeubles commis inconsciemment par des femmes et des filles hystériques, par l'extériorisation de leurs forces nerveuses. J'en signalerai encore, pour notre recherche des causes, un stupéfiant exemple publié par les *Annales des Sciences psychiques* (1899), fait à peine croyable, et néanmoins vérifié. Le voici:

« Sous le titre de: « Une jeune dame hantée à Ooty », le *Madras Times,* du 7 mai 1897, raconte qu'une certaine demoiselle Floralina était allée avec une de ses amies visiter un cimetière catholique et que, trois jours avant leur visite au cimetière, un homme s'était suicidé et avait été enterré là.

« D'humeur légère et peu scrupuleuse, ces jeunes personnes avaient choisi, ce soir-là, le cimetière comme lieu de récréation! Entraînées par leur caractère espiègle, elles se mirent à sauter et à danser sur la tombe, et avaient même poussé leur fantaisie jusqu'au point de creuser la terre et d'en faire tomber la croix qu'on y avait placée. En rentrant chez elles, elles se sentirent malades et on a donné à entendre qu'elles étaient réellement possédées du démon. »

Mais écoutons l'histoire de ces folles hystériques qui nous rappellent les convulsionnaires de Saint-

Médard, les possédées de Loudun et autres sujets psycho-physiologiques.

« Elles étaient agitées, regardaient tout le monde avec des yeux sauvages et devinrent si étranges que l'on crut prudent de les enfermer dans leur appartement. Elles déchiraient leurs vêtements et si des femmes venaient à passer devant elles et essayaient de les faire tenir tranquilles, elles les envoyaient simplement rouler à terre; toutefois, elles cédaient aux hommes, soit parce qu'ils étaient les plus forts, soit pour une autre raison. Les jours s'écoulèrent et ces singulières filles, perpétuellement tourmentées, laissaient leurs cheveux épars et en désordre et se montraient souvent tout à fait furieuses.

« L'une d'elles, miss Grâce, se maria (c'est ce qu'elle pouvait faire de mieux) et quitta la maison.

« Le dimanche soir, 25 avril dernier, j'eus le plaisir d'être présenté à miss Floralina, ci-dessus nommée. Elle paraissait alors calme et tranquille. Mais on me raconta ce qui suit:

« Depuis le 20 avril, entre 10 heures du soir et minuit, des pierres étaient lancées avec force du dehors, et des verres cassés en morceaux, quoique ces pierres ne blessassent personne.

« Le soir du 27 avril, je rentrais chez moi vers 7 heures, lorsque j'entendis une grande vitre tomber lourdement sur le sol. Avançant quelques mètres plus loin, j'entendis des sons comme si des pierres étaient jetées sur les quatre côtés de la maison. Un peu après, j'entendis plusieurs verres tomber et se briser sur le sol. Les habitants de la maison appelaient au secours. Je me hâtai de rentrer chez moi pour chercher un ami et un constable de police (le poste était voisin). Tous ensemble, nous nous rendîmes à la maison de miss Floralina et, à notre complet étonnement, nous vîmes des verres brisés en mille morceaux, réduits presque en poussière par de grosses pierres qui semblaient être lancées avec une grande force. Ce qui nous étonna le plus, ce fut la brisure de verres, que des pierres lancées du dehors, de n'importe quel côté de la maison, n'auraient jamais pu atteindre. Pendant qu'on jetait des pierres, miss Floralina Burbalina nous dit qu'une grosse pierre était tombée du plafond, effleurant sa tête, tandis qu'elle était en train de se peigner dans son cabinet de toilette, vers 2 heures de l'après-midi. Elle nous apprit, en outre, que le lancement des pierres et le brisement des verres avaient commencé à midi.

« Certains que des farceurs mal intentionnés étaient à l'œuvre dans tout cela, nous réunîmes quelques constables de plus et allâmes nous poster autour de la maison, dans des buissons et des fossés; nous fîmes inutilement la garde jusqu'à 11 heures, car pendant tout ce temps passé en observation à l'extérieur, les pierres continuaient de tomber en abondance à l'intérieur.

« Le mercredi 28 avril, un certain nombre de constables conduits par deux chefs, et moi-même, revinrent vers 7 heures du soir. En cette circonstance nous vîmes des pierres jetées contre des verres, et aussi des verres tomber d'eux-mêmes, sans avoir reçu aucune pierre. Ceci excita encore plus notre curiosité. Miss Floralina se plaignit d'être fatiguée et voulut se retirer dans sa chambre. Tandis qu'elle s'en allait, un morceau de granit de moyenne grosseur, vint casser un verre tout près d'elle, avec une grande force.

« Bientôt après, son frère vint nous informer qu'elle s'était évanouie sur son lit. Etant entrés dans sa chambre, nous la trouvâme sans respiration, sans parole et toute raide. Avec beaucoup de peine, on parvint à la faire revenir à elle. Quelques minutes après elle retomba de nouveau et ce fut pire que la première fois. Cependant elle finit par reprendre ses sens.

« Le jeudi 29, aux environs de midi, nous entendîmes encore des verres se cassant. Dans le courant de la soirée, nous revînmes dans la maison et là nous trouvâmes une grande réunion de chefs constables, tous prêts à obéir aux ordres qu'on leur donnerait. Nous demandâmes à la jeune dame comment elle se trouvait, et elle nous répondit: « Voici les ombres du soir qui commencent à tomber, une sensation de froid me parcourt tout le corps et mes cheveux se hérissent; je me sens accablée. » De 5 heures à 7 h 30, il tomba une pluie de pierres qui réduisirent en pièces toutes les vitres des croisées.

« Elle s'assit sur une chaise dans un coin de l'appartement, et tandis qu'elle avait repris sa gaieté ordinaire, tout doucement et tranquillement, elle tomba en syncope, et ensuite devint si agitée et si forte que cinq hommes n'étaient pas capables de la maintenir en repos. Remarque digne d'attention: tout le temps qu'elle resta sans connaissance, il ne se brisa pas un seul verre. Quelques minutes après, elle se leva de la chaise avec une force telle que quelques-uns de nous qui la tenions, fûmes renversés de côté. Elle se tint debout et fit presque chanceler tous ceux qui la tenaient. Usant de toutes nos forces et avec de grands efforts, nous la fîmes rasseoir. Elle s'assit, tout son corps étant aussi raide qu'un morceau de bois, quelques secondes s'écoulèrent; elle se releva de nouveau et nous donna beaucoup de peine: elle voulait sortir. Elle fut avec force conduite dans sa chambre et couchée sur son lit. Elle donnait des coups de pied de tous côtés et se servait de ses mains avec une telle violence que plusieurs craignaient de se trouver près d'elle. Peu de minutes après qu'elle fut transportée sur son lit, une grande glace de la porte de la chambre tomba à terre et se brisa au point d'être presque réduite en poussière. Cette chambre était la chambre centrale de la maison. Les constables envoyèrent alors chercher un Malayali... qui chassait les démons.

« Tandis que nous attendions cet homme, en tenant toujours Miss Floralina pour l'empêcher de se lever, son livre de prières *qui était dans un tiroir de sa commode, dans une chambre adjacente*, vint, en volant à travers les carreaux qui avaient été brisés quelques minutes auparavant, et tomba près de sa main droite. Nous fûmes tous surpris de cet incident. Elle resta tranquille pendant quelques minutes, puis voulut absolument sortir. Je lui demandai pourquoi: « — Pour voir deux femmes. » Je lui demandai qui étaient ces deux femmes et elle me répondit cette étonnante chose: « — Deux femmes sans tête. » Elle devint alors très agitée et déterminée à sortir. Nous dûmes employer la force pour la maintenir tranquille. Elle dit encore: « — Je dois aller au cimetière. » Mon ami lui demanda alors dans quel but? Elle répondit: « — Je dois aller au cimetière pour voir Miss Grâce. » Miss Grâce est la jeune femme mariée qui avait été avec elle au cimetière.

« Le Malayali, l'exorciseur attendu, entra dans la chambre et aussitôt qu'il approcha de son lit, la jeune fille, qui tout le temps avait eu les yeux fermés, les ouvrit et le regarda d'une manière terrible; elle fit en même temps un effort pour s'élancer sur lui. Le Malayali lui parla sur un ton violent, et pendant qu'il lui parlait elle avait les yeux fixés sur lui. Le Malayali (appelé Kunjini Gandhu) se mit alors à écrire quelque chose sur une longue bande de papier, puis mélangea du « ghee », du poivre, etc., et en fit une sorte de cigarette. Il roula d'abord cette longue bande de papier et la plaça dans les cheveux de Miss Floralina. Elle étendit la main pour l'arracher, mais d'un mouvement très vif l'homme la lia avec les cheveux. La jeune fille commença alors à cracher sur lui, quand le Malayali pointant vers elle une canne de Malacca (douée de puissance à ce qu'il dit) alla hardiment devant elle et lui dit en malayalain de cracher sur lui. Elle n'essaya plus de le faire. Il alluma alors le bout de ce petit rouleau en forme de cigarette et le fit tenir par un de nous, de telle sorte qu'elle put en aspirer la fumée par le nez. Après quelque temps, elle se trouva tout à fait bien (il était 11 heures du soir, et elle nous parla comme d'habitude jusqu'à 11 h 45). Alors un verre se brisa avec un grand bruit. Elle s'évanouit. Le Malayali avait quitté la maison à 11 heures. Nous employâmes le même petit rouleau, lui soufflant la fumée dans le nez, et elle sembla tout à fait remise, et but une tasse de thé.

« Le vendredi 30 avril, des pierres commencèrent à être jetées à midi et continuèrent jusqu'à 11 heures du soir. Elle s'évanouit une fois, mais ce ne fut pas aussi fort, cependant elle avait un aspect effrayant. Le samedi 1er courant, elle nous dit qu'un peu après midi elle avait été chercher une assiette dans la salle à manger et qu'elle lui avait été arrachée peu à peu. Elle était ce soir-là dans un bien meilleur état d'esprit; il y eut cependant des verres brisés et elle sortit ce même soir pour faire une promenade et en rentrant dans la maison, un carreau isolé, qui se trouvait encore à une croisée, près de sa tête éclata et tomba à terre. Parlant à un de nous de son malheur, elle dit qu'elle pouvait voir toutes les nuits deux femmes sans tête. Quelque temps après, un gros pavé vola dans la chambre, puis un verre se brisa seul sous le choc d'aucune pierre.

« On télégraphia à son père et il arriva de Goodalur (132 milles de Ooty) le lendemain lundi dans la soirée. Ce jour-là, le dégât de carreaux brisés fut formidable; heureusement elle ne perdit pas connaissance. Mardi (hier), elle et son père firent leurs malles pour quitter Ooty et se rendre à Goodalur. Comme Miss Floralina passait de chambre en chambre, emballant toutes ses affaires, il n'y eut pas de pierres jetées, ni de carreaux brisés aux fenêtres, mais des verres furent lancés près d'elle.

« Ils quittèrent Ooty hier au soir; M. F... et ses enfants sont partis pour une autre direction.

« Dans mon long récit sur cette jeune fille possédée,

je n'ai en rien exagéré les faits, les raconte tels qu'ils se sont produits. La maison présente une apparence désolée et se trouve dans un état de ruine complète. La nuit venue, les gens ont peur de passer devant. »

A cet article du *Madras Times* (que j'ai abrégé le plus possible), étaient jointes les lettres suivantes sur cette espèce de folle:

« I. — Ootacamund, 1er juillet 1897.

« Je vous envoie le témoignage authentique de deux messieurs qui sont mes amis personnels, et qui m'ont remis leurs lettres pour vous les transmettre avec autorisation de les publier. L'un est capitaine de marine (en retraite), et l'autre un licencié en médecine et chirurgie qui fut un des médecins appelés pour étudier le cas. Je puis affirmer leur véracité. En espérant bien que ceci vous sera utile, je demeure, etc.

« G. Burby. »

« II. — Ootacamund, présidence de Madras, 28 mai 1897.

« Je puis certifier l'exactitude des comptes rendus faits dans le *Madras Times* par son correspondant d'Ooty, sous le titre de « Fantôme à Ooty ». Le correspondant m'est connu et a rapporté des faits réels. J'ai été témoin oculaire des choses qui se sont produites, et quoique j'aie bien cherché à en découvrir la cause, je n'ai rien trouvé. Je puis mentionner que plusieurs personnes qui ont fait l'enquête en ma compagnie, quand j'ai visité la maison « possédée », sont absolument d'accord avec moi.

« Jas. Z. Kelly. Z. M. S.
Surveillant de l'hôpital de Saint-Bartholomeid. »

« III. — Hope Villa, Ootacamund, 9 mai 1897.

« Cher M. Burby, je dois commencer par vous dire que je ne crois pas un mot du spiritisme, mais je me trouvais à « Ethelcottage » la nuit avant le départ de votre homonyme pour Indabar. Des croisées furent brisées de tous côtés, sans aucun agent humain. Je restai là pendant plus d'une heure, mais ne pus rien découvrir. Quelques-unes des personnes présentes attribuaient ces faits étranges à une intervention surnaturelle; quant à moi, j'ai besoin de preuves pour admettre cette sorte d'explication.

« Sincèrement vôtre, « W. M. Burthell. »

Ces observations, réunies à toutes celles que l'on a lues aux pages précédentes, nous montrent une association certaine de l'organisme humain à la production des phénomènes, même à ceux qui en paraissent le plus indépendants, tels que pierres lancées, vitres brisées, objets déplacés, phénomènes que l'on a tort de nier, et qui sont incontestablement réels. Cette fille dynamogène en était la cause inconsciente et la victime.

Il est triste de penser que des centaines de « possédées » ont été brûlées vives par l'inquisition sous le crime de sorcellerie! Souvenons-nous aussi, à ce propos, que l'une des femmes les plus pures de l'Histoire, Jeanne d'Arc, a été, elle aussi, brûlée vive *comme sorcière!!* L'humanité est un peu plus éclairée aujourd'hui qu'autrefois. Mais que de chemin reste encore à faire!

Voici une manifestation psycho-physiologiste qui ressemble beaucoup à la précédente. Je la détacherai encore du grand nombre de celles que j'ai devant moi. Elle est extraite de la *Gazette de Lau-*

sanne du 1er mai 1914, sous la signature d'un correspondant de ce journal:

« Il existe à une petite lieue de Sion, sur les coteaux de la rive droite du Rhône qui dominent la route de Saint-Léonard, un joli petit hameau du nom de *Molignon*, qui a donné son nom à un vin réputé.

« Le hameau se compose d'une chapelle dédiée à Sainte-Anne, petit pèlerinage très fréquenté des gens du pays, et d'une demi-douzaine de maisons et granges. A cinq minutes plus haut, dans la direction de Grimisuat, s'élève, au bord d'un chemin rapide et rocailleux, un gentil chalet de bois brun portant au pignon la date de 1874.

« Dans ce chalet, assez isolé, habite une jeune famille composée du père, de la mère et d'un garçon de onze ans.

« Or, le 18 avril dernier, le jeune garçon fut pris subitement de crises nerveuses accompagnées de phénomènes étranges.

« L'enfant, sous une influence inconnue, se crispait, frappait des pieds et des mains, roulait des yeux fulgurants, sautait, criait et tombait à plat. Simultanément, on lançait dans la chambre du sable et des pierres; le fromage, les couteaux et autres objets qui se trouvaient sur la table, roulaient à terre; un bénitier fut brisé par une pierre au moment où l'on y versait de l'eau bénite apportée par un capucin; un verre de vin fut brisé dans la main d'un parent venu pour voir le pauvre garçon; dès que l'enfant était au lit, il se sentait tiré violemment et recevait des pierres sur le visage, etc.

« On conduisit le garçonnet à la chapelle de Sainte-Anne, mais ce fut pire, et les crises devinrent si violentes que deux hommes avaient peine à maintenir le malade qui, à un moment donné, fut jeté violemment sur le sol et traîné sur les dalles; une femme, présente, reçut un coup qui la jeta à terre, l'enfant se démenait dans d'horribles contorsions.

« On avait attaché au cou du malade une médaille bénite; mais l'attache se dénouait bientôt d'elle-même et la médaille était lancée en l'air par des mains invisibles.

« Un capucin de Sion, les curés de Savièze et de Grimisuat, un chanoine du Saint-Bernard se rendirent au chalet hanté, mais ne parvinrent pas à améliorer l'état du malade, que les parents déclaraient être frappé d'un « mauvais sort ». Le célèbre *mage* de Hérémence, dont M. Victor Tissot nous a longuement parlé dans sa « *Suisse inconnue* », fut appelé et arriva sans tarder. Installé dans la chambre du chalet, entouré de la famille et de quelques parents et amis, il se mit à lire, dans un « grimoire », les prières et invocations particulières en pareil cas. Pendant qu'il lisait, les pierres ne l'épargnaient point, plusieurs lui tombèrent sur la tête et sur son livre.

« Ces faits se passaient dimanche dernier. Or, depuis lundi soir, les crises et les phénomènes qui les accompagnaient ont complètement disparu.

« On croit rêver en entendant raconter ces histoires. Cependant, rien n'est inventé de tout ce que je vous écris: pendant les dix jours que ces phénomènes se produisirent, des centaines de gens de Molignon et des villages environnants, de Sion, et même de Conthey, les ont vus, ont assisté aux crises et en ont été profondément émus.

« Je suis allé hier à Molignon, j'ai passé au chalet, causé avec le petit garçon, assez joli, avec des yeux doux et timides, et l'air bien portant; avec le père, un brave paysan au visage triste; avec la mère, qui a encore un œil malade d'une poignée de sable qu'elle reçut en plein visage dans la chambre de ménage bien fermée. Tous m'ont relaté le plus naturellement du monde les faits que vous connaissez, en ajoutant qu'il s'agit vraisemblablement d'un « sort » jeté sur leur enfant.

« Jusqu'à la date du 18 avril, jamais rien de particulier ne s'était passé dans le châlet, qui compte quarante ans d'existence. Sur la question du « mauvais sort », les parents paraissent avoir des présomptions, mais ils n'osent rien affirmer. Ils vivent en bonne intelligence avec la population de Molignon, et ne savent qui accuser du mal qui les a frappés. Quant à l'enfant, il est bien constitué, rien, dans son attitude, n'indique une faiblesse quelconque, et, avant la crise du 18 avril, il n'avait rien éprouvé de pareil. »

Nous voyons ici, une fois de plus, que ces phénomènes bizarres sont associés à l'organisme d'un adolescent.

Un homme d'étude, de haute valeur, a publié, en 1904, un travail remarquable sur les phénomènes que nous étudions ici, M. Hjalmar Wijk, de Gothembourg (Suède): c'est une « étude expérimentale sur les bruits et mouvements inexpliqués ». On peut la lire aux *Annales des Sciences psychiques* de septembre 1905, et il est intéressant de la résumer ici. Les conclusions de cette observation conduisent à attribuer ces coups à l'action inconsciente d'une personne dont la présence était nécessaire à leur production. Voici ce résumé:

« Au printemps de l'année 1904, les habitants d'une villa située dans la Suède méridionale observèrent des bruits qui semblaient produits par des coups vigoureux frappés à l'intérieur du plancher et des murs, et impossibles à expliquer par aucune cause connue.

« Ces habitants étaient l'inspecteur des forêts N... et sa femme, leur bonne, et un fonctionnaire allemand. On ne tarda pas à s'apercevoir que le phénomène était lié à la personne de Mme N... par un indéfinissable rapport, car les coups ne se produisaient que lorsqu'elle était dans la maison, et toujours dans son voisinage immédiat, mais n'étaient nullement influencés par la présence des autres habitants.

« Voici d'abord un portrait de Mme N... que pour plus de brièveté on a désignée par son prénom, Karin.

« Karin a vingt-sept ans; elle est de complexion délicate; il y a quelque chose d'enfantin dans sa physionomie et toute sa manière d'être. Son humeur gaie et légère a quelque peu fléchi à la suite de mécomptes et de chagrins, sans toutefois perdre son caractère original. C'est une nature ouverte, confiante et qui découvre immédiatement ses sentiments intimes.

« Tout son être semble sain, et l'on a l'impression que les accidents nerveux, dont elle a été la victime en ces dernières années, ne sont point la conséquence d'un état pathologique originel. Sa famille ne paraît présenter aucune tare. Karin est mariée depuis 1897, et n'a pas d'enfants.

« Ses premières remarques remontent à dix années en arrière; elle eut alors à plusieurs reprises des sensations auditives décelant des soupirs, des pas autour d'elle, etc. Plus importante que ces quelques cas isolés paraît être sa vocation de psychographe, qui fut découverte trois ans après l'apparition des accès hystériques et dont les manifestations présentent avec ces accès certaines similitudes.

« Les informations obtenues par la psychographe ne présentent pas un intérêt bien grand. Au début elle crut voir des personnes connues, amis et parents décédés de Karin et de son mari, alternant souvent par deux ou trois au cours d'une même séance. Un jour de printemps de 1903, le verre que Karin tenait à la main se mit à tambouriner joyeusement sur la table, et un personnage du nom de Piscator entra en scène. Ce Piscator ne donna sur lui-même que quelques vagues renseignements biographiques. Etre familier, impertinent, grossier et jovial, il accable Karin de déclarations d'amour et a un tout autre caractère que les autres interlocuteurs; violent et irritable à l'extrême, il finit par devenir pour Karin elle-même une bête noire; comme elle pense que la psychographie ne lui révèle que sa propre vie imaginative subconsciente, il lui semble que la personnalité de Piscator projette sur elle comme une ombre, et celui-ci, représentant en quelque sorte la mauvaise part de son moi, lui devient odieux.

« Piscator donne tout à fait l'impression d'être un produit de l'imagination, et c'est peut-être en cette qualité qu'il supplante de plus en plus ses prédécesseurs auprès de la psychographe.

« Le 18 avril, Karin et son mari s'installèrent dans une villa qu'ils louaient pour la première fois, près d'une usine. Elle est construite en bois, et se compose d'un rez-de-chaussée, élevé en terrain découvert entre la lisière de la forêt et une route; un jardin l'entoure. Le grenier est vaste, et comprend plusieurs pièces. Une cave s'étend sous une partie de la maison.

« La maison paraît abandonnée; un mauvais renom a longtemps pesé sur elle: lorsqu'elle était inhabitée et fermée, on aurait vu des lumières briller aux fenêtres, et l'on aurait entendu à travers ses murs des bruits inquiétants; la tradition établit un rapport entre ces récits et certains crimes réels ou supposés qui y auraient été commis. De tout cela, cependant, Karin et son mari n'entendirent parler que lorsque les phénomènes qui nous intéressent eurent donné aux racontars un nouvel élan.

« Le 9 mai, le directeur de l'usine reçut la visite de quelques personnes qu'il retint jusqu'au lendemain. Le soir, ces étrangers se réunirent dans le cabinet de travail de la villa, situé en face de la chambre de Karin et communiquant avec l'antichambre.

« M. N... était absent, envoyage de service. — Karin, qui s'était couchée de bonne heure, fut longtemps tenue éveillée par la conversation bruyante des hôtes de la villa. Vers minuit, elle les entendit enfin se séparer. Deux d'entre eux qui devaient coucher chez le directeur partirent en quête de leur logement; le troisième, logé dans la villa, ferma la porte à clef derrière lui et se retira dans sa chambre. Le silence s'établit, et Karin était sur le point de s'endormir lorsqu'elle entendit des pas lourds monter les marches de la véranda; aussitôt après, trois coups vigoureux retentirent. Remise de sa première émotion, elle s'habilla et alla ouvrir; elle se vit en face de l'un des deux hommes qui, partis un instant auparavant, n'avaient pu retrouver leur chemin dans l'obscurité, et désiraient une lanterne. Karin lui remit une lanterne et se recoucha; elle allait s'endormir lorsque trois nouveaux coups tout pareils à ceux qui l'avaient récemment effrayée la firent tressaillir; elle se leva, alla ouvrir la porte, et n'y trouva personne. Recouchée, elle entendit les mêmes trois coups retentir de façon répétée pendant environ une heure; puis tout fut calme jusqu'à 3 heures du matin; les trois coups retentirent alors une fois encore, la dernière de cette nuit.

« Karin ne pensa point que ces coups pussent avoir d'autre explication qu'une mauvaise plaisanterie des hôtes de la soirée, ou de quelque autre personne; aussi ne s'en inquiéta-elle guère.

« Mais la nuit suivante, à peine était-elle au lit et avait-elle éteint la lumière, que les trois coups recommençaient et se répétaient avec des intervalles de silence pendant environ deux heures; ils furent entendus aussi distinctement par la bonne qui, cette nuit-là, couchait dans la salle à manger voisine; la bonne fut extrêmement effrayée de cet inexplicable vacarme.

« Le jour suivant, M. N... rentrait à la villa; le tapage ayant recommencé la nuit, il résolut de tirer l'affaire au clair, et de mettre la main sur le perturbateur. Une surveillance fut établie à l'intérieur et à l'extérieur, et la maison fut visitée de la cave au grenier, mais sans résultat; on ne découvrit rien, et cependant les coups ne cessaient point. M. N... et sa femme changèrent de chambre, allèrent même s'installer au grenier: le bruit les suivit partout, et l'on ne tarda pas à s'apercevoir qu'il était lié à la présence de cette dame.

« Sauf un jour où celle-ci s'absenta pour aller à la ville, le phénomène se reproduisit régulièrement tous les soirs jusqu'au 30 mai. Excédée, Karin partit alors pour se reposer une semaine; le silence reparut dans la villa, et ne fut pas troublé au lieu où elle séjourna; mais, dès la seconde nuit après son retour, les coups reprirent. A partir de cette date, toutefois, ils furent moins réguliers, et ne se reproduisirent plus quotidiennement.

« Le jour où Karin et son mari réintégrèrent la villa les coups reprirent, mais, notablement plus faibles qu'auparavant, et souvent à des intervalles de plusieurs jours. Au milieu d'octobre, le phénomène cessa complètement. Il ne se reproduisit qu'une seule fois, la veille de notre arrivée. Karin reçut ce jour-là un télégramme qui lui causa un instant une vive inquiétude, aussitôt retentirent plusieurs coups dans le plancher à ses pieds; un peu plus tard, on entendit quelques coups assez forts.

Pendant son séjour à la villa, Karin a fréquemment eu la sensation indéterminée qu'un être nuisible était présent dans la chambre. Cette sensation était particulièrement forte immédiatement avant ou pendant les manifestations; et lorsque celles-ci se produisaient dans l'obscurité complète, Karin croyait souvent entendre une sorte de pas assourdis et parfois un bruit léger ressemblant à celui que font des semelles glissant doucement sur un plancher. Ces divers bruits ont été fréquemment perçus par M. N... quand il était près de sa femme.

« Outre les sensations auditives se rapportant aux coups, Karin eut au cours de l'été plusieurs autres sensations étranges. — Pendant la première période des coups, elle pressentait souvent la venue de son mari: l'entendait rentrer, quitter son pardessus dans l'autre chambre, etc., un quart d'heure ou une demi-heure avant son véritable retour à la villa. — Par deux fois, étant assise dans l'obscurité, Karin vit dans sa chambre une étrange lueur; en l'une de ces occasions, la lueur, ayant très distinctement la forme d'une petite flamme, apparut près de l'épaule de M. N... puis s'éloigna peu à peu, et disparut. M. N... vit le phénomène aussi distinctement que sa femme. — A plusieurs reprises, Karin, et parfois d'autres personnes, ont cru entendre déplacer certains objets dans la chambre, par exemple une chaise; ces faits aussi survenaient presque toujours en pleine obscurité, et il a toujours été impossible de constater si un véritable déplacement avait eu lieu. — Un après-midi que Karin, seule dans la salle à manger, était en train d'écrire, elle entendit dans la cuisine un bruit: il lui semblait que l'on déplaçait les chaises et nettoyait le plancher. Sachant que la bonne était dehors, elle alla, très étonnée, à la porte de la cuisine, à travers laquelle elle entendit les bruits aussi distinctement que tout à l'heure. Elle n'osa pas ouvrir, mais alla chercher la bonne qui travaillait dans la remise de la calandre. Quand elles pénétrèrent ensemble dans la cuisine, le bruit de lavage avait cessé, mais toutes deux éprouvèrent une sensation étrange, et comme l'impression que l'on déplaçait les chaises et que l'on frappait des coups très faibles. Le matin, on avait lavé le plancher de la cuisine en présence de Karin.

« La parfaite bonne foi de Karin s'est manifestée dans ses efforts pour arriver à éclairer la cause des coups mystérieux. Son bon sens naturel repoussa dès le début la pensée qu'ils pouvaient être l'œuvre d'un « esprit » quelconque; elle considérait qu'elle était elle-même, par un incompréhensible procédé, la cause du phénomène. — De son côté, M. N... était aussi intéressé à la solution de l'énigme; les récits relatifs au phénomène avaient fait renaître d'anciens racontars sur la villa hantée, et le propriétaire commençait à faire comprendre à ses locataires qu'il les croyait coupables d'avoir organisé une mystification en vue d'affermir la mauvaise réputation de sa maison. Au total, Karin et son mari avaient un égal intérêt à faire la lumière sur ces divers incidents, et, au cours de l'été, plusieurs de leurs amis qui vinrent les voir eurent toute liberté de faire toutes les recherches possibles. Comme il est naturel, ces recherches consistèrent surtout à s'assurer qu'il ne s'agissait point d'une mystification. Quand les coups commençaient, Karin devait, par exemple, se placer sur un coussin isolé; si elle était couchée, on lui tenait les bras et les jambes. Le phénomène diminuait alors d'intensité, mais continuait.

« Ce n'est qu'au mois de septembre que, par un article de journal, nous eûmes connaissance, le Dr Bjerre et moi, de l'existence du phénomène. Lorsque nous manifestâmes à M. et Mme N... notre désir de l'étudier sur place, ils nous invitèrent aussitôt à nous rendre chez eux.

« Le cas nous a paru singulièrement intéressant. Nous avions affaire à une personne qui semblait présenter à un faible degré plusieurs des particularités psychiques spéciales aux médiums, et l'une de ces particularités apparaissait sous une forme exceptionnellement marquée et pure. Les nombreuses analogies entre l'état de transe et les phénomènes de médiumnité d'une part, l'hypnose profonde et la suggestion hypnotique d'autre part, nous avaient déjà amenés, lors des recherches antérieures, à croire que l'hypnose fournissait le meilleur moyen d'étudier les phénomènes de ce genre, en nous mettant à même de les atteindre avec l'instrument par excellence des sciences exactes: l'expérimentation. — Les phénomènes de médiumnité sont le plus souvent, comme les coups insolites dans le cas présent, les manifestations d'une intelligence qui a ses racines — on peut du moins l'admettre d'une façon générale — dans la vie subconsciente du médium. Ne pourrait-on, grâce à l'hypnose, atteindre cette vie subconsciente, la modeler à son gré à l'aide de suggestions, et par-là même, soumettre à sa volonté les phénomènes physiques qui en sont la manifestation, provoquer ces phénomènes, les faire cesser, les modifier? »

Telle est la thèse de M. Hjalmar Wijk. Le lecteur aura pu remarquer plus d'une analogie entre ce rapport et certaines relations publiées dans cet ouvrage même. Les expériences dont nous venons de parler occupent un grand nombre de pages et peuvent se résumer ainsi:

« 1° Il paraît exister dans le cas présent un rapport de causalité entre une maladie nerveuse connue (l'hystérie), et le phénomène encore si obscur des coups; ce dernier a été mêlé intimement à des phénomènes psychiques émanant peut-être de la même maladie nerveuse, tels que les hallucinations, et les associations imaginatives subconscientes développées par la psychographie; enfin, un certain rôle a aussi été joué par des influences psychiques ultérieures, récits de revenants, atmosphère de hantise, etc.

« 2° Les coups peuvent être soumis à l'influence de la volonté par la suggestion hypnotique.

« Si les résultats de nos recherches sont exacts, ils doivent impliquer d'importantes conséquences en raison du rôle pratique de la production des coups dans le spiritisme et de sa parenté probable avec d'autres faits de médiumnité. Ces résultats fourniraient une base solide pour juger de la valeur psychique des phénomènes de typtologie spiritiste, de leur dépendance du médium et du cercle, et confirmeraient les conclusions auxquelles on est déjà arrivé à cet égard par des procédés moins sûrs. Ils font espérer, en outre, qu'il sera possible de provoquer et d'étudier de la même manière d'autres phénomènes plus complexes de médiumnité, lévitation et autres.

« Le présent travail vise moins à rendre compte d'un cas particulier qu'à mettre en lumière la possibilité d'introduire dans ce nouveau champ d'étude une méthode expérimentale. L'importance d'une telle méthode ne saurait être exagérée, car c'est uniquement en fondant nos spéculations sur la base d'une expérimentation scientifique que nous pouvons espérer nous rapprocher d'une explication de ces phénomènes obscurs qui méritent encore, avec quelques apparences de raison, la dénomination d'occultes. »

On ne peut qu'applaudir aux efforts du savant suédois. Tout le monde peut reconnaître que les crédules du spiritisme lui font plus de tort que les dénégateurs, les affirmations sans contrôle étant souvent d'une impardonnable naïveté. Mais il est sensible que cette expérience de Mme Karin n'expliquerait qu'une très minime partie des phénomènes exposés dans ce livre spécial sur les maisons hantées, et en aucune façon les exemples cités, notamment les apparitions.

Nous pouvons admettre que par des facultés encore actuellement inconnues de la science, l'esprit d'un homme endormi ait pu recevoir, en rêve, la communication télépathique d'une mort arrivée au loin; ou voir d'avance un incident qui arrive le lendemain ou longtemps après; ou voir à distance un frère tué par le train; mais comment rapporter à nous-mêmes des événements extérieurs étrangers à nous, tels que l'apparition, à côté de nous, d'une personne qui vient de mourir en un pays lointain et dont nous ignorons la mort, ou entendre une personne morte, que nous croyons bien vivante, nous appeler lugubrement, ou voir un prétendu suicidé protester contre son accusation, un frère s'asseoir près de nous à l'heure où il vient d'être tué à la chasse? Et ce religieux signalant sa mort à l'aumônier par des bruits fictifs? Et ce cousin annonçant sa mort à déclarer au notaire? Tous ces faits, rigoureusement observés, sont en dehors de la personnalité des observateurs... Et le revenant d'Athènes? Et les chutes de portraits et arrêts d'horloges? Et le presbytère aux bruits mystérieux? Et la villa fantastique du Coïmbre? etc. Il est véritablement impossible d'attribuer ces faits à des facultés quelconques des observateurs, parfaitement éveillés, non dédoublés, doués de bons yeux et d'une bonne tête. Ces faits sont réels, extérieurs aux observateurs et révèlent l'existence d'un monde psychique invisible.

Mon illustre collègue et noble ami de la Société anglaise des Recherches psychiques, sir William Barrett, pense comme Aksakof et comme moi, que, de même que dans les faits médiumniques, l'animisme et le spiritisme sont associés dans les phénomènes physiques que nous étudions ici. Il a conclu son étude si compétente sur les poltergeist par les réflexions suivantes:

« Ici se pose le problème de savoir pourquoi un centre radiant humain est nécessaire dans les phénomènes de poltergeist? En chimie, on constate que dans une solution saline au point de saturation, il y a un état d'équilibre instable tel, que si une particule de matière solide tombe dans le liquide en repos, elle provoque une soudaine perturbation moléculaire qui se transmet à la solution entière, produisant un agrégat de cristaux solides; et la commotion devient générale, jusqu'à ce que la solution entière se soit muée en masse solide de cristaux. Tout cela du fait d'un noyau entré en contact avec un ensemble de choses qui d'abord étaient parfaitement tranquilles. Ces phénomènes sont familiers aux microscopistes; et c'est particulièrement dans le développement des cellules que la présence d'un « noyau » se montre essentielle.

« Or, on pourrait considérer le jeune garçon, ou tout autre sujet, dans les phénomènes de poltergeist, comme le « noyau » qui, dans ces phénomènes, représente le facteur déterminant. Nous-mêmes, peut-être, avec notre monde, ne sommes-nous autre chose que des « cellules en noyaux » appartenant à un organisme vivant beaucoup plus vaste, et dont nous ne pouvons nous former une idée. Il est indubitable que quelque incrustable intelligence se révèle à l'œuvre, tant dans l'arrangement des cellules que dans le défilé des mondes et des soleils. Et comme il n'est pas admissible que l'évolution de la nature animée et inanimée soit circonscrite à l'univers visible, nous devons penser qu'il peut exister des êtres vivants de types différents et d'intelligence extrêmement variée, aussi bien dans l'univers invisible que dans le monde visible. En ce cas, l'origine des phénomènes de poltergeist pourrait être attribuée à l'œuvre de certaines intelligences invisibles, peut-être perverses, peut-être rudimentaires. Pourquoi persister à supposer qu'il ne puisse exister des pervers et des plaisants dans le monde spirituel; car, rationnellement, ils devraient s'y trouver en plus grand nombre. En tout cas, nous ne parvenons pas à nous expliquer pour quelle raison la combinaison d'une localité donnée avec un organisme humain particulier, doit les mettre à même de jouer des tours pendables dans le monde des vivants; de même qu'un sauvage ne peut s'expliquer pourquoi la combinaison d'une journée sèche avec un matériel spécial met une machine à même de produire de l'électricité. »

L'observation positive directe, scientifique, des phénomènes et leur interprétation normale nous a conduits à penser qu'il y a des êtres invisibles agissant dans notre atmosphère. C'est là une affirmation qui paraît hardie et téméraire et à laquelle nous ne pouvons nous résoudre qu'à notre corps défendant et si elle est obligatoire; et cependant, il nous est impossible de nous rendre compte des faits constatés en certains cas absolument authentiques rapportés dans cet ouvrage, sans admettre qu'il y a là des forces indépendantes de nous, et non seulement des forces, mais aussi des *êtres*.

Cette conclusion expérimentale s'accorde avec la théorie philosophique de la palingénésie et la confirme. Il n'y a aucune raison pour que l'évolution psychique générale s'arrête à l'homme. Sans se laisser enfermer dans aucun système, tous les penseurs connaissent l'ouvrage de Charles Bonnet, la *Palingénésie Philosophique,* publié à Genève en 1770 et sa *Contemplation de la Nature,* publiée à Amsterdam en 1764. Qui ne connaît aussi la *Philosophie de l'Univers*, de Dupont de Nemours (1796)? Ballanche, Saint-Martin, Schlegel, Savy, Esquiros, Jean Reynaud, Pezzani ont continué cette tradition pendant le XIXe siècle. Mais, répétons-le, ce n'est pas au point de vue philosophique que cet ouvrage est écrit: c'est au point de vue exclusivement scientifique de l'observation expérimentale.

★

Il est temps de conclure.

Il y a dans la nature, dans la direction de la vie terrestre, dans les manifestations de l'instinct chez les végétaux et chez les animaux, dans l'esprit général des choses, dans l'humanité, dans l'univers cosmique, partout, un élément psychique qui se révèle de mieux en mieux à travers les études modernes, notamment par les recherches d'ordre télépathique et par l'observation des phénomènes inexpliqués dont nous nous sommes occupés dans cet ouvrage. Cet élément, ce principe, est encore inconnu de la science contemporaine; mais, comme en bien d'autres cas, il a été deviné par les Anciens. Je n'invente rien.

Outre les quatre éléments, l'air, l'eau, la terre et le feu, les Anciens, en effet, en admettaient un cinquième, d'ordre immatériel, qu'ils nommaient *animus*, âme du monde, principe animateur, éther. « Aristote, écrit Cicéron, après avoir rappelé les quatre genres d'éléments matériels, croit devoir admettre une cinquième nature, *quinta natura*, de laquelle l'âme provient, car, puisque la pensée et les facultés intellectuelles ne peuvent résider en aucun des éléments matériels, il faut admettre un cinquième genre, qui n'avait pas encore reçu de nom, et qu'il nomme *entéléchie*, c'est-à-dire mouvement éternel et continu. » Les quatre éléments matériels anciens ont été disséqués par l'analyse moderne. Le cinquième est peut-être plus fondamental.

Virgile a écrit dans l'Enéide (livre VI) ces vers admirables que tout le monde connaît:

Spiritus intus alit, totamque infusa per artus
Mens agitat molem, *et magno se corpore miscet.*

Souvenons-nous aussi des *Questions naturelles* de Sénèque, et du *Songe de Scipion* (1, 6) de Macrobe.

Le grammairien latin Martianus Capella, comme tous les auteurs des premiers siècles du christianisme, signale cette force directrice, en l'appelant également le cinquième élément, qu'il désigne sous le nom d'éther.

Un empereur romain bien connu des Parisiens, Julien, dit l'Apostat, célèbre ce cinquième principe dans son discours en l'honneur du Soleil roi, le qualifiant, tantôt de principe solaire, tantôt d'âme du monde ou principe intellectuel, tantôt d'éther.

Cet élément psychique n'est pas confondu par les philosophes avec Dieu: il fait partie de la nature.

Nous le trouvons partout. Entre autres exemples, il transparaît remarquablement dans le procès de Jeanne d'Arc comme dans celui de Socrate.

Je le répète: en proposant d'admettre scientifiquement l'existence de ce cinquième élément, l'élément psychique, comme conclusion des observations étudiées dans ces recherches, nous n'inventons rien et ne faisons que rétablir un principe oublié.

Les facultés humaines, d'ailleurs, sont plus étendues qu'on ne l'admet, en général. Sur les questions que nous étudions ici, l'opinion judicieuse d'un homme tel que Jean Jaurès (dont tous les honnêtes gens ont déploré l'assassinat stupide aux premiers jours de la grande guerre) n'est pas à dédaigner. Voici ce qu'il écrivait (en 1902) dans son livre, *La réalité du monde sensible*:

« Comme le cerveau est enfermé dans une enveloppe organique résistante et en apparence close, l'imagination se le représente volontiers comme isolé du monde. Mais, en réalité, il se peut fort bien que ce que nous appelons le cerveau soit perpétuellement mêlé et confondu avec ce que nous appelons le monde par un échange continuel et subtil d'activité secrète.

« S'il est vrai, comme l'affirment de nombreux témoins dont il est difficile de suspecter la bonne foi, que l'organisme humain puisse développer, en certains cas, un magnétisme *capable de soulever une table,* comme c'est surtout par l'application de la volonté que ces phénomènes se produisent, et que c'est à l'insu de leur propre organisme que ces personnes déploient une force motrice inconnue sur des objets extérieurs, il apparaît bien que l'énergie cérébrale rayonne bien loin hors de son foyer. Il apparaît aussi que le moi peut exercer une action sur la matière sans recourir, au moins consciemment, à l'intermédiaire de l'organisme, qui n'est plus un instrument actif, mais un conducteur passif.

« Le phénomène de la double vue dans certains états hypnotiques spéciaux paraît démontré aujourd'hui. Il est permis à certains sujets de voir, *de lire à travers une barrière qui pour nous est opaque.* Ainsi l'opacité de la matière n'est plus que relative. Et comme, pour l'imagination, ce qui sépare le plus notre cerveau du monde enveloppant, c'est l'opacité de notre organisme, cette opacité, s'évanouissant, laisse en contact immédiat, pour notre imagination elle-même, le foyer cérébral et l'univers. Ainsi, le cerveau peut dépasser infiniment l'organisme, il peut rayonner, palpiter, agir bien en dehors de ses limites. Le cerveau n'apparaît plus comme un organe clos, retiré dans une cavité dure; nous voyons, dans l'ordre même de la physiologie, le moi individuel s'agrandir et, sans perdre ses attaches nécessaires à un organisme particulier, se créer en dehors de cet organisme une sphère d'action indéfinie.

« Quand un sujet transmet sans parole une idée, une impression ou une volonté à un autre sujet, il y a évidemment un *rayonnement de pensée dans l'espace* et deux cerveaux sont mis en relation immédiate par ce rayonnement.

« Le problème du libre arbitre se pose de nouveau et sous une forme plus aiguë à propos de ces faits. Mais ils ont une autre portée, qui est très haute; ils attestent qu'il y a dans l'homme des puissances extraordinaires et inconnues, qui sont nulles ou à peu près dans son état normal, mais qui se manifestent dans certains états que nous appelons anormaux. Il y a en nous *un moi inconnu* qui peut exercer une action directe sur la matière, soulever par une volonté énergique un corps étranger comme s'il était son propre corps, percer du regard l'opacité d'un obstacle et recueillir à distance à travers l'espace la pensée inexprimée d'un autre moi.

« Le jour où l'homme normal se serait assimilé les puissances de l'état magnétique et hypnotique, voyez comme dans la vie humaine l'organisme individuel deviendrait accessoire. Sans doute, il resterait toujours présent à la conscience comme la racine nécessaire de l'individualité, mais le moi pourrait remuer, par sa volonté directe, d'autres corps que son propre corps; il ne serait donc plus l'âme exclusive d'un organisme particulier, mais bien l'âme de toutes choses, aussi loin que son action pourrait s'étendre; et si elle pouvait s'appliquer à l'univers entier, il serait l'âme du monde. »

Esprit libre et indépendant, Jaurès savait voir et juger, et, pour lui, les phénomènes de lévitation, d'action mentale et physique à distance, de télépathie, de vue sans les yeux, doivent nous éclairer sur la constitution de l'univers. L'âme humaine fait partie de l'âme du monde.

Le cinquième élément, dont nous parlions tout à l'heure, contient en lui des intelligences invisibles et inconnues, qui se sont révélées par un certain nombre de faits exposés dans cet ouvrage. Les observateurs, les témoins, en état normal, en pleine possession de leurs jugements, sont bien des observateurs et non des acteurs.

Comment admettre, par exemple, la précision des tirs signalée page 75, sans reconnaître l'existence de tireurs invisibles? Comment admettre qu'une bobêche soit mise sur un flambeau (p. 89), ou un fauteuil posé contre une porte pour en empêcher l'ouverture (pp. 93 et 94), ou une clef se détachant d'une porte pour frapper la main d'une personne qui voulait l'ouvrir (p. 97), ou des médailles enlevées aux portes où elles avaient été placées comme protection (p. 107), ou des sièges arrangés pour une réunion (p. 108), sans admettre les actes d'un esprit quelconque? N'avons-nous pas vu aussi un verre détaché d'une étagère, un soufflet lancé d'une cheminée, un balai jeté au loin, une assiette arrachée des mains (p. 148), qui ne s'expliquent que par l'intervention d'une force invisible? Puis une porte fermée à l'intérieur, des cordons de sonnette tirés, des portraits détachés, des horloges arrêtées (pp. 125-127), et ailleurs une cuillère tournant toute seule dans un verre (p. 149). Et le compagnon anonyme de Mme de Granford (p. 155), et les volets résistant à la poussée de M. Homem Christo (p. 161), et l'enfant emporté (p. 172), et la hantise, à Cambridge de Miss Bates (p. 192). Et ce Lewis annonçant qu'il vient d'être écrasé par un train (p. 51)? Et l'invisible qui jetait des bouts de bois dans un atelier de menuiserie sans blesser personne et sans laisser percevoir les points de départ (pp. 222-223)? etc. Ces êtres sont généralement invisibles — et parfois visibles.

Ce sont là autant de manifestations de forces pensantes, dont plusieurs sont identifiées.

Ces êtres invisibles sont-ils tous étrangers aux vivants, ou sont-ils quelquefois des dédoublements de l'esprit des expérimentateurs! Ce qui est certain, c'est qu'ils se manifestent.

Les phénomènes que nous étudions ici sont des productions du dynamisme universel, avec lequel nos cinq sens ne nous mettent en relation que très imparfaitement (1). Nous vivons au milieu d'un

(1) Qu'il existe des moyens de perception différents de nos cinq sens physiques, c'est ce qui n'est pas douteux (v. *Lumen*), et ce dont j'ai donné des exemples irrécusables depuis longtemps (*Les forces naturelles inconnues, L'Inconnu et les problèmes psychiques, La Mort et son Mystère*, etc.). A ces exemples si nombreux, j'ajouterai encore celui-ci, des plus curieux, rapporté à un de mes amis par Ch. Richet, au mois de février 1905: *(Voir page suivante)*

monde inexploré, dans lequel les forces physiques jouent un rôle encore très insuffisamment observé.

Ces forces sont d'un ordre supérieur aux forces analysées généralement en mécanique, en physique, en chimie; elles ont quelque chose de vital, et possèdent une sorte de mentalité. Cet élément fait partie de la constitution de l'Univers; c'est par son intermédiaire que les êtres peuvent communiquer entre eux à distance. Il n'est pas sans analogie avec l'*od* décrit par Reichenbach et Du Prel et avec le *geon* du Dr Javorski. On commence à le comprendre depuis quelques années surtout, depuis que l'éther et les ondes hertziennes font partie des théories scientifiques. Son expansion universelle nous aide à concevoir celle du principe immatériel.

« J'avais invité chez moi, à Carqueiranne, dit-il, deux de mes amis, psychologues l'un et l'autre, le professeur William James et Myers, afin qu'ils y prissent quelque repos. Ils devaient expérimenter là-bas, dans le calme, avec un médium fort intéressant, Mrs Thomson. Je télégraphiai à un de mes amis de Nice, M. Moutonnié, de les rejoindre, puisque ces études le captivaient. Mais comme je fus moi-même retenu à Paris, il ne se rendit pas à Carqueiranne. Or, Mrs Thomson, qui n'était avisée de rien, avait fait une petite promenade sur la Riviera. Dans les jardins de Monaco, elle aperçut sur un banc un monsieur et une dame avec un petit chien. Non sans étonnement, elle distingua par les yeux de l'esprit, sur le chapeau de l'homme, ce mot: *Carqueiranne*. Malgré sa timidité naturelle, elle se décida à lier conversation avec ce couple, tant elle était intriguée. Dans ce but, elle se servit comme subterfuge du petit chien. De fil en aiguille, elle posa la question: « Connaissez-vous Carqueiranne? » Etonnement de mon ami, qui s'écria: « Certes! Je devais même y aller ces jours-ci pour faire la connaissance d'un médium. — Ce médium, c'est moi! » répliqua Mrs Thomson... »

Tout nous prouve, d'autre part, que l'explication purement mécanique de la nature est incomplète, et qu'il y a dans l'Univers autre chose que la prétendue matière. Ce n'est pas la matière qui régit le monde: c'est un élément dynamique et psychique.

La matière n'est elle-même qu'un mode de mouvement, qu'une expression de la force, une manifestation de l'énergie. Elle disparaît, d'ailleurs, devant l'analyse, qui finit par se réfugier dans l'atome intangible, invisible, impondérable, et, en quelque sorte, immatériel.

L'atome, base de la matière, il y a cinquante ans, se dissout et devient un tourbillon hypothétique insaisissable.

Je me permettrai de répéter ici ce que j'ai dit cent fois ailleurs: *l'Univers est un dynamisme.* Et il semble que tout cela soit de nature électrique. Ame universelle, électricité animale, fluide magnétique, od, sont des appellations diverses de ce même principe de mouvement; mondes psychique et physique associés, univers d'intelligences à tous les degrés; cosmos encore inexploré dans son ensemble.

Les manifestations souvent si vulgaires, si incohérentes, des maisons hantées — ainsi que des expériences spirites dans lesquelles l'autosuggestion des médiums peut être éliminée — nous conduisent à discuter la valeur des forces et des intelligences invisibles qui les produisent et à revenir par une autre voie à l'ancienne comparaison de l'être humain avec l'insecte. Est-ce que les heures, les jours, les semaines, peut-être même les mois et les années qui suivent la mort, ne seraient pas le cadre d'actes de chrysalides humaines et non d'actes d'âmes entièrement dégagées de la matière?

Les esprits de tous degrés qui passent perpétuellement du monde vital matériel au monde invisible sont de valeurs intellectuelles fort diverses. Combien demeurent dans le plan terrestre? Combien se réincarnent, et quand?

Répétons, pour la millième fois, que la nature intrinsèque de *l'âme humaine*, pendant la vie comme après la mort, nous est encore entièrement inconnue. Qu'est-ce que l'immortalité?

Un jour, le sénateur Naquet m'arriva sous l'impression très vive d'une conversation qu'il venait d'avoir avec Victor Hugo.

— Nous parlions, me dit-il, de la pluralité des mondes et de votre *Lumen*. — Sommes-nous tous immortels? fit-il tout d'un coup à brûle-pourpoint. — Mais, cher Maître, répliquai-je, ou on survit à la mort ou on ne survit pas. C'est l'un ou l'autre. Je vous avoue, pour ma part, que je n'y crois pas beaucoup. — Il y a des différences, des degrés, reprit-il. Quant à moi, je me sens indestructible.

« Je suis sûr, continua Naquet, que pour lui l'immortalité est certaine, en ce qui le concerne personnellement, et il m'a semblé qu'il y a chez lui quelque orgueil individuel.

— La question de l'inégalité des âmes s'est déjà posée dans mon esprit, répondis-je à Naquet; elle me paraît digne d'étude. Non, ce n'était pas là de l'orgueil chez Victor Hugo; c'était plutôt un sentiment de justice, car il savait bien que ses œuvres prouvaient son individualité personnelle.

Cette conversation se passait vers l'année 1880. Plus de quarante ans après cette date, j'ai la même opinion, renforcée encore par mes études psychiques. Aucune âme ne peut être détruite. Mais y a-t-il beaucoup d'âmes conscientes de leur propre existence spirituelle? Ne sont conscientes d'elles-mêmes après le trépas que celles qui l'étaient déjà avant cette heure. La variété se continue: instruits et ignorants, intelligents et idiots, bons et méchants: la guillotine ne fait pas un saint d'un malfaiteur. Les phénomènes si incohérents des maisons hantées s'accordent avec cette théorie.

★

Conclusion: si l'univers est un dynamisme, si le cosmos porte bien son nom (ordre), si le monde inconnu est plus important que le monde connu, s'il y a des forces intelligentes et des êtres invisibles, nous devons préférer aux dénégations de Naquet, de Berthelot, de Le Dantec, de Littré, de Cabanis, de Lalande, de Voltaire, des anatomistes, les convictions de Victor Hugo, de Pasteur, d'Ampère, de Goethe, d'Euler, de Pascal, de Newton, des spiritualistes; car ceux-ci traversent l'écorce des apparences et découvrent dans l'analyse des choses le dynamisme invisible fondamental.

EPILOGUE

L'INCONNU D'HIER EST LA VÉRITÉ DE DEMAIN

L'inconnu d'hier est la vérité de demain.

Nous devons tout étudier, tout discuter, tout analyser, sans aucun parti pris. Cependant, l'histoire des sciences nous montre un grand nombre d'hommes éminents, d'esprits supérieurs, qui ont été arrêtés dans la voie du progrès en s'imaginant que la science leur avait dit son dernier mot. En astronomie, en physique, en chimie, en optique, en histoire naturelle, en physiologie, en anatomie, en médecine, en botanique, en géologie, dans toutes les branches des connaissances humaines, il serait facile de remplir plusieurs pages de noms d'hommes célèbres qui ont cru que la science ne dépasserait pas les limites atteintes de leur temps, et qu'il ne restait plus rien à découvrir. Parmi les savants actuellement vivants, il ne serait pas difficile, non plus, de citer un grand nombre d'esprits distingués dont la conviction est bien arrêtée, que dans les sphères où ils sont maîtres, il n'y a plus rien à chercher.

On ne doit admettre que ce qui est démontré, n'être ni crédule ni incrédule, étudier sans préjugés, rester avant tout libres et indépendants. Il est tout naturel que les corps officiels soient conservateurs. L'important, pour le progrès des idées, est de ne pas se laisser enfermer, et de ne pas se refuser, par aveuglement classique, à l'évidence des faits. C'est ce qui est arrivé pour l'astronomie, pour la physique, pour la chimie, pour la médecine, pour toutes les sciences, pour le phlogistique, pour la vapeur, pour l'électricité, pour les uranolithes, etc. Un grand et noble esprit, l'immortel Lavoisier, est resté lui-même, au XVIIIe siècle, lui qui avait renversé le phlogistique et créé la chimie, solidaire des idées du temps. Chargé par l'Académie des Sciences de faire un rapport sur une chute d'aérolithe, bien observée cependant, il rédigea, en 1769, le document suivant qui doit être une leçon pour nous tous. J'en placerai ici un extrait textuel digne d'être conservé pour notre instruction personnelle. Ce document est historique et bien fait pour nous instruire. Je le détache de l'édition officielle des œuvres de Lavoisier (Paris, imprimerie impériale, 1868, tome IV).

RAPPORT SUR UNE PIERRE QU'ON PRÉTEND
ÊTRE TOMBÉE DU CIEL PENDANT UN ORAGE

« Nous avons été chargés, M. Fongeroux, M. Cadet et moi, de rendre compte à l'Académie d'une observation communiquée par M. l'abbé Bachelay sur une pierre qu'on prétend être tombée du ciel pendant un orage.

« Il n'y a peut-être pas de pierres dont l'histoire fût aussi étendue que celle des pierres de tonnerre, si l'on voulait rassembler tout ce qui a été écrit à ce sujet par les différents auteurs. On peut en juger par le grand nombre de substances qui portent ce nom. Cependant, malgré l'opinion accréditée parmi les Anciens, les vrais physiciens ont toujours regardé comme fort douteuse l'existence de ces pierres. On peut consulter à ce sujet un mémoire de M. Lémery, imprimé parmi ceux de l'Académie, année 1700.

« Si l'existence des pierres de tonnerre a été regardée comme suspecte dans un temps où les physiciens n'avaient presque aucune idée de la nature du tonnerre, à plus forte raison doit-elle le paraître aujourd'hui que les physiciens modernes ont découvert que les effets de ce météore étaient les mêmes que ceux de l'électricité. Quoi qu'il en soit, nous allons rapporter fidèlement le fait qui a été communiqué par M. Bachelay; nous examinerons ensuite quelles sont les conséquences qu'on peut en tirer.

« Le 13 septembre 1768, sur les 4 heures et demie du soir, il parut du côté du château de la Chevallerie, près de Lucé, petite ville du Maine, un nuage orageux, dans lequel se fit entendre un coup de tonnerre fort sec et à peu près semblable à un coup de canon. On entendit à la suite, dans un espace d'environ deux lieues et demie, sans apercevoir aucun feu. un sifflement considérable dans l'air, et qui imitait si bien le mugissement d'un bœuf que plusieurs personnes y furent trompées. Enfin plusieurs particuliers qui travaillaient à la récolte dans la paroisse du Périgué, à trois heures environ de Lucé, ayant entendu le même bruit, regardèrent en haut et virent un corps opaque qui décrivait une courbe et qui alla tomber sur une pelouse dans le grand chemin du Mans, auprès duquel ils travaillaient. Tous y coururent promptement et trouvèrent une espèce de pierre dont environ la moitié était enfoncée dans la terre, mais elle était si chaude et si brûlante qu'il n'était pas possible d'y toucher. Alors, ils furent tous saisis de frayeur et prirent la fuite; mais, étant revenus quelque temps après, ils virent qu'elle n'avait pas changé de place, et ils la trouvèrent assez refroidie pour pouvoir la manier et l'examiner de plus près. Cette pierre pesait sept livres et demie, elle était de forme triangulaire, c'est-à-dire qu'elle présentait trois espèces de cornes arrondies, dont une, dans le moment de la chute, était entrée dans le gazon; toute la partie qui était entrée dans la terre était de couleur grise ou cendrée tandis que le reste, qui était exposé à l'air, était extrêmement noir. M. l'abbé Bachelay, s'étant procuré un morceau de cette pierre, l'a présenté à l'Académie et a paru désirer en même temps qu'on en déterminât la nature. Nous allons rendre compte des expériences que nous avons faites dans cette vue; elles nous aideront à déterminer ce qu'on doit penser d'un fait aussi singulier.

« La substance de cette pierre est d'un gris de cendre pâle; lorsqu'on en regarde le grain à la loupe, on aperçoit qu'elle est parsemée d'une infinité de petits points brillants métalliques, d'un jaune pâle; sa surface extérieure, celle qui, suivant M. l'abbé Bachelay, n'était point engagée dans la terre, était couverte d'une petite couche très mince d'une matière noire, boursouflée dans des endroits, et qui paraissait avoir été fondue. Cette pierre, frappée dans l'intérieur avec l'acier, ne donnait aucune étincelle; si l'on frappait au contraire sur la petite couche extérieure qui paraissait avoir été attaquée par le feu, on parvenait à en tirer quelques-unes.

« Nous avons d'abord soumis cette pierre à l'épreuve de la balance hydrostatique, et nous avons observé qu'elle perdait, à très peu près, dans l'eau les deux septièmes de son poids, ou plus exactement, que sa pesanteur spécifique était à celle de l'eau, dans le rapport de 3535 à 1000. Cette pesanteur était déjà beaucoup supérieure à celle des pierres siliceuses; elle nous annonçait par conséquent une quantité de parties métalliques assez considérable.

« Cette pierre ayant été réduite en poudre elle a d'abord été combinée à cru avec le flux noir, et nous avons obtenu un verre noir tout à fait semblable, en apparence, à la croûte qui recouvrait la surface de la pierre.

« La calcination ayant été faite, nous avons procédé à la réduction: nous n'avons trouvé qu'une masse alcaline noire, d'où nous avons cru pouvoir présumer que le métal contenu dans cette pierre était du fer, et qu'il s'était combiné avec l'alcali.

Il serait superflu de reproduire ici la suite de l'analyse chimique de cette pierre mystérieuse, analyse dans laquelle on voit que Lavoisier était surtout préoccupé de la légende populaire que cette pierre aurait pu être un produit de la foudre. Arrivons sans tarder à sa conclusion.

« Nous croyons donc, écrit-il, pouvoir conclure, d'après la seule analyse, et indépendamment d'un grand nombre d'autres raisons qu'il serait inutile de détailler, que la pierre présentée par M. Bachelay ne doit point son origine au tonnerre, *qu'elle n'est point tombée du ciel,* qu'elle n'a pas été formée non plus par des matières minérales mises en fusion par le feu du tonnerre, comme on aurait pu le présumer; que cette pierre n'est autre qu'une espèce de grès pyriteux qui n'a rien de particulier, si ce n'est l'odeur hépatique qui s'en exhale pendant la dissolution par l'acide marin; ce phénomène, en effet, n'a pas lieu dans la dissolution des pyrites ordinaires. L'opinion qui nous paraît la plus probable, celle qui cadre le mieux avec les principes reçus en physique, avec les faits rapportés par M. l'abbé Bachelay et avec nos propres expériences. c'est que cette pierre, qui peut-être était couverte d'une petite couche de terre ou de gazon, aura été frappée par la foudre et qu'elle aura été ainsi mise en évidence; la chaleur aura été assez grande pour fondre la superficie de la partie frappée, mais elle n'aura pas été assez longtemps continuée pour pouvoir pénétrer dans l'intérieur: c'est ce qui fait que la pierre n'a point été décomposée. La quantité considérable de matières métalliques qu'elle contenait, en opposant moins de résistance qu'un autre corps au courant de matière électrique, aura peut-être pu contribuer même à déterminer la direction de la foudre; on observe, en effet, qu'elle se porte plus volontiers vers les corps qui sont les plus électrisables par communication. Nous ne devons pas laisser ignorer ici une circonstance assez singulière: M. Morand fils nous ayant remis un fragment de pierre des environs de Coutances, qu'on prétendait également être tombée du ciel, elle s'est trouvée à très peu de choses près de la même nature que celle de M. l'abbé Bachelay; c'est de même un grès parsemé de points de pyrite martiale, et elle ne diffère de l'autre qu'en ce qu'elle ne donne point d'odeur de foie de soufre avec l'esprit de sel. Nous ne croyons pas qu'on puisse conclure autre chose de cette ressemblance, sinon que le tonnerre tombe de préférence sur les substances métalliques, et peut-être encore plus sur les matières pyriteuses.

« Au reste, quelque fabuleux que puissent paraître ces sortes de faits, comme en les rapprochant des expériences et des réflexions que nous venons de rapporter, ils peuvent contribuer à éclaircir l'histoire des pierres de tonnerre, nous pensons qu'il sera à propos d'en faire mention dans l'Histoire de l'Académie. »

Ce rapport de Lavoisier à l'Académie des Sciences nous inspire des réflexions directement associées aux recherches qui nous occupent ici. Des témoins *ont vu tomber la pierre*, en plein jour, le 13 septembre 1768, en rase campagne; ils l'ont ramassée; elle est là; on l'examine, on l'analyse, et l'on conclut... qu'elle n'est pas tombée du ciel. Les idées préconçues empêchent de reconnaître la vérité. L'opinion populaire associant ces pierres au tonnerre était fausse, on n'a pas l'idée de récuser la théorie et d'imaginer qu'il peut y avoir une autre explication. Le témoignage humain y est considéré comme nul et, de nos jours encore, une certaine école, amie du paradoxe, continue d'enseigner que les témoins, quels qu'ils soient, n'ont aucune valeur probante.

Assurément, le témoignage humain est faillible; tout le monde peut se tromper, et il n'est pas scientifique de s'y fier aveuglément; mais de là à tout récuser, il y a une distance respectable. Or, ce n'était pas la première fois que l'on voyait tomber du ciel une ou plusieurs pierres, qu'on les ramassait et qu'on les conservait. Pour n'en citer qu'une (la plus célèbre), le 7 novembre 1491, à Ensisheim (Haut-Rhin), une pierre énorme était tombée devant toute une armée, près de Maximilien Ier, roi des Romains. On en observe presque chaque année, ici ou là. En 1768 même, une autre est tombée à Aire (Pas-de-Calais) et une aussi à Maurkirchen, en Bavière. Lavoisier le sait, et il écrit que « les vrais physiciens ont toujours regardé comme douteuse l'existence de ces pierres ». Cet aveuglement séculaire pour tout ce qui est inconnu a constamment arrêté le progrès des sciences. Nous voyons, en même temps, combien il est imprudent de faire des théories explicatives prématurées, car l'explication des aérolithes par la foudre a agi négativement sur les jugements de l'Académie des Sciences.

Défions-nous des théories prématurées, ce fait historique nous y invite.

Les êtres humains de tout degré intellectuel, qui pensent encore que les phénomènes métapsychiques ne sont pas admissibles, par la raison que leur admission met en doute certains principes de l'enseignement classique, peuvent se souvenir aussi que toutes les découvertes ont commencé par être niées.

Depuis des milliers d'années, des uranolithes étaient tombés du ciel devant des centaines de témoins, on en avait recueilli un grand nombre, plusieurs étaient conservés dans les églises, dans les musées, dans les collections. Mais il manquait encore, en 1769, un homme indépendant pour les affirmer. Cet homme arriva; ce fut Chladni, en 1794.

Je ne jette la pierre ni à Lavoisier, ni à l'Académie des Sciences, ni à personne, mais à la tyrannie des préjugés. On ne croyait pas, on ne voulait pas croire que des minéraux pussent tomber du ciel. Cela paraissait contraire au sens commun. Par exemple, Gassendi est l'un des esprits les plus indépendants et les plus instruits du XVIIe siècle: un aérolithe pesant trente kilogrammes est tombé en Provence, en 1627, par un clair soleil; Gassendi l'a vu, l'a touché, l'a examiné — et l'a attribué à quelque éruption terrestre inconnue.

L'Académie des Sciences a enfin reconnu, sur le rapport de son propre commissaire Biot, la réalité des uranolithes lors de la chute arrivée à Laigle (Orne), le 26 avril 1803: les pierres avaient été ramassées, encore chaudes, par une quantité de témoins qui avaient failli être lapidés par le ciel. Depuis cette époque, elle a eu bien souvent à en enregistrer l'étude (1). Malgré tout, le monde marche et les vérités s'imposent.

Les professeurs péripatéticiens du temps de Galilée affirmaient doctoralement que le Soleil ne pouvait pas avoir de taches. Le spectre du Brocken, la fata morgana, le mirage, ont été niés par un grand nombre de gens sensés, tant qu'ils n'ont pas été expliqués. On s'imagine que pour admettre la réalité d'un fait, il faut pouvoir l'expliquer.

Il n'y a pas fort longtemps encore (1890) que la foudre en boule était révoquée en doute en pleine Académie des Sciences de Paris par celui-là même des membres de l'Institut qui aurait dû le mieux la connaître, Mascart, directeur du Bureau Météorologique central; il me soutenait que ma conviction n'était pas fondée, quoique j'en eusse cité tant d'exemples dans mes ouvrages.

L'histoire des progrès de la science nous montre, à chaque instant, que de grands et féconds résultats peuvent provenir d'observations simples et vulgaires. Dans le domaine de l'étude scientifique, rien ne doit être dédaigné.

Nous devons respecter toujours ce double principe:

(1) Le jour même où je reçois cette page en épreuve (septembre 1923), je lis dans les Comptes rendus de l'Académie des Sciences du 10 septembre la relation, par MM. Mengaud et Mourié, de la chute d'un curieux uranolithe tombé à Saint-Sauveur (Haute-Garonne) le 10 juillet 1914, pesant quatorze kilogrammes, tombé à côté de deux cultivateurs. L'analyse vient d'en être faite par M. A. Lacroix. Depuis 1803, la science a tiré d'utiles progrès de ces constatations.

Ne rien nier *a priori*
Ne rien affirmer sans preuves.

En 1831, le Dr Castel disait à l'Académie de Médecine, à la suite de la lecture d'un rapport fait par une commission de cette Société sur le magnétisme animal:

« Si la plupart des faits énoncés étaient réels, ils détruiraient la moitié des connaissances acquises en physique. Il faut donc bien se garder de les propager en imprimant le rapport. »

L'avis du Collège de médecine de Bavière contre l'introduction du chemin de fer offre un exemple typique de cette antipathie contre tout ce qui est nouveau. Ce corps savant supposait qu'un mouvement aussi rapide devrait infailliblement provoquer des ébranlements cérébraux chez les voyageurs et le vertige chez le public extérieur. On recommandait d'établir au moins une cloison en planches de chaque côté du chemin de fer.

On se rappellera également l'opposition que souleva la découverte de la circulation du sang par Harvey, traité de fou par les savants de l'époque, et celle qui a accueilli la vaccination préconisée par Jenner. Etc., etc. L'invention de la photographie a passé par la même épreuve (1) au temps de

(1) Mme Blavatsky raconte *(Isis dévoilée)* une anecdote qui avait cours parmi les amis de Daguerre entre 1838 et 1840. A une soirée chez Mme Daguerre, deux mois environ avant la présentation du nouveau procédé à l'Académie des Sciences, par Arago (janvier 1839), celle-ci eut une consultation sérieuse avec une des célébrités médicales de l'époque au sujet de la

Niepce et de Daguerre, et pourtant, quel monde de révélations n'a-t-elle pas ouvert à la science!... en astronomie seulement, depuis le Soleil jusqu'aux nébuleuses!

On n'a pas oublié l'accueil fait par les savants à la découverte de Jupiter et leur refus de regarder dans le télescope de Galilée. Un professeur bien connu, adversaire de la bactériologie, n'a-t-il pas refusé, lors de la découverte du bacille de la tuberculose, de regarder à travers le microscope de son aide qui voulait lui présenter une préparation bacillaire? Le Dr Schrenck Notzing a rappelé le jugement émis dans les *Grenzboten* par un savant éminent qui indique la même disposition d'esprit: « Je ne crois pas à la suggestion hypnotique, jusqu'à ce que j'en aie vu un cas, et je n'en verrai jamais; car par principe je ne m'y arrête pas. »

Et le grand physicien anglais lord Kelvin n'a-t-il pas écrit ceci:

condition mentale de son époux. Après avoir expliqué au médecin les nombreux symptômes de ce qu'elle prenait pour une aberration de son mari, elle ajouta, les larmes aux yeux, que la preuve la plus évidente de la folie de Daguerre était sa ferme conviction qu'il réussirait à clouer sa propre ombre sur la muraille, ou à la fixer sur ses plaques métalliques *magiques*. Le docteur écouta attentivement la relation et répondit que, de son côté, il avait observé dernièrement chez Daguerre les symptômes de ce qui, pour lui, était une preuve irréfutable de folie. Il termina la conversation en lui conseillant d'expédier son mari tranquillement et sans retard à Bicêtre. Deux mois plus tard un profond intérêt s'élevait dans le monde des arts et de la science, à la suite de l'exposition d'images prises avec le nouveau procédé, et la photographie, déjà, d'ailleurs, découverte par Niepce, était reconnue.

« Je tiens à repousser toute apparence d'une tendance à accepter cette misérable superstition du magnétisme animal, des tables tournantes, du spiritisme, du mesmérisme, de la clairvoyance, des coups frappés. Il n'y a pas un sixième sens d'espèce mystique. La clairvoyance et le reste sont le résultat de mauvaises observations, mêlées à un esprit d'imposture volontaire, agissant sur des âmes innocentes et confiantes. »

Tel est le degré d'aveuglement auquel a été conduit un des plus grands esprits de notre époque: il ne daigne ni regarder, ni étudier, ni essayer de comprendre.

Nous pouvons joindre le nom d'Ernest Hæckel à la liste des savants aveuglés par un faux orgueil, qui ont nié les phénomènes inexpliqués. Dans une page malheureuse de son intéressant ouvrage: *Les Enigmes de l'Univers*, après avoir à peine touché à la hâte aux phénomènes médiumniques, et les avoir qualifiés d'aberrations d'intelligences excitées, il parle des « lecteurs de la pensée » en ces termes:

« Ce que l'on appelle télépathie (ou action de la pensée à distance sans intermédiaire matériel) n'existe pas plus que les esprits et les fantômes, etc. »

Malgré Hæckel et ses collègues, la transmission de la pensée, l'hypnotisme et bien d'autres manifestations psychiques ont actuellement la sanction d'hommes éminents, et le psychologue ose s'attacher à des problèmes qui s'imposent sur un terrain d'études considéré jadis comme un amas de supercheries et de mystifications. Raisonnons plutôt comme Jaurès tout à l'heure.

Remarquons encore, avec Ch. Richet, que la compréhension des phénomènes psychiques est fermée à un certain nombre d'hommes.

Il y a d'abord des esprits de grande valeur dans les sciences, de véritables maîtres du professorat, de hauts fonctionnaires de l'enseignement, de l'administration, très compétents en certains sujets, très droits, très pondérés, d'un jugement généralement fondé, mais qui ne sortent pas de leur cadre et pour lesquels la science a dit son dernier mot en toutes choses. Ils sont convaincus que les lois de la nature sont connues! Ce sont les mêmes hommes qui ont été opposés aux découvertes nouvelles de tous les temps, au mouvement de la Terre, au télescope, à la circulation du sang, aux uranolithes, à la vaccine, à l'électricité, à l'éclairage au gaz, aux chemins de fer, à la photographie, au télégraphe sous-marin, au phonographe, au cinématographe, à l'aviation, etc. Ils ne consacreraient jamais leur temps à ces recherches, parce qu'*ils sont sûrs que la chose est impossible*, et ils s'obstineront toujours dans un scepticisme qui leur paraît rationnel.

Il y a ensuite les gens très malins, habiles dans les affaires, faux, fourbes, tortueux, habitués à exploiter le prochain, pour lesquels il vaut mieux être voleur que volé, et qui dans la vie habituelle ne se font pas scrupule d'attraper les autres. Ceux-là ne pourront jamais voir que de l'habileté, de la fausseté, de la supercherie dans ces exercices.

Il y a enfin, comme incapables également, à un autre point de vue, de juger les phénomènes, les naïfs, les crédules, dénués de tout esprit critique, qui font du spiritisme une croyance aveugle, une religion, et qui ne peuvent analyser exactement les effets à observer.

Mais il reste encore de *libre*, semble-t-il, une partie notable du genre humain.

Avouons toutefois, qu'en général les hommes sont incapables d'une attention longuement soutenue, et que dans l'ensemble de la race humaine terrestre, l'indifférence pour la connaissance de la vérité est à peu près universelle. Cette indifférence perpétue l'ignorance stupéfiante, dont tout observateur averti peut rapidement se rendre compte, dans tous les domaines scientifiques et historiques. Après tant de siècles de progrès, tant de découvertes, cette ignorance universelle est véritablement fantastique. On n'aime pas s'instruire. Les habitants de notre planète vivent sans savoir où ils sont et sans avoir même la curiosité de se le demander.

Les colonnes des journaux sont occupées par les exercices matériels, les courses de tous genres, les millions pariés, les concours de vitesse, les écrasés, les sports, la boxe, les matches de pugilistes, les spéculations, le théâtre, le cinéma, les films, les danses nouvelles, le nu au music-hall, les adultères, les crimes passionnels, les assassinats, les dissertations politiques, les annonces. Quant aux progrès des sciences et à l'instruction générale, ils n'y brillent que par leur absence.

C'est surtout dans les questions psychiques que cette ignorance est remarquable et regrettable, car nous y sommes tous personnellement intéressés.

Le monde psychique est plus vaste, plus immense que le monde physique.

Un dernier mot encore. Ce monde psychique est intéressant à connaître. Nous sommes loin d'avoir épuisé son étude dans cet ouvrage comme dans les précédents; nous n'avons pu, selon notre intention, y comprendre les observations nombreuses et incontestables concernant les apparitions de défunts aux mourants, qui sont autant de témoignages de l'existence posthume de ces défunts et qui ont leur valeur spéciale; nous n'avons pu non plus nous occuper des fantômes eux-mêmes, de ceux qui ont été vus et entendus: c'est là tout un sujet d'études fort complexe, qui nous ouvre des horizons imprévus. Il me semble que le moment est venu de consacrer, malgré le paradoxe apparent, un ouvrage spécial aux fantômes méthodiquement discutés à la lumière des sciences d'observation. Ce sera l'objet d'un prochain travail.

Oui, le monde inconnu est plus immense et plus important que le monde connu.

TABLE DES MATIÈRES

Épouvante

Depuis Edgar Poe, il a toujours existé un genre littéraire qui cherche à susciter la peur, sinon la terreur, chez le lecteur. Il a été illustré au cinéma par des films tels que Shining, L'exorciste, Carrie, La malédiction. *Ce sont les livres qui ont inspiré ces films, et d'autres ouvrages du même genre, que vous présente cette collection.*

ALMQUIST Gregg	***L'éveil de la Bête*** *2574/**4**** *Inédit*
ANDREWS Virginia C.	***Ma douce Audrina*** *1578/**4****
BARKER Clive	***Livre de sang*** *2452/**3****
BINGLEY Margaret	***Au-delà de la mort d'Alice*** *2520/**3**** *Inédit*
BLATTY William P.	***L'exorciste*** *630/**4****
BRANDNER Gary	***La Féline*** *1353/**4****
	Carrion *2705/**4**** *(Décembre 89) Inédit*
BYRNE John L.	***Le Livre de la Peur*** *2633/**4**** *Inédit*
CAMPBELL Ramsey	***La poupée qui dévora sa mère*** *1998/**3****
	Le Parasite *2058/**4**** *Inédit*
	La lune affamée *2390/**5****
FARRIS John	***La forêt sauvage*** *2407/**5**** *Inédit*
HERBERT James	***Pierre de lune*** *2470/**4****
HOWARD Joseph	***Damien la malédiction II*** *992/**3****
JETER K.W.	***Les âmes dévorées*** *2136/**4**** *Inédit*
	Le ténébreux *2356/**4**** *Inédit*
KAYE Marvin & GODWIN Parke	***Lumière froide*** *1964/**3****
KING Stephen	***Carrie*** *835/**3****
	Shining *1197/**5****
	Danse macabre *1355/**4****
	Cujo *1590/**4****
	Christine *1866/**4****
	Peur bleue *1999/**3****
	Charlie *2089/**5****
	Simetierre *2266/**6****
	Le Fléau *2326/**6****
	Différentes saisons *2434/**7****
	Brume *2578/**4**** *& 2579/**4****
KOONTZ Dean R.	***Spectres*** *1963/**4**** *Inédit*
	Le visage de la peur *2166/**3**** *Inédit*
LAWS Stephen	***La nuit des spectres*** *2670/**4**** *Inédit*
LEVIN Ira	***Un bébé pour Rosemary*** *342/**3****
MAXIM John R.	***Les possédés de Riverside*** *2654/**4**** *Inédit*
MONTELEONE Thomas	***L'horreur du métro*** *2152/**4**** *Inédit*
NICHOLS Leigh	***L'antre du tonnerre*** *1966/**3**** *Inédit*
	L'heure des chauves-souris *2263/**5**** *Inédit*
	Feux d'ombre *2537/**6**** *Inédit*
PIERCE Dale	***Le sang du matador*** *2554/**3**** *Inédit*

RHODES Daniel	**L'ombre de Lucifer** 2485/**3*** Inédit
RUSSO John C.	**Panthère noire** 2233/**3***
	L'appel du sang 2611/**5*** Inédit
SAUL John	**Corps étranger** 2308/**4***
SELTZER David	**La malédiction** 796/**2***
STRAUB Peter	**Shadowland** 2249/**6*** Inédit
	Le dragon flottant 2373/**6*** Inédit
STRIEBER Whitley	**Wolfen** 1315/**4***
STRIEBER W. & BARRY J.	**Cat Magic** 2341/**6*** Inédit
TESSIER Thomas	**La nuit du sang** 2693/**3*** (Novembre 89)
TUTTLE Lisa	**Le couteau sacrificiel** 2181/**3*** Inédit

Aventure Mystérieuse

L'Aventure Mystérieuse *publie des études sur les grandes énigmes de l'humanité. Tous ces sujets, qui sont à la frange des sciences reconnues, sont analysés ici de façon passionnante.*

BELLINE Marcel	**La troisième oreille** 2015/**2***
	Un voyant à la recherche du temps futur 2502/**4***
BERLITZ Charles	**Le Triangle des Bermudes** 2018/**3***
FLAMMARION Camille	**Les maisons hantées** 1985/**3***
LAFFOREST Roger de	**La magie des énergies** 2279/**2***
MAHIEU Jacques de	**Les Templiers en Amérique** 2137/**3***
MOODY Raymond Dr	**La vie après la vie** 1984/**2***
RAMPA T. Lobsang	**Histoire de Rampa** 1827/**3***
	Le troisième œil 1829/**3***
	Les secrets de l'aura 1830/**3***
	Les clés du nirvâna 1831/**2***
	Crépuscule 1851/**2***
	La robe de sagesse 1922/**3***
	Je crois 1923/**2***
	C'était ainsi 1976/**2***
	Les trois vies 1982/**2***
	Lama médecin 2017/**3***
	L'ermite 2538/**3***
	La treizième chandelle 2593/**3***
	Pour entretenir la flamme 2669/**3***
SABATO Mario de	**Le destin parallèle** 2357/**3***
SIMONS Jean-Louis	**Mourir pour renaître** 2309/**4***

Science-fiction

Depuis 1970, cette collection est leader du genre en France. Elle a publié la plupart des grands classiques (Asimov, Van Vogt, Clarke, Dick, Vance, Simak), mais elle a aussi révélé de nombreux jeunes auteurs qui seront les écrivains de premier plan de demain (Tim Powers, David Brin, Greg Bear, Kim Stanley Robinson, etc.). La S-F est reconnue aujourd'hui comme littérature à part entière, étudiée dans les écoles et les universités. Elle est véritablement la littérature de notre temps.

ANDERSON Poul	**La patrouille du temps** 1409/**3★**
ASIMOV Isaac	**Les cavernes d'acier** 404/**3★**
	Les robots 453/**3★**
	Face aux feux du soleil 468/**3★**
	Tyrann 484/**3★**
	Un défilé de robots 542/**3★**
	Cailloux dans le ciel 552/**3★**
	La voie martienne 870/**3★**
	Les robots de l'aube 1602/**3★** & 1603/**3★** Inédit
	Le voyage fantastique 1635/**3★**
	Les robots et l'empire 1996/**4★** & 1997/**4★** Inédit
	Espace vital 2055/**3★**
	Asimov parallèle 2277/**4★** Inédit
	Le robot qui rêvait 2388/**6★** Inédit
	La cité des robots 2573/**6★** Inédit
	La forêt de cristal 2652/**3★**
BALLARD J.G.	**Le monde englouti** 2667/**3★**
	Salut l'Amérique ! 2704/**3★** (Décembre 89)
BEAR Greg	**La musique du sang** 2355/**4★**
BELFIORE Robert	**La huitième vie du chat** 2278/**3★** Inédit
BLISH James	**Semailles humaines** 752/**2★**
BOGDANOFF Igor & Grishka	**La machine fantôme** 1921/**3★**
BRIN David	**Marée stellaire** 1981/**5★** Inédit
	Le facteur 2261/**5★** Inédit
	Elévation - 1 2552/**5★** & 2553/**5★** Inédit
CARROLL Jonathan	**Le pays du fou rire** 2450/**4★** Inédit
CHERRYH C.J.	Chanur :
	-L'épopée de Chanur 2104/**3★**
	-La vengeance de Chanur 2289/**4★** Inédit
	-Le retour de Chanur 2609/**6★** Inédit
	L'œuf du coucou 2307/**3★** Inédit
CLARKE Arthur C.	**2001 l'odyssée de l'espace** 349/**2★**
	2010 : odyssée deux 1721/**3★**
	Les enfants d'Icare 799/**3★**
	Rendez-vous avec Rama 1047/**3★**
	Les fontaines du paradis 1304/**3★**
	Base Venus 2668/**4★** Inédit

CURVAL Philippe	Le ressac de l'espace 595/3*
DICK Philip K.	Loterie solaire 547/2*
	Dr Bloodmoney 563/3*
	Le maître du Haut Château 567/4*
	Ubik 633/3*
	Le dieu venu du Centaure 1379/3*
	Blade runner 1768/3*
	Coulez mes larmes, dit le policier 2451/3*
DONALDSON Stephen R.	Thomas l'Incrédule :
	-Le réveil du titan ; 2306/4*
	-L'éternité rompue 2406/6* Inédit
DREW Wayland	Miracle sur la 8e rue 2343/3* Inédit
	Willow 2487/3*
FARMER Philip José	Le Fleuve de l'éternité :
	-Le monde du Fleuve 1575/3*
	-Le bateau fabuleux 1589/4*
	-Le noir dessein 2074/6*
	-Le labyrinthe magique 2088/6*
	-Les dieux du Fleuve 2536/6*
FOSTER Alan Dean	Alien 1115/3*
	AlienS 2105/4*
	Futur immédiat - Los Angeles, 1991 2505/3* Inédit
FRÉMION Yves	Rêves de sable, châteaux de sang 2054/3* Inédit
GALOUYE Daniel	Simulacron 3 778/2*
GIBSON William	Neuromancien 2325/4*
	Comte Zéro 2483/4*
GOLDMAN William	Princess Bride 2393/4*
HALDEMAN Joe	La guerre éternelle 1769/3*
HAMILTON Edmond	Le retour aux étoiles 490/3*
HEINLEIN Robert A.	Une porte sur l'été 510/3*
	Double étoile 589/2*
	Vendredi 1782/4*
	Job : une comédie de justice 2135/5* Inédit
	Au-delà du crépuscule 2591/7* Inédit
HERBERT Frank	La ruche d'Hellstrom 1139/4*
HOWARD Robert E.	Conan le conquérant 2468/3*
JETER K.W.	Machines infernales 2518/4* Inédit
JEURY Michel	La croix et la lionne 2035/3* Inédit
JONES Raymond F.	Renaissance 957/4* Inédit
KEYES Daniel	Des fleurs pour Algernon 427/3*
KLEIN Gérard	Les seigneurs de la guerre 628/3*
	La saga d'Argyre :
	-Le rêve des forêts 2164/3*
	-Les voiliers du soleil 2247/2*
	-Le long voyage 2324/2*

LEE Tanith	**Vazkor** 1616/**3★**
	La déesse voilée 1690/**4★** Inédit
	La quête de la Sorcière Blanche 2042/**4★** Inédit
	Terre de lierre 2469/**3★** Inédit
LÉOURIER Christian	**Mille fois mille fleuves...** 2223/**2★** Inédit
	Les racines de l'oubli 2405/**2★** Inédit
LEVIN Ira	**Les femmes de Stepford** 649/**2★**
LOVECRAFT Howard P.	**L'affaire Charles Dexter Ward** 410/**2★**
	Dagon 459/**5★**
	Night Ocean et autres nouvelles 2519/**3★**
MARTIN Georges R.R.	**L'agonie de la lumière** 2692/**5★**
McKEE CHARNAS Suzy	**Un vampire ordinaire** 2433/**4★**
MERRITT Abraham	**Les habitants du mirage** 557/**3★**
	La nef d'Ishtar 574/**3★**
MOORE Catherine L.	**Shambleau** 415/**4★**
	Jirel de Joiry 533/**3★**
MORROW James	**L'arbre à rêves** 2653/**4★**
OTTUM Bob	**Pardon, vous n'avez pas vu ma planète ?** 568/**3★**
PARIS Alain	**Daïren** 2484/**3★** Inédit
POHL Frederik	**Casse-tête chinois** 2151/**4★** Inédit
	L'ultime fléau 2340/**3★**
	Les Annales des Heechees 2632/**4★** Inédit
POWERS Tim	**Les voies d'Anubis** 2011/**5★** Inédit
	Sur des mers plus ignorées... 2371/**4★** Inédit
	Le Palais du Déviant 2610/**4★**
RAY Jean	**Malpertuis** 1677/**2★**
ROBINSON Kim Stanley	**La mémoire de la lumière** 2134/**4★** Inédit
	La planète sur la table 2389/**4★** Inédit
	La Côte Dorée 2639/**6★** Inédit
RODDENBERRY Gene	**Star Trek** 1071/**2★**
SADOUL Jacques	**Les meilleurs récits de Weird Tales** 2556/**6★**
SCOTT CARD Orson	**Abyss 2657/4★** Inédit
SHECKLEY Robert	**Le prix du danger** 1474/**3★**
	Le robot qui me ressemblait 2193/**3★**
SILVERBERG Robert	**Les ailes de la nuit** 585/**2★**
	Les monades urbaines 997/**3★**
	Le château de Lord Valentin 1905/**4★** 1906/**4★**
	Pavane au fil du temps 2631/**4★** Inédit
SIMAK Clifford D.	**Demain les chiens** 373/**3★**
	Mastodonia 956/**3★**
	Le chemin de l'éternité 2432/**4★** Inédit
SPIELBERG Steven	**Rencontres du troisième type** 947/**2★**
	E.T. l'extra-terrestre 1378/**3★**
	E.T. La planète verte 1980/**3★** Inédit
STEINER Kurt	**Le disque rayé** 657/**2★**
STINE Jovial Bob	**La folle histoire de l'espace** 2294/**3★** Inédit

STURGEON Theodore	**Les plus qu'humains** 355/**3★**
	Cristal qui songe 369/**3★**
	Killdozer / Le viol cosmique 407/**4★**
	Les talents de Xanadu 829/**3★**
THOMPSON Joyce	**Bigfoot et les Henderson** 2292/**3★**
VANCE Jack	Cycle de Tschaï :
	-Le Chasch 721/**3★**
	-Le Wankh 722/**3★**
	-Le Dirdir 723/**3★**
	-Le Pnume 724/**3★**
	Le monde magique 836/**2★**
	Marune : Alastor 933 1435/**2★**
	Trullion : Alastor 2262 1476/**3★**
	Wyst : Alastor 1716 1516/**3★**
	Rhialto le Merveilleux 1890/**3★** Inédit
VAN VOGT A.E.	**Le monde des Ā** 362/**3★**
	Les joueurs du Ā 397/**3★**
	La fin du Ā 1601/**3★** Inédit
	A la poursuite des Slans 381/**2★**
	La faune de l'espace 392/**3★**
	Le sorcier de Linn 419/**3★**
	Les armureries d'Isher 439/**3★**
	Les fabricants d'armes 440/**3★**
	Le livre de Ptath 463/**3★**
	La guerre contre le Rull 475/**4★**
	Destination univers 496/**4★**
	Créateur d'univers 529/**3★**
	L'homme multiplié 659/**2★**
	Le Silkie 855/**2★**
	Rencontre cosmique 975/**3★**
	Le colosse anarchique 1172/**3★**
	Au-delà du Village enchanté 2150/**4★** Inédit
VINGE Joan D.	**La Reine des Neiges** 1707/**5★** Inédit
	Mad Max au-delà du dôme du tonnerre 1864/**3★** Inédit
WALTHER Daniel	**L'Epouvante** 976/**2★**
WILLIAMS Paul O.	**Le cercle inachevé** 1920/**3★** Inédit
WILLIS Connie	**Les veilleurs du feu** 2339/**4★** Inédit
WINTREBERT Joëlle	**Chromoville** 1576/**3★**
	Le créateur chimérique 2420/**4★**
X	**Univers 1986** 2012/**4★** Inédit
	Univers 1988 2354/**4★** Inédit
	Univers 1989 2572/**4★** Inédit
ZELAZNY Roger	**L'île des morts** 509/**2★**
ZINDELL David	**Inexistence** 2691/**7★** (Novembre 89) Inédit

1985

Impression Brodard et Taupin
à La Flèche (Sarthe) le 14 novembre 1989
6616B-5 Dépôt légal novembre 1989
ISBN 2-277-21985-1
1er dépôt légal dans la collection : mai 1972
Imprimé en France
Editions J'ai lu
27, rue Cassette, 75006 Paris
diffusion France et étranger : Flammarion